JN371756

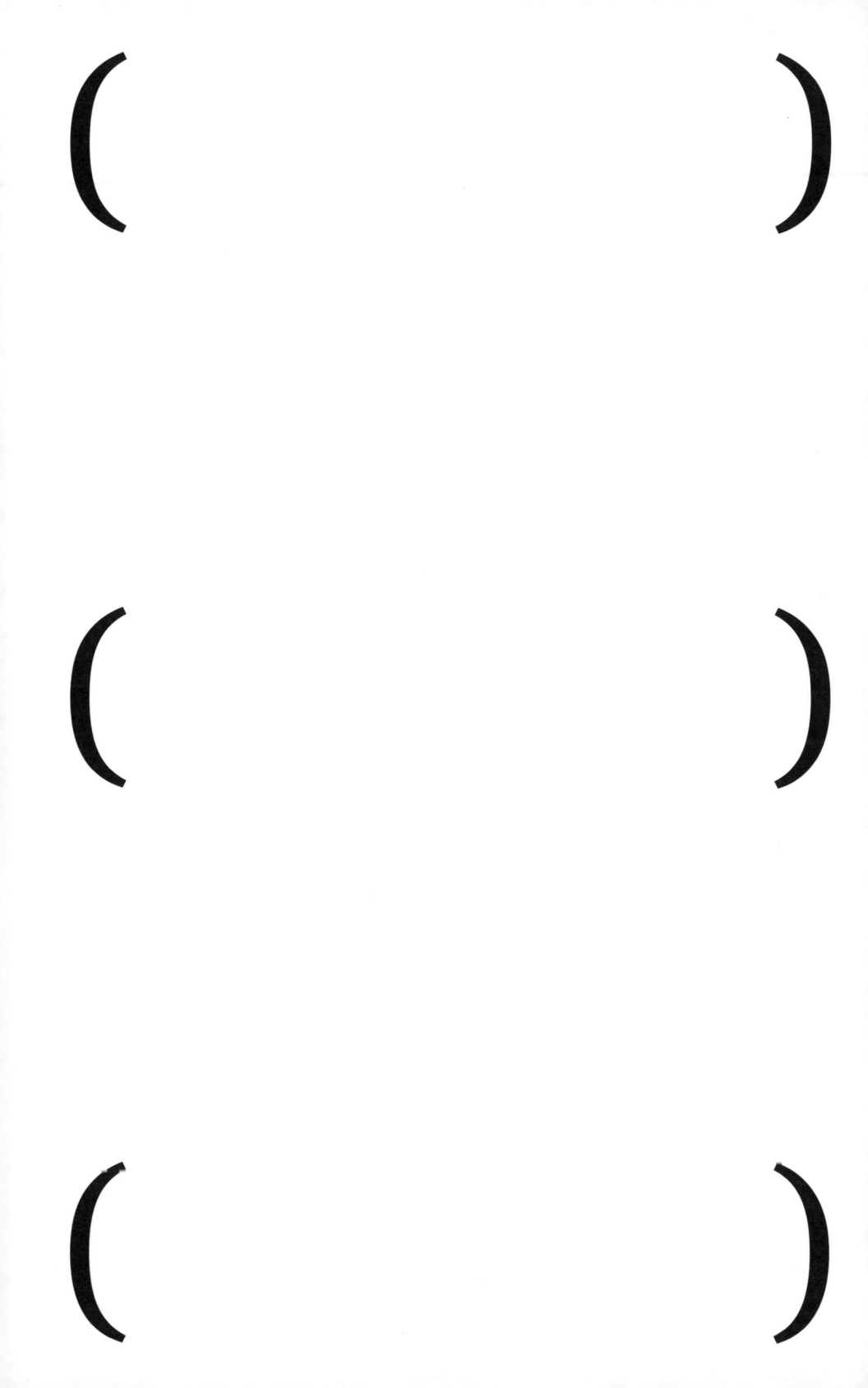

(한류백서)

(KOFICE)

(2023)

(목차)

제1부 2023년 한류 총론
김아영 한국국제문화교류진흥원 조사연구팀장

(024)

제2부 2023년 한류 부문별 성과와 전망

1. 방송 한류
성숙을 위한 성장통
이성민 한국방송통신대학교 미디어영상학과 조교수

(042)

2. 영화 한류
확장성의 기로에 선 'K-무비'
김형석 영화 저널리스트

(066)

3. 음악 한류
'BTS 이후' 시대의 시작
이규탁 한국조지메이슨대학교 국제학과 부교수

(101)

4. 공연 한류
국제적 관심과 수요를 바탕으로 한 시장 중심의 공연예술 확산
이수정 DMZ피스트레인뮤직페스티벌 예술감독·알프스 기획이사

(133)

5. 게임 한류
성장과 쇠퇴 기로에 선 게임 한류
강신규 한국방송광고진흥공사 책임연구위원

(165)

6. 만화·웹툰 한류
웹툰 한류의 성장과 'K-웹툰'을 둘러싼 고민
이수엽 미디어미래연구소 연구위원

(194)

7. 음식 한류
스스로 찾는 질문에서 시작되는 유동성 시대의 음식 한류
강보라 연세대학교 커뮤니케이션연구소 전문연구원

(222)

8. 뷰티 한류
K-뷰티, 되살아난 희망…미·일 한류 인기 발판 성장
나원식 비즈워치 기자

(248)

9. 패션 한류
한국 패션의 성장 잠재력은 여전하다
이윤경 한국문화관광연구원 콘텐츠연구본부 연구위원

(277)

제3부 2023년 한류 정책의 성과와 전망
김규찬 국립창원대 미디어커뮤니케이션학과 조교수

(302)

참고문헌

(335)

1. 방송 한류
성숙을 위한 성장통
이성민(한국방송통신대학교 미디어영상학과 조교수)

2023년의 방송 한류는 글로벌 OTT가 열어낸 기회를 통해 얻은 거대한 성장 이후, 성숙을 위한 성장통이 시작된 한 해로 평가할 수 있다. 위기와 호황이 공존하는 가운데 구조적 취약성이 드러난 것이다. 콘텐츠 측면에서는 기존의 '한국 드라마'가 높은 경쟁력을 보여준 로맨스 작품들이 큰 인기를 얻은 한 해였다. 넷플릭스 이외에도 다양한 글로벌 OTT 플랫폼을 통한 한류 성과가 나타났다는 점도 주목할 만한 변화다. '한국 없는 한국 콘텐츠'라는 현상도 보다 가시화됐다. 그럼에도 국내 OTT 사업자를 비롯한 기존의 방송영상 제작 기반이 위축되고 있다는 점에 대해선 우려의 목소리가 높았다. 특히 OTT 서비스의 성장성에 대한 고민이 커지면서, '피크 OTT 시대'를 넘어 새로운 성장의 발판의 필요성이 산업 전체에 제기된 시기이기도 했다. 한국의 방송영상 콘텐츠는 단기간에 글로벌 시장에서 좋은 반응을 얻으며 큰 성장을 이뤄냈다. 여기에 비례해서 그동안 누적된 산업의 구조적 한계와 문제들도 점차 가시화되기 시작했다. 도약 이후, 여러 한계와 문제를 직면하며 해결하는 '성장통'을 경험하며 성숙하는 계단식 과정을 거친 이후에야 또 다른 성장에 대한 기대가 현실화될 것이다.

2. 영화 한류
확장성의 기로에 선 'K-무비'
김형석(영화 저널리스트)

극장 상영용 영화의 해외 수출은 작년에 비해 줄었지만, 전체적으로 팬데믹 이전을 회복한 수준이 지속되고 있다. 온라인을 통한 한국의 영상 콘텐츠는 여전히 강세를 보이고 있으며, 영화와 OTT 시리즈의 경계는 점점 사라지고 있다. 국제영화제에서의 성과는 주춤했지만, 유럽과 북미 지역의 한국계 감독들이 거둔 성과를 괄목할 만하다. 기술 수출, 로케이션 유치, 리메이크 판권 판매 등 상영 이외의 분야에서 드러난 다양한 성과들도 긍정적 신호로 볼 수 있다. 단, 국내 시장의 장기적 침체는 '영화 한류'의 토대를 위해 시급히 해결돼야 할 문제다.

3. 음악 한류
'BTS 이후' 시대의 시작
이규탁(한국조지메이슨대학교 국제학과 부교수)

2023년의 음악 한류는 '본격적인 변화의 시작'이라는 말로 요약할 수 있다. 방탄소년단의 모든 멤버가 군대에 입대했고 블랙핑크 멤버 전원이 따로 다른 소속사와 계약하는 등 이전까지 음악 한류를 이끌던 가수들이 과도기에 들어섰지만, 다른 가수들을 중심으로 실물 음반 판매량은 여전히 증가세를 유지하며 음악 한류는 꾸준히 힘을 이어갔다. 그러나 2023년 불거진 '케이팝 위기론'처럼 음악 한류가 정점에 다다랐고 이제 쇠퇴할지도 모른다는 전망이 나오는 것 역시 사실이다. 따라서 음악 한류의 지속성과 확장성에 대한 고민과 성찰은 향후 몇 년간 음악 한류의 가장 중요한 키워드가 될 것으로 예상된다.

---

4. 공연 한류
국제적 관심과 수요를 바탕으로 한 시장 중심의 공연예술 확산
이수정(DMZ피스트레인뮤직페스티벌 예술감독·알프스 기획이사)

2023년 공연 한류는 국제적인 관심을 바탕으로 수요와 티켓 파워에 기반한 상업적 성과를 보여주었다고 할 수 있다. 해외 공연 산업계가 한국에서 만든 공연콘텐츠를 주목하고, 해외에서 수익을 창출하기 위해 현지의 여러 매개자 및 이해관계자가 한국 공연콘텐츠의 수익 증대에 함께했다. 그러나 이는 국내에서 제작된 공연 콘텐츠가 해외 수요를 먼저 개척하고 지속적으로 시장성을 입증하지 않으면 초기 진출의 기회가 줄어드는 양극화 현상을 야기할 수 있음을 시사한다. 또한, 해외 시장에서 성과를 내기 위해 중요한 역할을 하는 유통 및 홍보 분야를 주로 해외 파트너에 의존하고 있어, 시장 경쟁력 유지를 위해 국내 업계에서 가치사슬 내 주요 직군을 제대로 개발할 필요성이 제기된다.

5. 게임 한류
성장과 쇠퇴 기로에 선 게임 한류
강신규(한국방송광고진흥공사 책임연구위원)

해외에서 한국의 게임들이 유의미한 성과를 거두고, 전 세계 게임시장에서 한국 게임시장이 차지하는 비중도 커지고 있지만, 다른 한편에서는 시장규모가 축소될 것이라는 전망이 나오고 있다. 2013년 전후로 마이너스 성장한 적 없던, 그리고 이제 20조 규모에 안착한 듯 보였던 한국 게임시장이 위축될 것으로 여겨지는 이유는, 엔데믹으로 향유 가능한 여러 엔터테인먼트와 야외 활동이 증가한 동시에 금리 인상에 따른 경기부진이 현실화하고 있기 때문이라 할 수 있다. 글로벌 게임시장도 마찬가지지만, 한국 게임시장은 그 어느 때보다도 예측이 어려운 상황에 처해 있다. 시장규모의 축소가 예상된다면 그 규모는 얼마나 될지, 또 얼마나 계속될지, 여기에 정부, 업계, 그리고 플레이어는 어떻게 대비해야 할지 구체적이면서도 다양한 논의가 본격화돼야 한다.

6. 만화·웹툰 한류
웹툰 한류의 성장과 'K-웹툰'을 둘러싼 고민
이수엽(미디어미래연구소 연구위원)

지난 몇 년 동안 웹툰은 한국의 문화적 역량을 입증하는 담론의 첨병에 자리했다. 2023년도 예외는 아니다. 주요 작품과 플랫폼이 세계 시장에서 거둔 성과가 최고점을 경신했고 웹툰을 원작으로 하는 영상작품의 국제적인 흥행소식이 연일 언론 지면을 장식했다. 하지만 이와 같은 성공과 함께 웹툰은 점점 더 복합적인 국면을 맞이하고 있다. 해외시장에서 웹툰 비즈니스 모델을 적극적으로 차용하고 웹툰을 전유하려는 노력이 가시화됐다. 또 국가적·문화적 경계를 넘어선 교류·협력의 활성화와 현지 생태계의 발전으로 웹툰의 문화적 수용과 참여의 양태는 한층 다양해졌다. 이제는 성장담론을 넘어 향후 웹툰 한류가 어떤 모습을 갖게 될 것인가에 대한 본격적인 논의가 필요하다.

7. 음식 한류
스스로 찾는 질문에서 시작되는 유동성 시대의 음식 한류
강보라(연세대학교 커뮤니케이션연구소 전문연구원)

오늘날의 세계는 유동성(fluidity)으로 설명된다. 전쟁과 불황, 사회적 분열이 심화되는 가운데 팬데믹 이전으로의 회귀는 불가능해 보인다. 생성형 AI 기술의 가시화로 기존의 패러다임이 재정립될 가능성도 높아 보인다. 이런 상황에서 살아남는 방법은 음식 한류를 둘러싼 낙관적 지표에 안주하지 않고 비판적인 거리를 유지하는 데 있다. 남이 만든 틀에 시선을 빼앗기기보다 스스로에게 질문을 던질 때다.

8. 뷰티 한류
K-뷰티, 되살아난 희망…미·일 한류 인기 발판 성장
나원식(비즈워치 기자)

뷰티 한류는 2023년 다시 한번 도약했다. 전년에는 수출 규모가 줄어들어 안팎에서 우려의 시선을 받았지만, 한 해 만에 반등에 성공하며 저력을 보여줬다. 이뿐만 아니라 수출국 다각화에 성공하고 있다는 점과 중소 업체들이 두각을 나타내고 있다는 점이 더욱 주목된다. 그간 수출 규모가 추세적으로 증가하긴 했지만 지나치게 중국에 의존하고 있다는 우려의 목소리가 컸다. 또 일부 기업의 브랜드만 주목받는 지적도 있었다. 하지만 2023년에는 전체 수출액 중 중국이 차지하는 비중이 줄어든 와중에 성장을 이뤘다는 점이 눈에 띈다. 미국이나 일본 등에서 한국의 신생 업체 브랜드가 주목받는다는 점도 긍정적이다. 새 시장을 개척하고 있다는 점에서 한국 화장품산업이 앞으로도 빠르게 성장할 수 있을 것이라는 기대감이 커지고 있다.

9. 패션 한류
한국 패션의 성장 잠재력은 여전하다
이윤경(한국문화관광연구원 콘텐츠연구본부 연구위원)

한류 스타의 패션이 다양한 채널을 통해 전 세계에 매개되면서 한류 스타에 대한 선호가 한국 패션 호감도로 확산하는 효과를 낳고 있다. 한국 패션에 대한 호감도는 패션 내수시장의 매력도로 전이돼 글로벌 패션 기업의 테스트베드로 부상하면서 한류 수출과 내수시장이 함께 성장하는 선순환 구조가 형성되기도 한다. 그러나 2023년 한류 패션 수출 실적은 상승곡선에서는 다소 벗어나있다. 한국의 소프트파워에 힘입은 '메이드인 코리아'의 지지를 받았던 중소 패션 브랜드 수출액이 감소하였고, 전체 의류산업 수출도 감소추세다. 포스트 코로나 이후 보복소비 감소, 세계의 정치·경제적 상황으로 인한 국제교역 부진의 원인과 더불어 한국 패션이 세계인의 생활 속에 스테디셀러로서 안착하지 못한 탓이 크다. 한류 패션의 지속가능한 성장과 발전을 위해서는 넘어야 할 산이 많은 셈이다. 하지만 글로벌 문화흐름을 주도하고 있는 한류의 확산, 팬덤문화와 SNS의 영향력, 국내 의류기업의 변화에 대한 대응 등에 비추어볼 때, 한류 패션의 성장 잠재력은 여전하다.

제3부 2023년 한류 정책의 성과와 전망
김규찬(국립창원대 미디어커뮤니케이션학과 조교수)

2023년 한류 정책은 '수출'이라는 한 단어로 요약된다. '한류협력위원회'는 'K-콘텐츠 수출협의회'로 재편됐다. 대통령 주재 4차 수출전략회의에서 'K-콘텐츠 수출전략'이 발표됐다. 콘텐츠 수출지원 정책 현안을 점검하고 관련 수요를 파악하기 위한 'K-콘텐츠 수출대책회의'가 10회 개최되는 등 다양한 형태의 정책 협의체가 가동됐다. 예년과 마찬가지로 범부처 한류 연관산업 지원과 및 국제 교류, 조사/연구 포럼 등이 꾸준히 추진됐다. 새만금 잼버리 사태와 케이팝 공연은 한류 정책이 문화, 경제, 외교 정책을 넘어, 재난이나 안보 정책으로 확장될 수 있는 가능성을 보여주었다. 한류를 통한 국가 차원의 편익을 분명히 인식하고, 이에 합당한 정책 자원이 충분히 공급될 필요가 있다.

한눈에 보는
2024
해외한류실태조사

26개국 한류 경험자가 생각하고 느끼는
11개 한국 문화콘텐츠에 대한
소비와 인식을 측정한 조사 입니다.

조사 대상 26개국 현지인 중 한류 경험자
표본 규모 25,000명
조사 방법 온라인 패널조사
조사 시기 2023년 11월

한국 문화콘텐츠 평균 소비 비중

Q 귀하의 평소 **한국 문화콘텐츠 시청량과 비중**은 얼마나 됩니까?

26개국 평균 25.6%

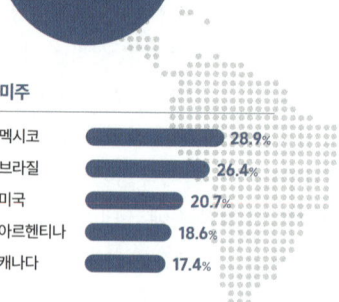

미주
- 멕시코 28.9%
- 브라질 26.4%
- 미국 20.7%
- 아르헨티나 18.6%
- 캐나다 17.4%

한국 문화콘텐츠 관심도

Q 현재 나의 한국 문화콘텐츠에 대한 **관심도**는 1년 전과 비교했을 때

- 비슷 10.6%
- 감소 43.5%
- 증가 45.9%

'증가' 응답률 상위 3개국
- 이집트
- 인도
- 사우디아라비아

Q 현재 나의 한국 문화콘텐츠에 대한 **소비지출의향**은 1년 전과 비교했을 때

- 비슷 12.2%
- 감소 45.2%
- 증가 42.7%

'증가' 응답률 상위 3개국
- 인도
- UAE
- 이집트

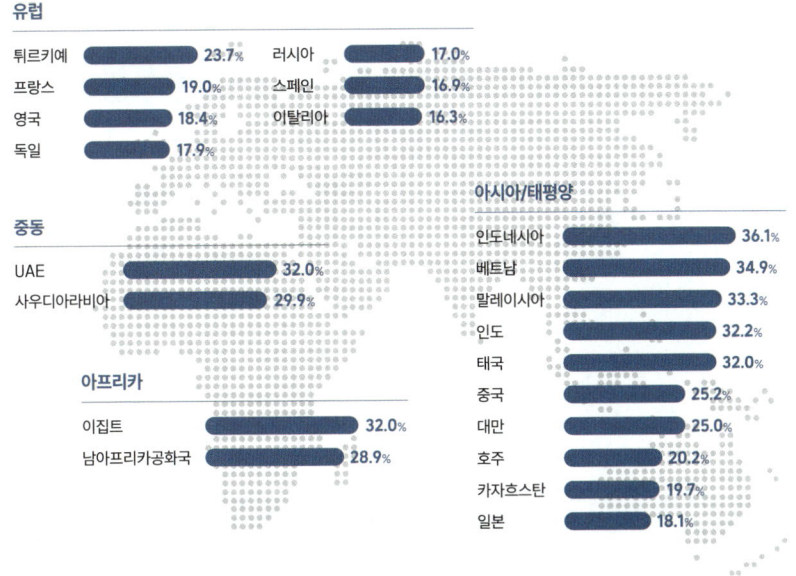

유럽
- 튀르키예 23.7%
- 프랑스 19.0%
- 영국 18.4%
- 독일 17.9%
- 러시아 17.0%
- 스페인 16.9%
- 이탈리아 16.3%

중동
- UAE 32.0%
- 사우디아라비아 29.9%

아프리카
- 이집트 32.0%
- 남아프리카공화국 28.9%

아시아/태평양
- 인도네시아 36.1%
- 베트남 34.9%
- 말레이시아 33.3%
- 인도 32.2%
- 태국 32.0%
- 중국 25.2%
- 대만 25.0%
- 호주 20.2%
- 카자흐스탄 19.7%
- 일본 18.1%

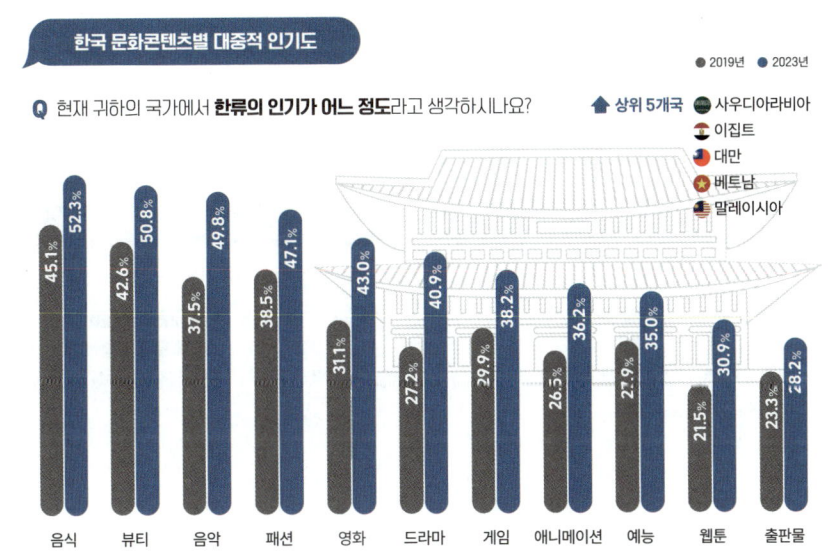

한국 문화콘텐츠별 대중적 인기도

● 2019년 ● 2023년

Q 현재 귀하의 국가에서 **한류의 인기가 어느 정도**라고 생각하시나요?

▲ 상위 5개국: 사우디아라비아, 이집트, 대만, 베트남, 말레이시아

콘텐츠	2019년	2023년
음식	45.1%	52.3%
뷰티	42.6%	50.8%
음악	37.5%	49.8%
패션	38.5%	47.1%
영화	31.1%	43.0%
드라마	27.2%	40.9%
게임	29.9%	38.2%
애니메이션	26.3%	36.2%
예능	27.9%	35.0%
웹툰	21.5%	30.9%
출판물	23.3%	28.2%

선호 작품과 선호 스타

🏆 26개국 평균   🏆 대륙별 1위

드라마

귀하가 올해 시청한 한국 드라마 중 가장 좋아하는 것은 무엇입니까?

🏆
1 오징어 게임 — 9.0%
2 더 글로리 — 3.4%
3 킹더랜드 — 2.6%

🏆
아시아/태평양 더 글로리   5.4%
미주   오징어 게임   8.3%
유럽   오징어 게임   23.7%
중동   오징어 게임   5.0%
아프리카   오징어 게임   7.6%

영화

귀하가 올해 시청한 한국 영화 중 가장 좋아하는 것은 무엇입니까?

🏆
1 기생충 — 7.9%
2 부산행 — 6.0%
3 스마트폰을 떨어뜨렸을 뿐인데 — 2.4%

🏆
아시아/태평양 부산행   8.2%
미주   기생충   12.6%
유럽   기생충   10.7%
중동   기생충   4.1%
아프리카   스마트폰을 떨어뜨렸을 뿐인데 4.4%

애니메이션

귀하가 현재 가장 좋아하는 애니메이션은 무엇입니까?

🏆
1 라바 — 7.3%
2 신비 아파트 — 6.9%
3 서울역 — 6.5%

🏆
아시아/태평양 라바   12.2%
미주   뿌까   10.1%
유럽   신비 아파트   8.6%
중동   서울역   7.4%
아프리카   신비 아파트   7.7%

게임

다음의 게임 중 가장 좋아하는 것은 무엇입니까?

🏆
1 배틀그라운드 — 11.9%
2 크로스파이어 — 9.3%
3 라그나로크 — 8.2%

🏆
아시아/태평양 배틀그라운드   16.1%
미주   크로스파이어   11.1%
유럽   배틀그라운드   9.0%
중동   건쉽배틀   11.5%
아프리카   크로스파이어   16.6%

배우

귀하가 현재 가장 좋아하는 한국 배우는 누구입니까?

🏆
1 이민호 — 6.4%
2 현빈 — 3.4%
3 송혜교 — 2.7%

🏆
아시아/태평양 이민호   7.7%
미주   이민호   5.4%
유럽   이민호   4.8%
중동   이민호   8.2%
아프리카   이민호   6.2%

가수/그룹

귀하가 현재 가장 좋아하는 한국 가수/그룹은 누구입니까?

🏆
1 방탄소년단 — 29.1%
2 블랙핑크 — 13.1%
3 싸이 — 2.9%

🏆
아시아/태평양 방탄소년단   22.2%
미주   방탄소년단   37.3%
유럽   방탄소년단   33.1%
중동   방탄소년단   29.9%
아프리카   방탄소년단   32.7%

한류소비

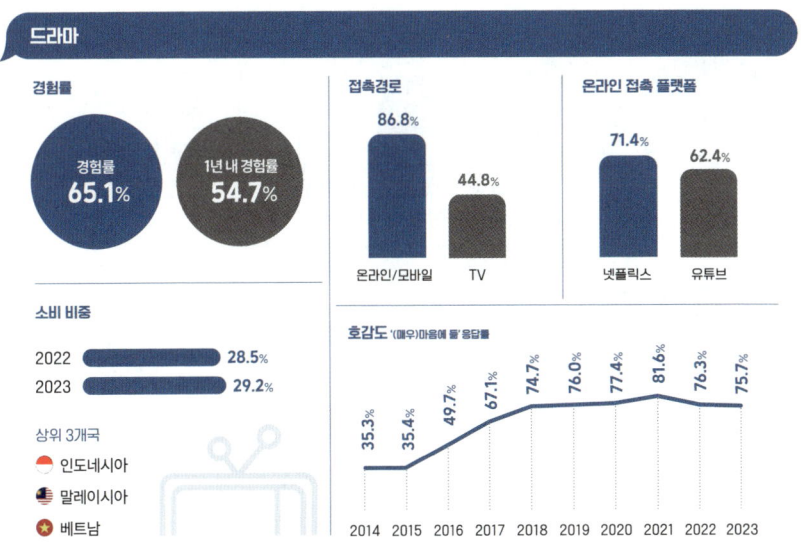

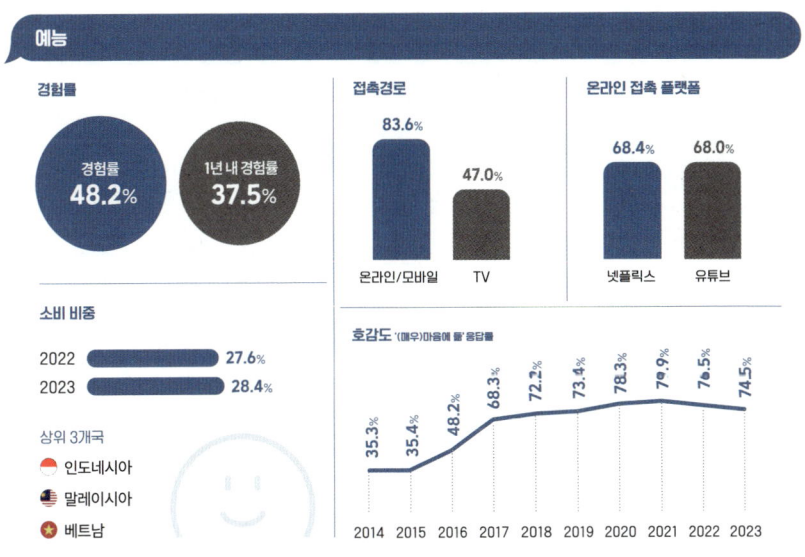

영화

경험률
- 경험률 **69.6%**
- 1년 내 경험률 **58.8%**

접촉경로
- 온라인/모바일 86.3%
- TV 42.6%

온라인 접촉 플랫폼
- 넷플릭스 71.2%
- 유튜브 57.7%

소비 비중
- 2022 25.9%
- 2023 26.9%

상위 3개국
- 인도네시아
- 베트남
- 말레이시아

호감도 '(매우)마음에 듦' 응답률

2014	2015	2016	2017	2018	2019	2020	2021	2022	2023
43.2%	42.2%	52.3%	69.3%	70.9%	73.0%	77.8%	80.6%	75.6%	74.6%

음악

경험률
- 경험률 **64.6%**
- 1년 내 경험률 **53.5%**

접촉경로
- 온라인/모바일 88.7%
- TV 38.1%

온라인 접촉 플랫폼
- 유튜브 71.6%
- 스포티파이 53.6%

소비 비중
- 2022 23.1%
- 2023 24.4%

상위 3개국
- 인도네시아
- 베트남
- 태국

호감도 '(매우)마음에 듦' 응답률

2014	2015	2016	2017	2018	2019	2020	2021	2022	2023
44.5%	45.6%	46.3%	64.5%	66.0%	67.7%	70.0%	73.7%	65.2%	64.1%

애니메이션

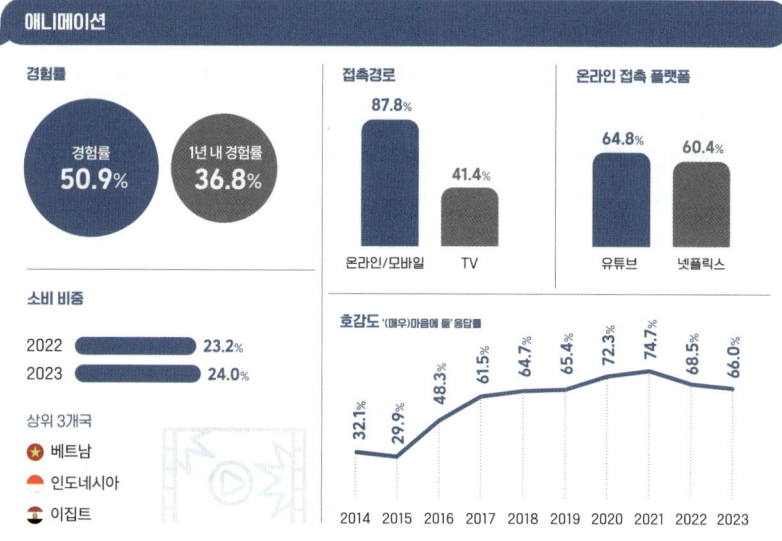

경험률
- 경험률 50.9%
- 1년 내 경험률 36.8%

접촉경로
- 온라인/모바일 87.8%
- TV 41.4%

온라인 접촉 플랫폼
- 유튜브 64.8%
- 넷플릭스 60.4%

소비 비중
- 2022 23.2%
- 2023 24.0%

상위 3개국
- 베트남
- 인도네시아
- 이집트

호감도 '(매우)마음에 듦' 응답률
2014	2015	2016	2017	2018	2019	2020	2021	2022	2023
32.1%	29.9%	48.3%	61.5%	64.7%	65.4%	72.3%	74.7%	68.5%	66.0%

출판물

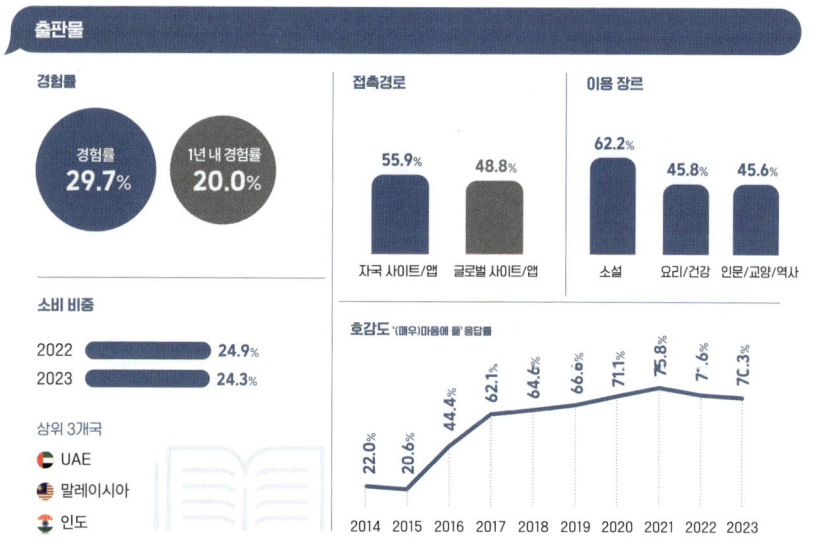

경험률
- 경험률 29.7%
- 1년 내 경험률 20.0%

접촉경로
- 자국 사이트/앱 55.9%
- 글로벌 사이트/앱 48.8%

이용 장르
- 소설 62.2%
- 요리/건강 45.8%
- 인문/교양/역사 45.6%

소비 비중
- 2022 24.9%
- 2023 24.3%

상위 3개국
- UAE
- 말레이시아
- 인도

호감도 '(매우)마음에 듦' 응답률
2014	2015	2016	2017	2018	2019	2020	2021	2022	2023
22.0%	20.6%	44.4%	62.1%	64.6%	66.0%	71.1%	75.8%	71.6%	70.3%

웹툰

경험률
- 경험률 33.8%
- 1년 내 경험률 24.8%

접촉경로
- 네이버 웹툰 50.9%
- 글로벌 사이트/앱 35.3%

호감도 '(매우)마음에 듦' 응답률
웹툰은 2022년부터 조사시작
- 2022: 73.8%
- 2023: 71.7%

소비 비중
- 2022: 28.6%
- 2023: 28.6%

상위 3개국
- UAE
- 인도네시아
- 이집트

이용 시점
- 매주 일정하게 보는데 요일은 정해져 있지 않음: 39.5%
- 매주 일정하게 보는데 특정 요일에만 봄: 25.4%
- 비정기적으로 한번에 몰아서: 29.7%

게임

경험률
- 경험률 48.7%
- 1년 내 경험률 36.8%

접촉경로
- 온라인 직접 플레이 58.9%
- 모바일 직접 플레이 54.1%
- 동영상 시청 49.0%
- TV 게임 채널 시청 29.2%

소비 비중
- 2022: 25.1%
- 2023: 25.0%

상위 3개국
- 인도네시아
- 베트남
- 인도

호감도 '(매우)마음에 듦' 응답률
- 2014: 28.1%
- 2015: 28.2%
- 2016: 52.3%
- 2017: 68.9%
- 2018: 67.3%
- 2019: 68.0%
- 2020: 73.9%
- 2021: 76.7%
- 2022: 69.7%
- 2023: 66.3%

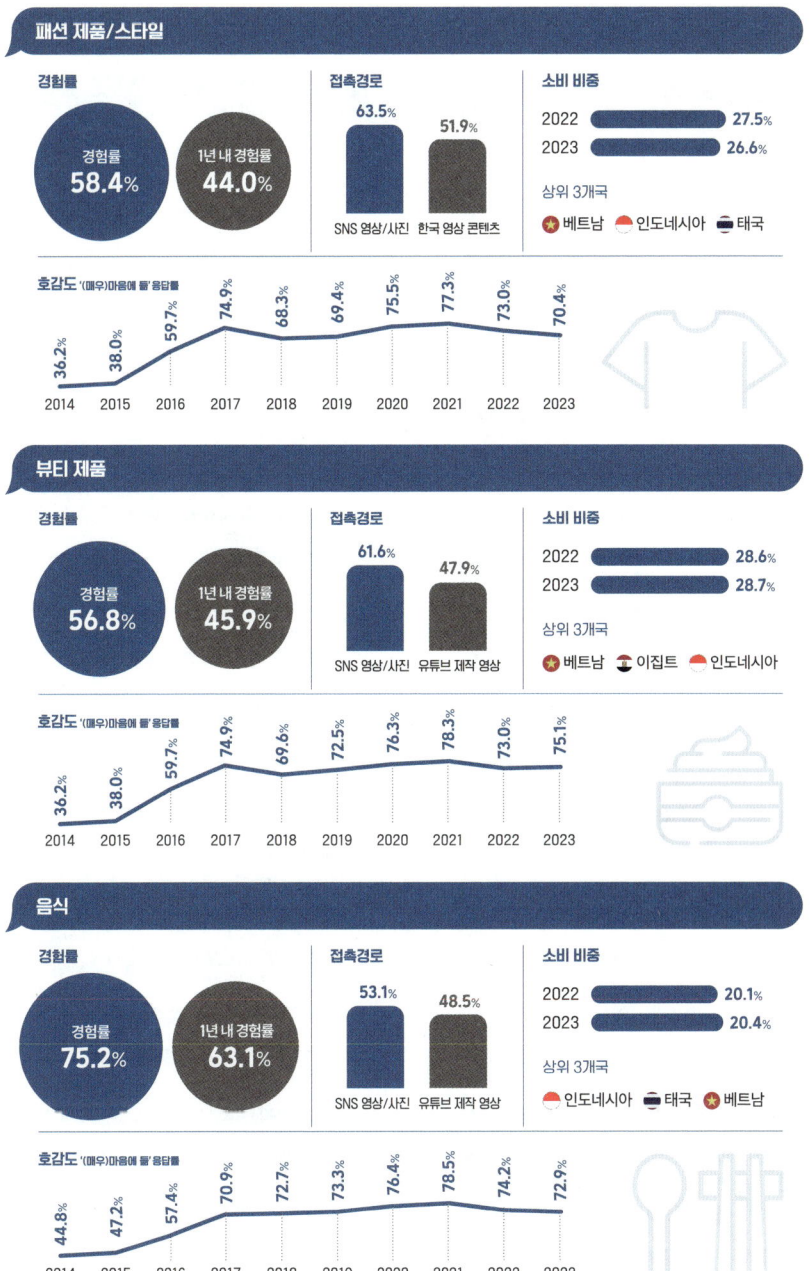

한국 문화콘텐츠 호감요인과 호감 저해요인

호감 이유(1순위 기준)

귀하가 생각하는 한국 문화콘텐츠별 가장 큰 호감요인은 무엇입니까?

드라마
- 13.3% 스토리가 짜임새 있고 탄탄해서
- 12.6% 배우의 외모가 매력적이어서

예능
- 23.8% 내용이 재미있어서/웃겨서
- 13.3% 한국 생활 및 문화 간접 경험 할 수 있어서

영화
- 13.0% 스토리가 짜임새 있고 탄탄해서
- 11.3% 배우의 외모가 매력적이어서

음악
- 27.1% 음악 자체가 좋아서
- 13.7% K-Pop 가수/그룹의 퍼포먼스가 뛰어나서

애니메이션
- 19.3% 영상미가 좋아서
- 18.9% 캐릭터의 성격/역할이 마음에 들어서

출판물
- 21.3% 스토리가 좋아서
- 13.4% 한국의 최신 트렌트를 접할 수 있어서

웹툰
- 15.9% 스토리가 짜임새 있고 탄탄해서
- 14.4% 그림 묘사가 사실적이고 섬세해서

게임
- 17.8% 그래픽/그림이 좋아서
- 11.5% 게임 방식이나 구성이 잘 되어 있어서

패션
- 25.3% 디자인/스타일이 좋아서
- 17.1% 제품 종류 및 스타일이 다양해서

뷰티
- 27.5% 효과가 좋고 품질이 우수해서
- 12.0% 제품 종류가 다양해서

음식
- 34.7% 맛이 있어서
- 13.2% 영화, 드라마 등의 식문화를 경험할 수 있어서

호감 저해요인(1순위 기준)

귀하가 생각하는 한국 문화콘텐츠별 호감을 저해하는 요인은 무엇입니까?

드라마
- 11.9% 번역 자막/더빙으로 보는 것이 불편해서
- 11.0% 한국어가 어렵고 너무 생소해서

예능
- 11.4% 한국어가 어렵고 생소해서
- 10.0% 접하기 어려운 환경이어서

영화
- 11.2% 한국어가 어렵고 생소해서
- 10.6% 번역 자막/더빙으로 보는 것이 불편해서

음악
- 14.1% 한국어 가사가 어렵고 생소해서
- 9.6% 지나치게 상업적이어서

애니메이션
- 12.4% 한국어가 어렵고 생소해서
- 11.2% 번역 자막/더빙으로 보는 것이 불편해서

출판물
- 13.0% 구매가 어려워서(판매처 등)
- 11.9% 번역이 미흡해서

웹툰
- 12.5% 번역이 미흡해서
- 7.5% 접하기 어려운 환경이어서(시청 경로 부족, 인터넷 속도 등)

게임
- 10.8% 이용하는데 비용이 많이 들어서
- 9.6% 높은 디바이스 사양이 필요해서

패션
- 19.0% 구매가 어려워서
- 14.3% 사이즈가 다양하지 않아서

뷰티
- 10.3% 품질 대비 가격이 비싸서
- 9.1% 내 피부와 맞지 않아서

음식
- 17.0% 가격이 비싸서
- 11.2% 재료/조리법을 알 수 없어서

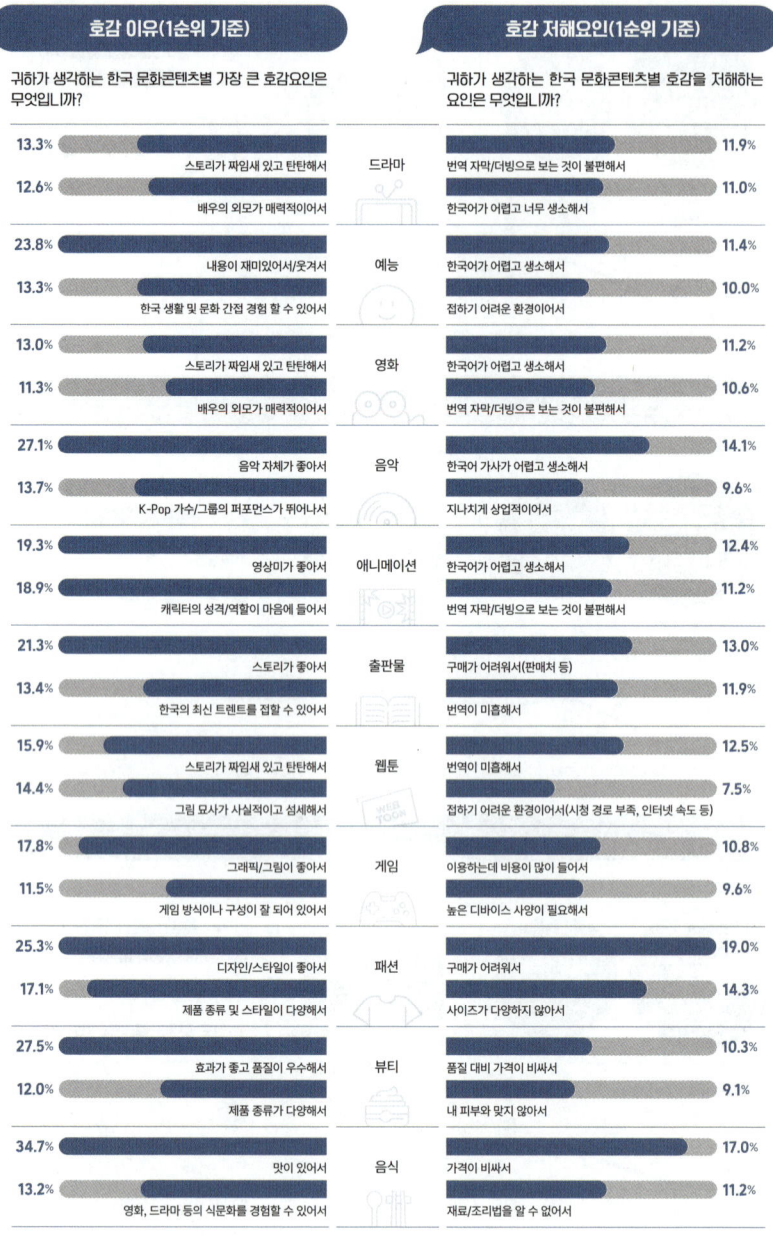

(022)

한국 문화콘텐츠 호감도

Q. 귀하가 최근 경험한 한국 문화콘텐츠가 전반적으로 얼마나 마음에 드십니까?

'(매우) 마음에 듦' 응답률

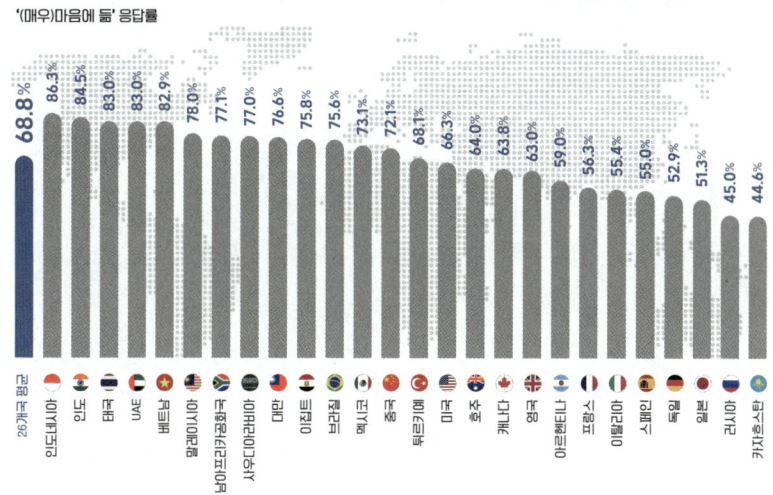

한국 문화콘텐츠 추천의향

Q. 귀하는 최근 경험한 한국 문화콘텐츠를 지인에게 추천할 의향이 있습니까?

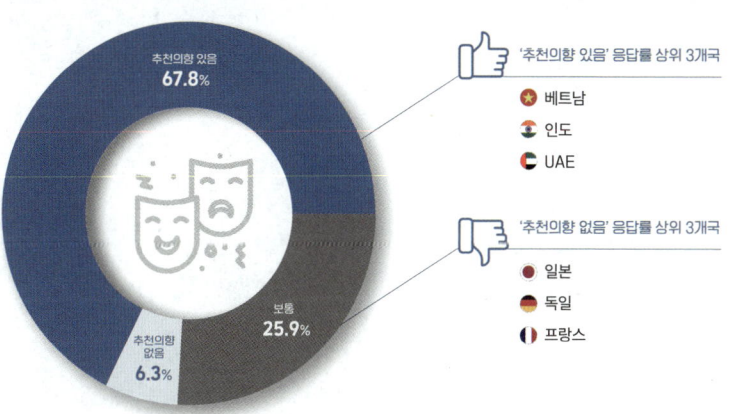

(　　제1부　　)

한류 총론

KOFICE 한류 조사연구 동향[1]

김아영
한국국제문화교류진흥원 조사연구팀장

[1] 이 글은 한국국제문화교류진흥원의 'AI 기반 한류 빅데이터 대시보드'(수행기관: 아르스프락시아)에서 분석된 진흥원 조사연구자료 메타분석을 기반으로 작성됐다. https://www.kwavebigdata.kr/aboutUs.html

한국국제문화교류진흥원(KOFICE)은 2003년 출범 이후 2009년부터 현재까지 약 16년간 기초 한류 조사와 심층 연구자료 생성에 꾸준히 노력해왔다. 2023년에는 더욱 정교하게 설계된 「해외한류실태조사」를 통해 26개국 2만5천명 해외 한류 이용·소비·유통을 파악하는 한편, 연례『한류백서』발간으로 장르별 한류 이슈와 전망을 살펴봤다. 격월 한류심층보고서《한류나우(Hallyu Now)》는 2023년 웹진을 시범 도입했으며, 2024년에는 웹진으로 전면 전환해 더 많은 독자 네트워크를 구축하고 있다. 이뿐만 아니라 'AI 기반 한류 빅데이터 대시보드'를 개발해 해외 언론과 소셜미디어의 한류 소식을 분석함으로써 한류 현황과 미래 추이를 가늠할 수 있는 기반을 마련했다. 또한 전 세계 약 40여개국 해외통신원 운영을 통해 국내에서는 쉽게 확인하기 어려운 각국의 한류 이슈를 다방면에서 신속하게 조명했다. 특히 2023년에는 통신원 제도의 미세조정을 시도하고, 최대치로 축적된 양적인 변화를 질적 전환으로 이끄는 데 매진했다. 나아가 '월간 통신원 Pick!, 한류는 지금!' 신설로 매월 100여개에 이르는 통신원 리포트의 핵심 이슈를 가공·편집해 집약 제공함으로써 한류 소식을 다른 방면에서 해독할 수 있는 근간을 마련했다. 이 글에서는 KOFICE 조사연구 자료 중 질적으로 생성된 각 사업의 데이터를 양적으로 분석함으로써 그간의 경향과 추이를 간략히 분별했다.

1) 해외통신원 리포트의 외적 성장과 내적 성장

해외통신원 리포트는 2004년 5월 4일 최초 게재된 이후 리포트량 면에서 지속 성장했다. 2023년 12월 기준 16,250건의 리포트가 작성됐으며, 2014년 1,000건 돌파 이후 매년 약 1,200개의 리포트가 생성되고 있다. 2023년 온라인 누적 조회수는 1,107,418회, 당해연도 건당 평균 조회수는 1,488회로 전년 대비 각 77%, 179% 상승했다. 2023년 상반기, 하반기에 걸쳐 진행된 두 차례의 개편으로 리포트의 수는 줄었으나 조회수는 대폭 증가했다는 점에서 양에서 질로의 전환 신호를 확인할 수 있다.

그림 1 해외통신원 리포트 수(2004~2022)

그림 2 KOFICE 해외통신원 활동 현황(권역별 좌표)

표 1 해외통신원 활동 국가(지역) 36개국 41개 지역 / 2024년 3월 기준

구분	국가(지역)
아시아·태평양 13개국 17개 지역	중국(북경, 충칭, 상해, 홍콩), 인도네시아(자카르타), 일본(도쿄, 시마네현), 베트남(호찌민), 태국(방콕), 대만(타이베이), 말레이시아(쿠알라룸푸르), 필리핀(앙헬레스), 싱가포르, 미얀마(양곤), 몽골(울란바토르), 카자흐스탄(아스타나), 호주(시드니)
북미 2개국 3개 지역	미국(LA, 뉴욕), 캐나다(토론토)
중남미 5개국 5개 지역	브라질(리우데자네이루), 멕시코(멕시코시티), 아르헨티나(부에노스아이레스), 칠레(산티아고), 콜롬비아(메데인)
유럽 13개국 13개 지역	러시아(모스크바), 독일(베를린), 튀르키예(이스탄불), 프랑스(파리), 영국(런던), 이탈리아(피사), 스페인(마드리드), 스웨덴(스톡홀름), 우크라이나(키예프), 폴란드(바르샤바), 벨기에(겐트), 헝가리(부다페스트), 스위스(취리히)
중동·아프리카 3개국 3개지역	이집트(카이로), 남아프리카공화국(프리토리아), 아랍에미리트(두바이)

* 국가별 인구 수 기준으로 순차 기재

· 1단계 : 한류 성공스토리의 소개와 전달(2004~2010)

2004년부터 2010년 이전까지 해외통신원 리포트는 주로 드라마 속 '한류 스타', '한류 신드롬'을 중심으로 논의됐다. "대중가수 보아", "생활속의 겨울연가 신드롬", "꽃미남 에릭, 중국 내 인기" 등이 리포트의 키워드로 소환됐고, 리포트 제목에도 배우 이름이 빈번하게 등장했다. "한국 최초 칸 여우주인공 전도연, 미국 연예 일간지 버라이어티가 선정한 가장 영향력 있는 여인", "영화 드래곤볼의 주요 배역을 따낸 G.O.D의 박준형", "브라질서 만난 조치훈, 대장금 보며 한국말 배워" 등이 그것이다. 이 시기 한류의 역량을 확인하는 주요 주제가 한류 스타의 해외 인기와 성공이며, 정보 전달의 방식 역시 일방향에 머물러 있음을 알 수 있다.

대표 키워드 & 제목
"대중가수 보아" / "생활속의 겨울연가 신드롬" / "꽃미남 에릭, 중국 내 인기" / "한국 최초 칸 여우주인공 '전도연'- 미국 연예 일간지 '버라이어티'가 선정한 가장 영향력 있는 여인" / "영화 "드래곤볼"의 주요 배역을 따낸 G.O.D의 박준형" / "브라질서 만난 조치훈 - 대장금 보며 한국말 배워" / "장우혁, 중국에서 공식 팬클럽 창단" / "슈퍼주니어, 중국 난징에서 콘서트 개최"

· 2단계 : 한류 수용자, 분석 대상에서 분석 주체로 (2011~2021)

2010년 이후에는 한류가 점차 다양한 장르를 포섭하는 실체로 자리 잡았다. 나아가 이 시기 한류는 해외 수용자들이 먼저 찾아 나서고, 해석하고, 변화하는 형태로 진화했다. "한식과 한국문화를 이탈리아에 전하는 빈첸조(Vincenzo)", "말레이시아 아미(ARMY)", "맥도날드 BTS 세트에 뜨거운 반응" 등 스타 중심의 대중문화 뿐만 아니라 한국의 밴드, 음식이 주요 단어로 등장하거나 자신의 특기를 살려 한국 문화를 해외에 알리는 현지인들의 인터뷰까지 빈번하게 등장했다. 한국과 한류가 해외에서 얼마나 인기 있는지를 확인했던 과거와 달리, 해외 수용자들이 한국을 알고, 한류를 즐기려는 노력이 어떻게 이뤄지고 있는지를 조명하는 단계로 글의 성격이 변화된 것이다.

대표 키워드 & 제목
말레이시아 아미(ARMY), 맥도날드 BTS 세트에 뜨거운 반응 / 한식과 한국문화를 이탈리아에 전하는 빈첸조(Vincenzo)

· 3단계 : 다양한 글로벌 행위자의 합류 (2022~현재)

한류 행사의 주체와 영역이 정부에서 국내외 민간기업, 개인, 단체 등으로 폭넓게 확장되면서 다양한 글로벌 행위자가 한류 장에 진입했다. 대표 한류 장르인 케이팝 분야에서는 핵심 한류 행위자로 글로벌 기업의 역할이 더욱 확대되는 가운데 "뉴욕에 부는 K-인디밴드 바람", "〈오징어 게임〉을 분석한 이탈리아어 책 출판", "케이팝 댄스 대중화의 선두주자 현지 댄스 스튜디오"와 같이 민간과 개인이 한류 확산과 수용에 기여한 것도 특기할 만하다. 그런가하면 "한류 악용하는 사기꾼"과 같이 한류의 긍정적 이미지를 마케팅 수단이자 불법적 용도로 활용하는 행태도 관찰되면서 뜻밖의 한류 영향력이 증명되기도 했다.

대표 키워드 & 제목
뉴욕에 부는 K-인디밴드 바람, 새소년의 맨해튼 공연/〈오징어 게임〉을 분석한 이탈리아어 책 출판되다 / 다민족 국가 말레이시아가 만든 불닭볶음면의 다양성 / 케이팝 댄스 대중화의 선두주자인 호주의 댄스 스튜디오들 / "저 한국인인데…"한류 악용하는 사기꾼 주의 / "이란 케르만에서 활동하는 한류 인플루언서" / "2025년 홍콩 대학입학시험 제2외국어 영역 선택과목에 포함되는 한국어"

2) 『한류백서』[2], 한류 시야의 확장을 도모하다

한류에 대한 거시적인 이해를 돕기 위한 노력도 지속됐다. 『한류백서』는 방송, 영화, 음악, 공연, 게임(e스포츠), 만화(웹툰), 음식, 뷰티 등 대중문화 콘텐츠와 소비재까지 아우르는 핵심 한류분야의 연간 동향 분석서로, 국내외 한류 산업과 정책 경향 및 시사점을 두루 담고 있다. 2013년부터 2018년까지의 백서는 업계/지역/통계/정책·법제 총 4부로 구성됐다면, 2019년부터 2022년까지는 6대 대중문화 콘텐츠와 4대 소비재·서비스를 중심으로 짜임새가 갖춰졌다. 그간 백서에 수록된 텍스트를 토픽, 키워드 연관도를 중심으로 분석해 전반

---

2 장르 중심의 『한류백서』 발간과 함께 연도별 기획서가 마련된 것도 기록할 만하다. 2016년 『싸이, 그 이후의 한류』를 시작으로 2017년 『사드, 그 이후의 한류』, 2018년 『한류와 문화정책』, 2019년 『한류, 다시 출발점에 서다』, 2020년 『한류에서 교류로』, 2021년 『코로나19 이후의 한류』, 2022년 『한류-테크놀로지-문화』, 2023년 『한류와 문화다양성』은 학술논문과 대중서의 중간적 위치를 설정해 독자를 찾아갔다. 한류에 대한, 한류를 둘러싼 담론을 대중화함으로써 한류에 대한 사회문화적 정보를 풍성하게 만들기 위한 비평적 노력의 일환이다.

기와 후반기의 주요 경향을 도출했다.

표 2 『한류백서』의 전반기/후반기 주요 구성

구분	2013~2015년(전반기)	2017~2022년(후반기)
주요 특징	한류 업계편, 지역편, 통계편, 정책·법제편 등 4부로 구성	6대 대중문화 콘텐츠(방송, 영화, 음악, 공연, 게임·e스포츠, 만화·웹툰) 4대 한류 소비재(음식, 뷰티, 패션)의 현황, 이슈, 주요진출국·진출경로, 전망 수록

* '한류백서'라는 이름으로 발간된 도서만을 분석 대상에 포함했다. 2013년 이전에는 『한류 총서』로, 2016년에는 『한류 메이커스』라는 명칭으로 발간되었음을 밝혀둔다.

· 전반기(2013~2018) : 한류의 아시아 진출과 경제적 성공 중심의 논의

이 시기 『한류백서』의 주요 토픽 키워드는 한류 초기 인접국가인 '중국', '일본'과 함께 '진출', '수출(액)', '달러', '증가'와 같은 경제적 성공과 관련된 키워드가 주로 등장했다. 글의 서술 방향 역시 경제적

그림 3 전반기 『한류백서』 텍스트 속 토픽 시각화

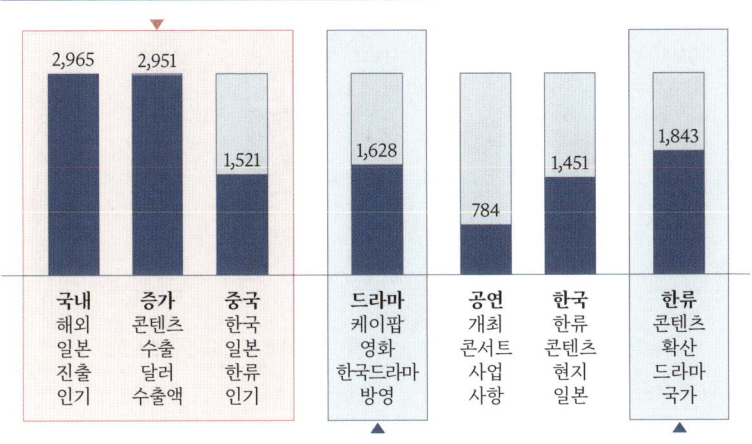

측면에 집중됐다(▼). 우측에 강조된 두 토픽을 살펴보면 '한류', '콘텐츠' 키워드가 '드라마', '케이팝'과 함께 등장해 한류의 핵심 장르로 간주되는 두 분야가 상대적으로 많이 다뤄진 것을 알 수 있다(▲). 무엇보다 전반기에는 '중국', '일본' 두 국가를 통해 한류의 위상을 증명받음과 동시에 2016년 중국발 한한령 이전, 아시아 중심의 한류 논의가 반영된 결과로 풀이된다.

· 후반기(2017~2022) :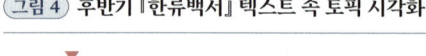

2017년 이후부터는 '한류'만큼이나 '한국'이라는 키워드가 주로 관찰됐다. 이전 시기와 유사하게 '수출(액)'에 대한 관심이 높았지만, '한국 영화', '한국 음식'과 같은 키워드의 빈번한 등장은 과거 '드라마', '케이팝'으로 대표됐던 콘텐츠 중심의 한류에서 소비재까지 영역을 확장한 한류의 변화상을 보여준다. 2022년에도 인접국인 '중

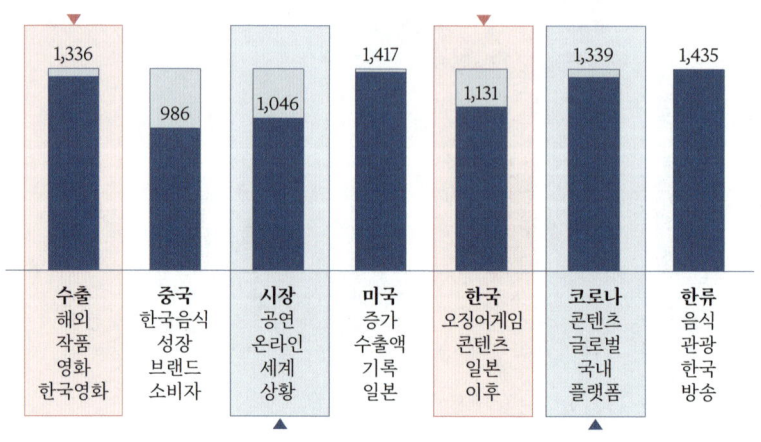

그림 4 후반기 『한류백서』 텍스트 속 토픽 시각화

국', '일본' 키워드가 다수 검출됐지만, 전반기 대비 '미국', '글로벌' 키워드가 가시적으로 많이 확인됐다. 아시아를 넘어 미국에서도 한국의 국가적 역량을 증명하는 현실로 한류가 호명됨을 알 수 있다.

·한류 연관산업 사례 분석: '한류', '뷰티', '패션' 키워드를 중심으로
대중문화 중심의 한류와 소비재 산업이 어떠한 연관관계를 맺고 있는가? 한류 담론의 크기에 비례해 가시적으로 인기를 얻고 있는 한국 음식을 제외하고, 한국 뷰티와 패션이 한류와 어떠한 연관관계를 맺고 있는지에 대한 궁금증은 여전하다. 가령 한국 패션/뷰티 브랜드 중 글로벌 패션 브랜드로 언급할 만한 제품이 있는가에 대한 질문이 해외에서 활발히 활동 중인 해당 분야 업계, 전문가들을 통해 발화되고 있다. 한류와 뷰티, 패션의 관계가 실체 없는 경계선에 모호하게 걸쳐 있는 것은 아닌지에 대한 의문 때문이다.

그렇다면 현재 뷰티, 패션은 한류의 글로벌 영향 속에서 어떻게 확장·연결되고 있을까? 해당 사례를 비교분석한 결과, 전반기에는 '한류-한국-패션-뷰티'라는 세부 키워드가 단순하게 이어져 있었다면, 후반기에는 한류와 뷰티, 패션이 '시장', '문화콘텐츠', '플랫폼'과 연결돼 있었다. 이는 한류 콘텐츠로 촉발된 한국 뷰티, 패션에 대한 관심이 국내외 플랫폼을 경유해 소비됨을 엿볼 수 있는 대목이다. 특히 후반기에는 한류 패션과 뷰티가 업계의 '지속-성장-가능', '시장 한계', '극복 과제'라는 용어와 밀접하게 연결되는 양상을 보였다. 이는 뷰티, 패션이라는 한류 연관산업의 단순 언급뿐만 아니라, 연관산업 그 자체로서의 가능성 논의와 함께 '업계'의 '수출'과 미래 확장 방안에 대한 맥락적 고민을 포괄함을 알 수 있다.

그림 5 전반기 『한류백서』에 나타난 한류-패션-뷰티의 단선적 관계

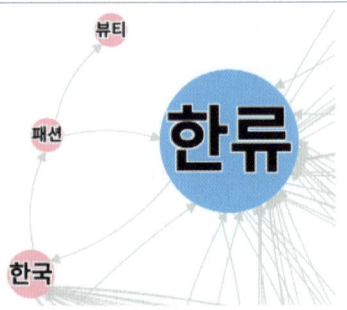

그림 6 후반기 『한류백서』에 나타난 한류-패션-뷰티의 복잡한 의미 연결망

3) 《한류나우》, 한류 생산-수용의 연결점

격월 한류 심층분석보고서 《한류나우》는 2012년 계간 발간을 시작으로 2023년 겨울호(11+12월호)까지 총 57호로 이어졌다. 2016년 이전

'장르', '지역', '핫이슈' 등 여러 테마가 한 묶음으로 구성됐던 《한류나우》는 2017년 이후 '한류 몽타주'라는 카테고리하에 세부 주제가 자체 기획됐으며, 발행 주기는 격월로 정착됐다. 2023년부터는 '한류 포커스'를 신설해 대주제에서 파생된 세부 이슈를 분석하는 한편, '한류 인서트'라는 신규 코너를 통해 한류와 국제문화교류 현장 이슈를 생생하게 담아냈다. 국내 미디어 산업의 경쟁력 제고를 위한 '영상콘텐츠 세제 지원' 소식부터 방탄소년단 RM의 'Forever Rain' 뮤직비디오를 연출한 최재훈 작가와의 인터뷰가 대표 사례다. 인쇄와 전자책(PDF) 두 가지 방식으로 제작해왔던 《한류나우》는 2023년 여름 웹진을 도입해 PDF와 병행 체제를 유지했고, 2024년에는 웹진으로 전면 전환됐다. 2023년 웹진 누적 조회수는 39,680회에 달해 같은 연도 PDF 누적 조회수 대비 154%의 성장률을 보였다. 2017년 여름호부터 2023년 겨울호까지 총 38개 보고서의 176개 글을 대상으로 텍스트 빅데이터 분석을 시도한 결과 다음의 결과를 얻을 수 있었다.

그림 7 《한류나우》제목 44개를 대상으로 도출된 키워드

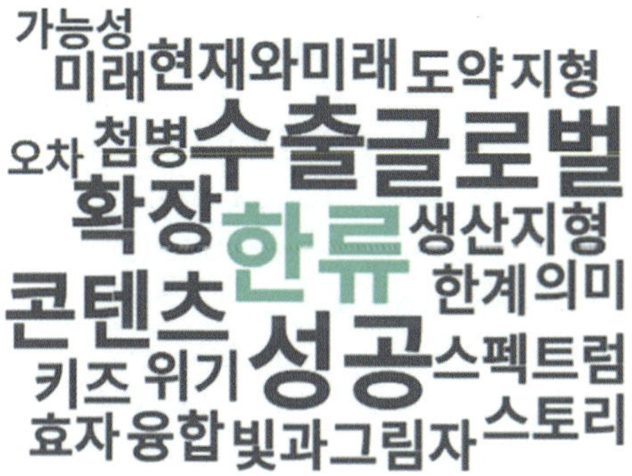

해외통신원, 『한류백서』 등이 한류 수용자를 중심으로 생산자를 함께 분석하는 데 공을 들였다면, 《한류나우》의 경우 생산자를 중심으로 한류가 '글로벌' 시장에서 왜 '성공'했는지, 어떻게 '수출'되고 어떠한 경로로 '확장'됐는지, 그것의 '빛과 그림자'는 무엇이며, '한계'와 '의미'는 무엇인지를 분석하는 노력을 보여주었다. 여타의 조사연구 자료가 글로벌 문화 흐름을 객관적으로 진단해왔다면, 《한류나우》는 한류에 대한 새로운 관점과 해석을 짧은 호흡으로 제시하고, 지속가능한 한류를 지지하는 또 다른 방법을 제안하는 데 집중해온 것이다.

표 3 《한류나우》웹진 대주제 목록(2017년 여름 19호~2023년 겨울 57호)

발간연도/호수	대주제	제목
2017년 7+8월호(19호)	한류몽타주	비주류의 반란, 인디문화를 말하다
2017년 9+10월호(20호)	한류몽타주	한류 콘텐츠의 글로벌 IP 확보 전략
2017년 11+12월호(21호)	한류몽타주	쌍방향 문화교류 시대의 한류를 말한다
2018년 1+2월호(22호)	한류몽타주	문학을 통한 한류 스펙트럼의 확장
2018년 3+4월호(23호)	한류몽타주	글로벌 동심 잡는 한류 키즈 콘텐츠
2018년 5+6월호(24호)	한류몽타주	영화를 통한 국제 문화교류
2018년 7+8월호(25호)	한류몽타주	방송콘텐츠를 통한 국제 문화교류
2018년 9+10월호(26호)	한류몽타주	K팝을 통한 국제 문화교류
2018년 11+12월호(27호)	한류몽타주	연대하는 공연예술
2019년 1+2월호(28호)	한류몽타주	디지털 시대의 한류콘텐츠 소비행태와 제작시스템 변화
2019년 3+4월호(29호)	한류몽타주	한류의 첨병, 아이돌 산업의 그림자
2019년 5+6월호(30호)	한류몽타주	콘텐츠산업 불공정 행위와 개선 방안
2019년 7+8월호(31호)	한류몽타주	신남방정책과 한류
2019년 9+10월호(32호)	한류몽타주	한국영화 100년, 경성에서 칸까지
2019년 11+12월호(33호)	한류몽타주	2019 한류, 빛과 그림자
2020년 1+2월호(34호)	한류몽타주	한국어와 한류
2020년 3+4월호(35호)	한류몽타주	트랜스미디어 스토리텔링과 한류콘텐츠
2020년 5+6월호(36호)	한류몽타주	게임, '질병'과 '수출 효과'의 간극

2020년 7＋8월호(37호)	한류몽타주	한국형 콘텐츠 스튜디오와 한류
2020년 9＋10월호(38호)	한류몽타주	상상을 현실로, 문화기술과 한류
2020년 11＋12월호(39호)	한류몽타주	2020 한류, 위기와 기회
2021년 1＋2월호(40호)	한류몽타주	Z세대가 이끄는 신한류
2021년 3＋4월호(41호)	한류몽타주	K-헤리티지, 과거와 현재를 잇다
2021년 5＋6월호(42호)	한류몽타주	한국 음식과 한류
2021년 7＋8월호(43호)	한류몽타주	웹툰, 무한한 가능성의 현주소
2021년 9＋10월호(44호)	한류몽타주	한류, 한계를 넘어서다
2021년 11＋12월호(45호)	한류몽타주	2021 한류, 융합과 혁신
2022년 1＋2월호(46호)	한류몽타주	K-스트릿 문화, 하위문화에서 주류문화로
2022년 3＋4월호(47호)	한류몽타주	한류의 글로벌 성공과 미래
2022년 5＋6월호(48호)	한류몽타주	지역문화와 국제교류
2022년 7＋8월호(49호)	한류몽타주	한류 리부팅, 더 큰 도약을 위한 준비
2022년 9＋10월호(50호)	한류몽타주	디지털 플랫폼 시대, 한류의 확장과 그 가능성
2022년 11＋12월호(51호)	한류몽타주	한류를 넘어 'K', 'K'란 무엇인가
2023년 1＋2월호(52호)	한류몽타주	호명과 인정, 국제시상식을 통해 본 한류의 성공과 의미
2023년 3＋4월호(53호)		한국 수출 지형의 게임체인저 'K-콘텐츠', 문화와 산업의 상생
	한류몽타주	콘텐츠 수출 지형의 현재와 미래
	한류포커스	한류 수출과 연관산업의 상생
2023년 5＋6월호(54호)		콘텐츠 세계화의 주역, 한류 생산자와 창의성
	한류몽타주	한국 문화산업 생산지형의 현재와 미래
	한류포커스	한류 생산지형의 동학 - 창의적 생산자를 말하며
2023년 7＋8월호(55호)		한류가 AI를 만났을 때
	한류몽타주	기술이 확장하는 한류, 현안과 과제
	한류포커스	기술융합한류'를 꿈꾸며
2023년 9＋10월호(56호)		글로벌 K-포맷 개발과 IP 확장, 어디까지 왔는가
	한류몽타주	글로벌 포맷 개발의 모든 것
	한류포커스	K-포맷을 움직이는 사람들
	한류인서트	4세대? 5세대? 아이돌 세대론은 어떻게 만들어지는가?
2023년 11＋12월호(57호)		2023 한류 지형도, 변화와 조정
	한류몽타주	콘텐츠×OTT, 오차와 연대
	한류포커스	웹툰, 방송영상으로 '무빙'하다
	한류인서트	영상콘텐츠 세제지원의 역할과 과제

> 그림 8 《한류나우》의 키워드 의미망(2017~2023)

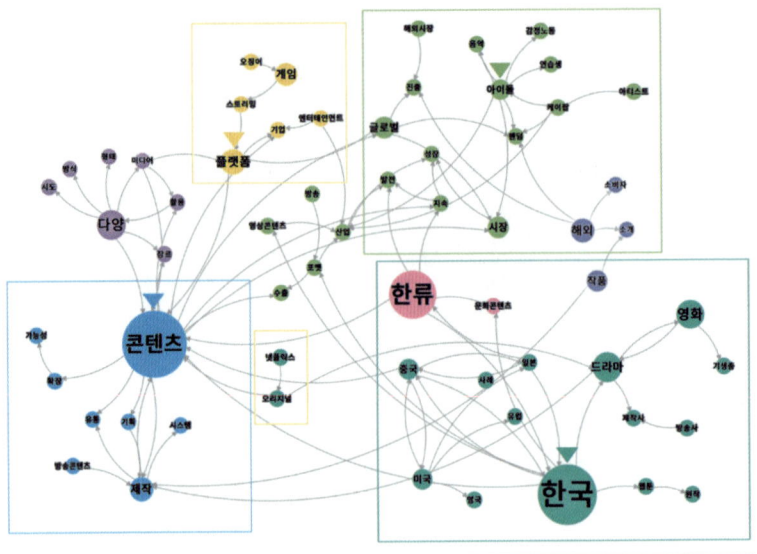

　《한류나우》에서 가장 많이 검출된 키워드는 '콘텐츠'였다. 영화, 케이팝, 웹툰 등 각각의 콘텐츠가 해외에서 어떻게 '제작', '기획', '유통'되고 '확장'되고, 이것이 어떠한 '가능성'을 내포하고 있는지를 밝히려는 노력을 보여준다(좌측 하단 파란색 네모). 전반적으로 '한류'라는 키워드보다는 '한국'이 주요 키워드로 등장해 한국이라는 국적이 강조됐는데(우측 하단 초록색 네모), 이는 한류에 대한 단선적인 성공 사례보다는 글로벌 사회에서 한국의 콘텐츠가 어떻게 달리 받아들여지는지, 다름의 계기를 포착하기 위한 노력이 반영된 결과로 풀이된다.

　한편 케이팝 담론에서는 '아이돌'의 '글로벌' '진출'과 함께 '감정노동'의 키워드도 명시적으로 드러났다. 케이팝 산업에서 일어나는 긴장과 실존의 문제를 점검한 효과라 할 수 있다(우측 상단 연구색 네모). 마지막으로 한류의 성공 논의에 있어 최근 3년간 가장 지배적인 단어인 '플랫폼', '오징어게임'이 '스트리밍'과 함께 한류 관련 키워드가 양적으로 팽창했음을 알 수 있다(좌측 상단 노란색 네모). 전 세계에서 통용되는 한류 콘텐츠와 이를 매개로 생성되는 한류 생태계의 명암을 들여다보는 방식으로 해당 단어가 사용되었음에 주목할 필요가 있다.

(제 2 부)

(한류 부문별 성과와 전망)

(1
방송 한류)

(성숙을 위한 성장통)

(이성민
한국방송통신대학교 미디어영상학과 조교수)

1. 방송 한류 현황

2023년의 방송 한류는 위기와 호황이 공존하는 가운데 구조적 취약성에 직면한 한 해로 평가할 수 있다. 2023년 상반기 전 세계에서 세 번째로 많이 시청한 넷플릭스 영상에 등극한 〈더 글로리〉를 시작으로, 디즈니 플러스의 새로운 희망으로 평가받은 〈무빙〉 등 다양한 작품들이 전 세계 시청자들에게 사랑을 받았다. 〈피지컬:100〉이 전 세계 1위를 기록하며 예능 한류의 새로운 가능성을 보여주는 등 장르 확장에 대한 기대도 높아졌다.

산업 구조에 대해서는 기대와 우려가 공존했다. 2023년 넷플릭스가 향후 4년간의 투자 계획을 발표하는 등 글로벌 OTT와의 협력 구조는 앞으로도 지속할 가능성이 높다. 문제는 국내 OTT 사업자를 비롯한 기존의 방송영상 제작 기반이 크게 위축됐다는 것이다. 글로벌 OTT를 중심으로 투자가 확대되는 과정에서 국내 플랫폼 사업자들이 감당하기 어려운 수준으로 제작비 규모가 크게 상승한 것도 산업계의 큰 고민으로 부상했다. 구독형 OTT 서비스의 성장에 대한 회의적인 시각이 확산되면서, '피크 OTT 시대'를 넘어 새로운 성장 발판을 어떻게 마련해야 하는지에 대한 고민도 산업 전체에 던져졌다. 글로벌 OTT가 열어준 기회를 통해 확보한 거대한 성장 이후, 성숙을 위한 성장통이 시작된 것이다. 이 글에서는 2023년의 방송 한류의 현황을 살펴보고, 주요 이슈를 통해 향후 방송 한류의 방향성을 논의하고자 한다.

1) 방송콘텐츠 수출 규모

방송콘텐츠 수출 규모는 방송 한류의 성과를 가장 직관적으로 보여주는 자료다. 다만 자료 수집 과정의 시차로 인해 2024년 시점에서 확인할 수 있는 최신 통계 자료는 2022년이 기초점이다. 따라서 이 글에서는 통계 자료를 통해 2021년에서 2022년으로의 변화 추이를 파악한 뒤, 2023년에 나타난 주요 현황에 기초해서 수출 규모의 흐름을 파악하고자 한다.

방송통신위원회의 「2023 방송산업 실태조사」와 한국콘텐츠진흥원의 「2022년 하반기 및 연간 콘텐츠산업 동향분석 보고서」를 통해 파악한 2022년 방송 프로그램 수출액 규모는 총 8억 6,912만 달러(한화 약 1조 1,600억원)로, 2021년의 7억 1,800만 달러에 비해 21.0%라는 큰 폭의 성장을 거두었다. 2021년 하반기 〈오징어 게임〉의 성공 이후, 한국 콘텐츠에 대한 주목과 투자가 확대된 결과를 수치로 확인할 수 있는 대목이다. 수출을 주도한 사업자 측면에서는 지상파와 방송채널사용사업자(PP: Program Provider), 방송영상독립제작사가 모두 좋은 성과를 보여줬다(방송통신위원회, 2023b; 한국콘텐츠진흥원, 2023).

글로벌 OTT 서비스의 영향력이 확대되면서 드라마 제작사가 OTT와 직접 계약하는 방식의 수출도 늘고 있다. 이는 2022년 방송영상독립제작사의 수출 실적 증가를 통해 확인할 수 있다. 다만 방송영상독립제작사의 세부적인 수출 경로 등에 대해서는 기존의 통계 자료로는 확인하기 어렵다. 따라서 국가별, 장르별 수출 규모 등의 자료는 상세한 조사의 대상이 되는 지상파와 방송채널사용사업자 등 기존 방송사업자 조사 결과를 통해 대략의 경향성을 확인하고자 한다.

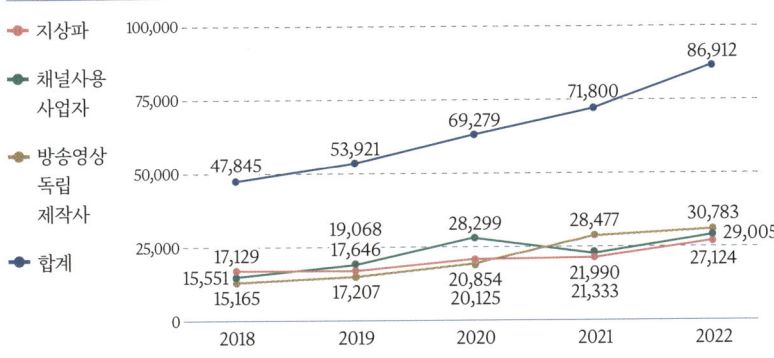

* 출처 : 방송통신위원회(2023b). 「2023 방송산업 실태조사」; 한국콘텐츠진흥원(2023). 「2022년 하반기 및 연간 콘텐츠산업 동향분석 보고서」 자료를 바탕으로 재구성.

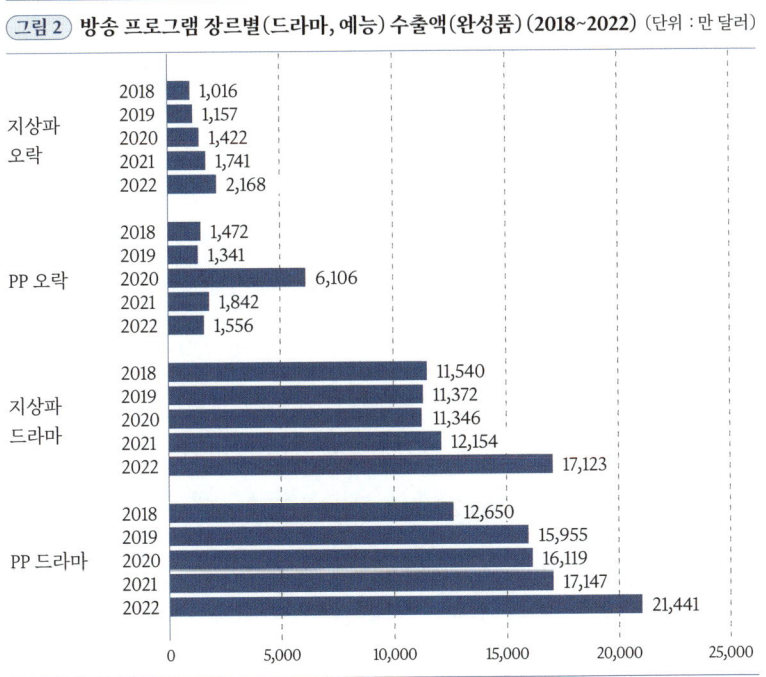

* 출처 : 방송통신위원회(2020, 2021, 2022, 2023a, 2023b). 「2019, 2020, 2021, 2022, 2023 방송산업 실태조사」 자료를 바탕으로 재구성.

기존에 방송 프로그램 수출을 주도한 지상파와 방송채널사용사업자의 수출 실적은 2022년에 모두 큰 성장을 거두었다. 실적만을 놓고 보았을 때 2022년은 방송 한류의 수출 실적이 매우 큰 폭으로 도약한 시기라고 할 수 있다. 2022년 하반기에도 미디어 시장의 경기 위축 우려가 있었다는 점을 상기하면, 적어도 한국 콘텐츠가 해외 시장에서 일정 수준 이상의 인지도와 경쟁력을 확보한 것으로도 해석해 볼 수 있다.

그렇다면 2023년에는 방송콘텐츠 한류의 흐름이 어떻게 나타났을까? 아직 구체적인 통계가 나오지 않은 시점에서 여러 관련 조사를 통해 대략의 방향을 추정해 볼 수는 있다. 한국국제문화교류진흥원에서 매년 실시하는 '해외한류실태조사'는 해외에서의 한국 콘텐츠에 대한 호감도를 파악할 수 있는 자료다. 2023년의 한국 콘텐츠 호감도에 대한 조사 결과에 따르면, 예능과 드라마에 대한 호감도는 2021년을 정점으로 소폭이지만 계속 감소하고 있는 것으로 나타났다. 물론 이러한 감소 추세에서 2021년이 〈오징어 게임〉의 큰 성공으로 한국 콘텐츠에 대한 호감과 관심이 극대화된 시점이었다는 점을 염두에 둘 필요가 있다. 그럼에도 〈오징어 게임〉 이후 다시 큰 성장 동력을 확보하지 못하고 있다는 점은 우려할 만하다.

한국콘텐츠진흥원에서 발간한 「2023년 상반기 콘텐츠산업 동향분석 보고서」에 따르면, 2023년 상반기 방송콘텐츠 수출액은 2억 9,397만 달러로(한화 약 3,850억 원), 전년 동기 대비 1.8% 증가한 것으로 나타났다. 산업에 위기론이 팽배했던 상황임을 고려한다면, 여전히 소폭이지만 성장세를 이어갔다는 점은 긍정적인 신호로 읽을 수 있다. 다만 같은 보고서에 담긴 콘텐츠 기업 경영 체감도(CBI: Content

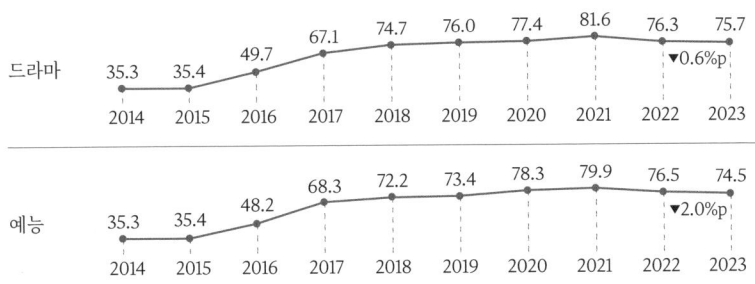

그림 3 2023년 한국 콘텐츠 호감도 변화 추이(예능, 드라마)

* 출처 : 한국국제문화교류진흥원 (2024). 「2024 해외한류실태조사」.

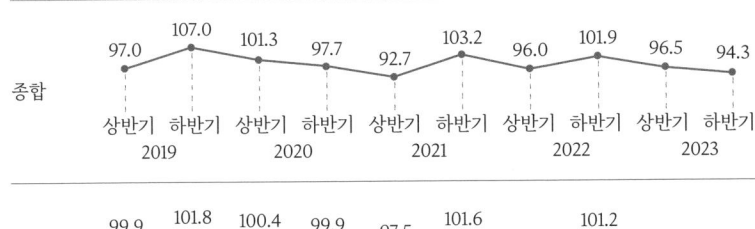

그림 4 방송산업 CBI 추이 (종합, 수출 부문)

* 출처 : 한국콘텐츠진흥원 (2024). 「2023년 상반기 콘텐츠 산업 동향분석 보고서」, 66~67쪽.

Business Index, CBI) 조사 결과에 따르면, 2023년 하반기 종합 CBI 전망은 94.3점으로 상반기(96.5점)에 비해 부정적 전망이 우세했고, 수출 측면에서도 93.2점으로 상반기(95.2점)에 비해 낮은 점수를 기록했다(한국콘텐츠진흥원, 2024). 2023년 하반기에 들어오면서 방송영상 콘텐츠 시장의 위축에 대한 우려가 커지고 있음을 확인할 수 있다.

이러한 우려에도 불구하고 방송콘텐츠 수출의 '피크(peak)'가

도래했다는 신호는 아직 분명하지 않다. 한국콘텐츠진흥원의 발표에 따르면, 2023년 한국 기업은 해외 주요 6개 방송영상 시장[1]에서 1,519억 원의 수출 성과를 거두었으며, 이러한 실적은 2022년에 비해 81%가 증가한 수치다. 코로나19 팬데믹 종료 이후 전 세계 시장에서의 방송콘텐츠 판매 실적은 꾸준히 늘어나는 추세다. 일부 기업의 해외 매출 실적 사례에서도 긍정적인 신호를 확인할 수 있다. 스튜디오드래곤은 2024년 2월 발표한 2023년 연간 실적에서 전년 대비 22.9% 성장한 4,350억 원의 해외 매출을 기록했다고 발표했다. 넷플릭스 등 한국에 진출한 글로벌 OTT에서의 직접 제작 투자 역시 지속되고 있다는 점을 고려한다면, 2023년에도 수출 실적 자체는 양호한 성과를 거두었을 것으로 기대해 볼 수 있다.

2) 방송 한류의 현황과 흐름

2023년 방송 한류 흐름을 확인할 수 있는 방법 중 하나는 주요 글로벌 OTT 데이터를 활용하는 것이다. 2023년 12월 13일 넷플릭스는 상반기 시청 현황 보고서를 발표했다. 이 자료에 따르면 〈더 글로리〉가 6억 2,280만 시간으로 3위를 기록했고, 〈피지컬 : 100〉이 2억 3,500만 시간으로 15위, 〈일타 스캔들〉이 2억 3,480만 시간으로 16위, 〈닥터 차정숙〉이 1억 9,470만 시간으로 25위를 기록하는 등 2023년 상반기에도 한국 방송콘텐츠가 넷플릭스에서 좋은 성과를 거두었음을

---

[1] 이는 콘텐츠진흥원이 참가한 해외 방송영상 마켓을 가리킨다. 홍콩(필마트, 3월), 프랑스(밉티비, 4월), 미국(LA 스크리닝, 5월), 프랑스(밉컴, 10월), 일본(티프콤, 10월), 싱가포르(아시아 TV 포럼&마켓, 12월)에 그에 해당한다.

확인할 수 있었다. 또한 〈이상한 변호사 우영우〉(59위), 〈사내 맞선〉(71위), 〈사랑의 불시착〉(73위) 등의 작품들은 공개 후 오랜 시간이 흐른 시점에도 여전히 많은 사람에게 사랑받고 있다.

플릭스패트롤(FlixPatrol)이 공개한 주간 순위 동향을 통해서는 2023년 한 해 동안 어떤 한국 방송콘텐츠가 글로벌 시청자들에게 사랑을 받았는지 확인할 수 있다.[2] 플릭스패트롤이 집계한 2023년

[2] 넷플릭스의 주간 순위 기록은 단일 플랫폼이란 한계에도 불구하고 방송 한류의 확산 정도를 확인할 수 있다는 점에서 유용하다. 시기별 한국 콘텐츠의 성과를 확인하기 위해 플릭스패트롤 자료를 가공한 유튜브 채널 '데이터 다람쥐' 콘텐츠를 참조해서, 주 차별 10위권 내에 진입한 콘텐츠를 해당 주차의 최고 순위를 기준으로 기록하면 다음과 같다. 주요 작품이 가장 높은 순위를 기록한 시점을 볼드체로 표시했다(데이터다람쥐 유튜브 채널).
2023년 1~3주: 〈더 글로리〉(5~7위), 4~5주: 〈피지컬:100〉(5~10위), 6주: **〈피지컬:100〉(1위)**, 〈여신강림〉(8위), 〈일타 스캔들〉(10위), 7~8주: 〈피지컬:100〉(2위), **〈여신강림〉(4위)**, 〈연애대전〉(3~6위), 〈일타 스캔들〉(10위), 〈철인왕후〉(10위), 9~10주: 〈철인왕후〉(4~6위), 〈피지컬:100〉(5위, 9주), 〈여신강림〉(7~8위), **〈일타 스캔들〉(9위)**, 11~12주: **〈더 글로리〉(1위)**, 〈일타 스캔들〉(9위), 〈여신강림〉(8위), 13주: 〈더 글로리〉(2위), 〈일타 스캔들〉(10위), 14~15주: 〈더 글로리〉(5위), 16~17주: **〈퀸 메이커〉(7~8위)**, 〈더 글로리〉(10위), 18주: 〈퀸 메이커〉(10위), 19주: 〈닥터 차정숙〉(10위), 20주: 〈택배기사〉(2위), 〈닥터 차정숙〉(8위), 21주: **〈택배기사〉(6위)**, 〈닥터 차정숙〉(7위), 〈나쁜엄마〉(10위), 22~23주: **〈닥터 차정숙〉(6위)**, 〈나쁜엄마〉(7~8위), 24~25주: 〈사냥개들〉(2~5위), 〈나쁜엄마〉(8위), 〈닥터 차정숙〉(9~10위), 26주: 〈사냥개들〉(3위), 〈킹더랜드〉(5위), 27~28주: 〈셀러브리티〉(2~3위), 〈킹더랜드〉(4~5위), 〈이번 생도 잘 부탁해〉(8위), 29주: 〈킹더랜드〉(4위), 〈셀러브리티〉(6위), 30~32주: **〈킹더랜드〉(3~6위)**, 〈경이로운 소문〉(8~10위), 33주: 〈킹더랜드〉(5위), 34~35주: **〈마스크걸〉(3위)**, 〈힙하게〉(5위), 〈킹더랜드〉(6위), 〈이 연애는 불가항력〉(7위), 36~37주: 〈이 연애는 불가항력〉(5~6위), 〈너의 시간 속으로〉(7위), 〈마스크걸〉(8위), 38주: 〈너의 시간 속으로〉(7위), 〈이 연애는 불가항력〉(9위), 39~40주: 〈도적〉(10위), 〈이 연애는 불가항력〉(10위), 41주: **〈힘쎈여자 강남순〉(4위)**, 〈이 연애는 불가항력〉(8위), 42~43주: 〈힘쎈여자 강남순〉(4~6위), 〈이두나!〉(8위), 44주: **〈이두나!〉(7위)**, 〈힘쎈여자 강남순〉(10위), 45~46주: **〈무인도의 디바〉(8위)**, 〈힘쎈여자 강남순〉(8~9위), 47주: 〈무인도의 디바〉(4위), 〈힘쎈여자 강남순〉(7위), 48주: 〈마이데몬〉(4위), 〈힘쎈여자 강남순〉(10위), 49~50주: **〈마이데몬〉(3위)**, 〈스위트 홈〉(7~9위), 〈웰컴 투 삼달리〉(9위), 51주: 〈마이데몬〉(3위), 〈여신강림〉(9위), 〈솔로지옥〉(10위), 52주: 〈경성크리처〉(2위), 〈마이데몬〉(4위), 〈여신강림〉(9위)

도 넷플릭스 TV 쇼 부문 100위권 내에는 〈더 글로리〉(6위), 〈킹더랜드〉(9위), 〈마이데몬〉(30위), 〈피지컬: 100〉(31위), 〈힘쎈여자 강남순〉(37위), 〈닥터 차정숙〉(54위), 〈일타 스캔들〉(64위), 〈나쁜 엄마〉(67위), 〈마스크걸〉(77위), 〈셀레브리티〉(86위), 〈경이로운 소문〉(90위) 등이 이름을 올렸다.

흥미로운 사실은 이러한 순위 기록에서 〈더 글로리〉, 〈피지컬: 100〉, 〈마스크걸〉, 〈셀레브리티〉와 같은 넷플릭스 오리지널 작품들뿐 아니라 국내 방송을 통해 함께 공개된 〈킹더랜드〉, 〈닥터 차정숙〉과 같은 드라마들이 높은 순위를 기록하고 있다는 점이다. 지난 몇 년간의 방송 한류를 주도한 것은 〈오징어 게임〉, 〈지금 우리 학교는〉과 같이 기존 한국 드라마와는 다른 결을 보여준 넷플릭스 오리지널 작품이었다. 이에 비해 2023년 방송 한류의 풍경에는 국내 방송사업자를 통해 방영된 작품이 상당히 높은 비중을 차지했다. 이는 몇 가지 시사점을 제공한다.

먼저 방송 한류의 주류는 여전히 기존의 '한국 드라마'가 높은 경쟁력을 보여준 로맨스 작품이라는 점이다. 이들 작품은 주로 아시아 지역에서 높은 인기를 얻었다는 점에서, 2023년은 아시아가 여전히 방송 한류에서 갖는 가치를 다시 확인한 시기였다고 할 수 있다. 다음으로 이러한 작품들의 인기가 아시아를 넘어서 다른 지역으로도 확장되는 양상도 중요한 변화다. 예를 들어 〈킹더랜드〉는 플릭스 패트롤 집계 기준으로 2023년도 TV 쇼 전체 9위를 기록했는데, 아시아 지역뿐 아니라 페루, 볼리비아, 파키스탄, 나이지리아, 사우디아라비아 등 다양한 지역에서 오랜 기간 10위권에 머무르는 성과를 보여줬다.

그림 5 〈킹더랜드〉의 넷플릭스 순위 지도

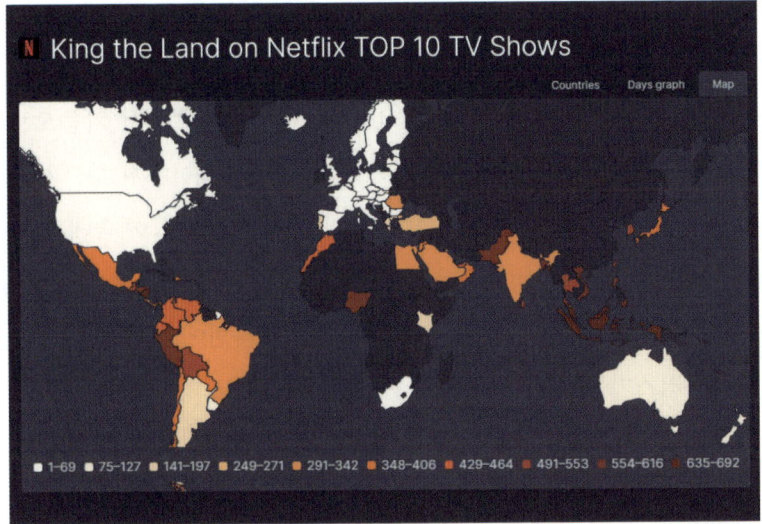

* 출처 : 플릭스패트롤3

    2023년에는 넷플릭스 이외의 글로벌 OTT 플랫폼을 통해서 한류 성과가 나타났다는 점도 주목할 만한 변화다. 특히 디즈니플러스에서 공개된 〈무빙〉이 한국은 물론 북미 등의 지역에서 좋은 반응을 모으며 한국 콘텐츠 투자에 대한 인식을 제고했다는 평가를 받았다. 플릭스패트롤 집계에 따르면 2023년도 전체를 기준으로 〈무빙〉이 30위, 〈소방서 옆 경찰서〉가 42위, 〈어쩌다 사장〉이 59위, 〈더 존〉이 66위를 기록했다. 이뿐 아니라 아마존 프라임에서도 36위에 〈아일랜드〉, 47위에 〈서진이네〉가 순위를 올렸다. 넷플릭스에 비하면 이들 플랫폼에서는 아직 한국 콘텐츠의 비중이 높지 않지만, 2023년도를

3 www.flixpatrol.com

시작으로 앞으로 더 큰 성장을 기대해 볼 수 있는 신호들이 나타나고 있다.

　예능콘텐츠 한류의 약진도 2023년의 중요한 변화다. 넷플릭스 오리지널 콘텐츠인 〈피지컬: 100〉은 예능콘텐츠로서 처음으로 2023년 6주 차에 글로벌 1위를 기록했다. 〈솔로지옥〉(109위 기록) 시즌 1도 아시아 지역을 중심으로 좋은 성과를 거두었으며, 계속해서 시즌을 이어나갔다는 점에서 유의미한 성과를 거두었다고 볼 수 있다. 〈서진이네〉는 2023년 2월 처음으로 아마존 프라임에 입성했으며, 디즈니플러스가 제작한 오리지널 예능인 〈더 존〉도 의미 있는 성과를 기록했다. 〈어쩌다 사장〉은 무빙 출연진과의 연계성이 높다는 점에서 시즌 2가 디즈니플러스로 공급되기도 했다. 아직 예능콘텐츠 한류는 지리적으로 아시아에 집중된 것이 사실이지만, 계속해서 글로벌 OTT의 투자와 구매가 이어지고 있다는 점에서 앞으로 더 큰 성과를 기대해 볼 만하다.

　또 한 가지 주목할 부분은 한국의 요소가 차용됐음에도 한국 제작진의 개입은 없는, 소위 'K-' 없는 한류의 양상도 나타났다는 점이다. 넷플릭스 오리지널로 5월에 공개된 〈엑스오, 키티〉는 한국을 배경으로 한 작품이지만, 온전히 미국의 자본과 제작진에 의해 만들어진 미국 드라마였다. 그럼에도 2023년 21, 22주 차에 전 세계 1위를 기록하며 화제를 모았다. 11월 22일에는 〈오징어 게임〉의 IP를 활용한 리얼리티 쇼 〈오징어 게임: 더 챌린지〉가 공개됐다. 해당 작품은 48주 차에 전 세계 1위를 기록했다. 한국의 문화적 요소를 차용한 작품, 한국인이 만든 IP를 활용한 글로벌 작품이 제작될 수 있고, 나아가 인기를 얻을 수도 있다는 것이 현실로 드러난 셈이다.

2. 방송 한류 이슈

1) OTT 한류의 나비 효과, 산업의 지속 가능성 위기

2023년은 그동안 방송 한류를 이끌었던 OTT 산업 구조가 변화하면서 나타난 후폭풍을 본격적으로 경험한 시기였다. 코로나19 팬데믹 기간에 빠른 성장을 보여준 OTT의 구독자 증가세가 둔화되고, 금리의 가파른 인상과 더불어 전 세계 경제 환경이 악화되면서 영상산업에 대한 장밋빛 전망에 수정이 불가피해진 것이다.

특히 국내에서는 제작비의 가파른 상승에 대한 우려가 깊어졌다. 수출을 전제로 한 대형화된 작품이 늘어나는 가운데 배우의 출연료와 스태프 인건비 등 제작 요소시장의 비용이 매우 커졌다. 이러한 변화는 2022년 방송 한류 논의에서 지적했던 전 세계 가치 사슬의 강화와 연결된다. 한국 방송영상 산업이 본격적으로 세계 시장에 편입되는 과정에서 세계 시장을 대상으로 하는 대규모 작품과 국내 시장에 맞춤화된 작품 간에 양극화가 확대된 것이다.

세계 시장과 연계될 수 있는 요소시장의 개별 가격이 상승하게 되면, 이러한 가격 부담을 감당하기 어려운 국내 사업자의 제작 투자는 위축될 수밖에 없다. 실제 국내 방송사업자들은 기존의 드라마 편성을 줄이기 시작했고, 국내 OTT들도 적자가 누적되는 가운데 제작 투자에 어려움을 겪고 있다.

이러한 흐름이 지속된다면 방송영상 산업의 지속 가능성에 문제가 나타날 수 있다. 그동안 한국 방송영상 산업의 성장은 탄탄한 내수 시장의 힘을 바탕으로 다수의 작품을 제작하며 축적한 역량에

뿌리를 두고 있었다. 제작비 상승 등을 이유로 국내 제작 시장이 위축된다면 글로벌 OTT에 대한 의존이 심화되고 제작 경쟁력이 약화될 가능성 역시 커질 것이다.

2023년 4월 넷플릭스는 앞으로 4년간 한국에 대한 제작 투자를 지속할 것이라고 발표했다. 넷플릭스는 지난 4년간 한국 콘텐츠에 대한 제작 투자를 집중적으로 진행하며 방송 한류가 도약하는 계기를 마련했다. 이러한 투자는 디즈니플러스와 같은 글로벌 사업자의 국내 제작 투자와 더불어 국내 제작 시장의 세계화를 촉발했다. 문제는 앞으로의 4년간의 투자가 지난 4년과 같은 긍정적 효과를 가져올 것인지 확신하기 어렵다는 점이다. OTT가 만들어 낸 구조 변화 속에서 국내 영상산업의 취약성은 높아지고 있다. 방송뿐 아니라 국내 극장 영화 시장의 위기도 이러한 우려를 더하는 요인이다. 해외에서의 성과가 단기간에 위축되지는 않더라도, 국내 산업의 위기 요인들을 적절히 대응하려는 노력의 필요성은 점차 높아질 것이다.

2) 'K-콘텐츠'란 무엇인가

2023년은 '한국 없는 한국 콘텐츠'라는 현상이 더욱 가시화된 한 해였다. 한국을 배경으로 한국인이 출연하지만 한국의 자본도 제작자도 참여하지 않은 넷플릭스 오리지널 〈엑스오, 키티〉가 대표적인 사례다. 2022년의 〈파친코〉에 이어서 2023년의 〈엑스오, 키티〉라는 작품의 등장은 이제 한국이라는 문화적 요소의 활용이 국내 기업이나 국내 창작자로 한정되지 않는다는 점을 분명히 보여줬다. 〈오징어 게임〉을 리얼리티쇼로 재구성한 〈오징어 게임: 더 챌린지〉는 〈오징어 게임〉의 IP 소유 주체를 우리에게 다시 각인시켜 준 사례였다. 다양한 인종과 국적의 사람들이 한국적인 게임을 즐기는 모습은 그동안 익숙하게 봐 온 한류의 장면과 유사하다. 황동혁 감독이 제작 과정에서 일부 자문으로 참여하며 〈오징어 게임〉의 아우라를 더하기도 했다. 그럼에도 불구하고 제작 주체와 IP 소유의 관점에서 본다면 이는 한국과는 무관한 넷플릭스의 글로벌 작품이다.

한국의 문화적 요소가 확장되고 사랑받는 것을 한류로 정의한다면, 〈오징어 게임: 더 챌린지〉나 〈엑스오, 키티〉가 거둔 전 세계 1위라는 성과는 분명 방송 한류의 중요한 장면으로 평가받아야 할 것이다. 그러나 산업의 측면으로 본다면, 이는 한국의 방송산업의 성장과 큰 관련을 맺는다고 보기 어렵다.

문화적 흐름으로서의 한류와 산업적 성과로서의 수출 간 디커플링(de-coupling)이 본격화되기 시작했다는 신호는 여기에서 그치지 않는다. 2023년 3월 애플TV+에서 공개된 〈더 빅도어 프라이즈(The Big Door Prize)〉는 미국의 제작사 스카이댄스와 한국의 제작사 스튜디오드래곤이 함께 만든 작품으로, 한국 제작사가 미국 드라마를 제작한 첫 사례로 주목 받았다.

한국 시장의 한계를 넘어서 직접 해외에서 콘텐츠를 제작하려는 시도는 계속 이어지고 있다. CJ ENM이 인수한 미국의 드라마 제작사 피프스시즌(Fifth Season)은 〈도쿄 바이스〉(HBO 맥스), 〈시(SEE): 어둠의 나날〉(애플TV+) 등을 제작해 왔다. 스튜디오드래곤은 유니버설 스튜디오와 함께 김언수 작가의 한국 소설 〈설계자들〉을 미국 드라마로 제작 중이라고 알려졌다. SLL도 미국의 제작사 윕(whip)을 인수했고, 2023년 5월에는 이를 통해 HBO 오리지널로 〈화이트 하우스

플럼버스(White House Plumbers)〉를 공개한 바 있다.

    한국 제작사들이 미국에서 직접 드라마를 제작하는 양상은 케이팝 분야에서 나타난 한국인 없는 케이팝의 탄생을 떠올리게 한다. 음악산업과 영상산업에서 공통적으로 한국이라는 요소를 떼어 낸 현지화된 제작이 시도되고 있다. 이는 이미 글로벌 기업들이 오랜 기간 추진해 온 현지화의 길을 따라가는 것이기도 하다. 다만 이 과정에서 지속적으로 'K콘텐츠란 무엇인가?'란 질문이 제기될 수밖에 없다. 방송영상 산업의 수출 실적이 한국 문화의 영향력 확대와는 무관해지는 순간이 점차 다가오고 있다.

3. 방송 한류 주요 진출국과 진출 경로

1) 주요 진출국

방송 한류의 주요 진출국 현황을 전반적으로 조망하기 위해서는 앞서 검토한 「2023 방송산업 실태조사」의 결과를 다시 살펴볼 필요가 있다(그림 6, 7). 2022년까지의 통계 자료를 통해 확인할 수 있는 점은 2021년에 이어서 지역을 특정하지 않은 기타 지역으로의 수출이 큰 폭으로 증가했다는 점이다. 2022년에는 '기타' 지역으로의 수출이 전체 완성품 수출액의 48.2%로 나타나 거의 절반에 가까운 비중을 차지하고 있다. 이는 넷플릭스 등 글로벌 OTT를 통해 전 세계로 방송콘텐츠의 유통이 확대되는 추세가 이어지고 있음을 의미한다.

    글로벌 OTT 서비스인 넷플릭스는 세계 190개국에 콘텐츠를 동

그림 6 방송 프로그램(완성품) 국가별 수출액 (2018~2022) (단위 : 만 달러)

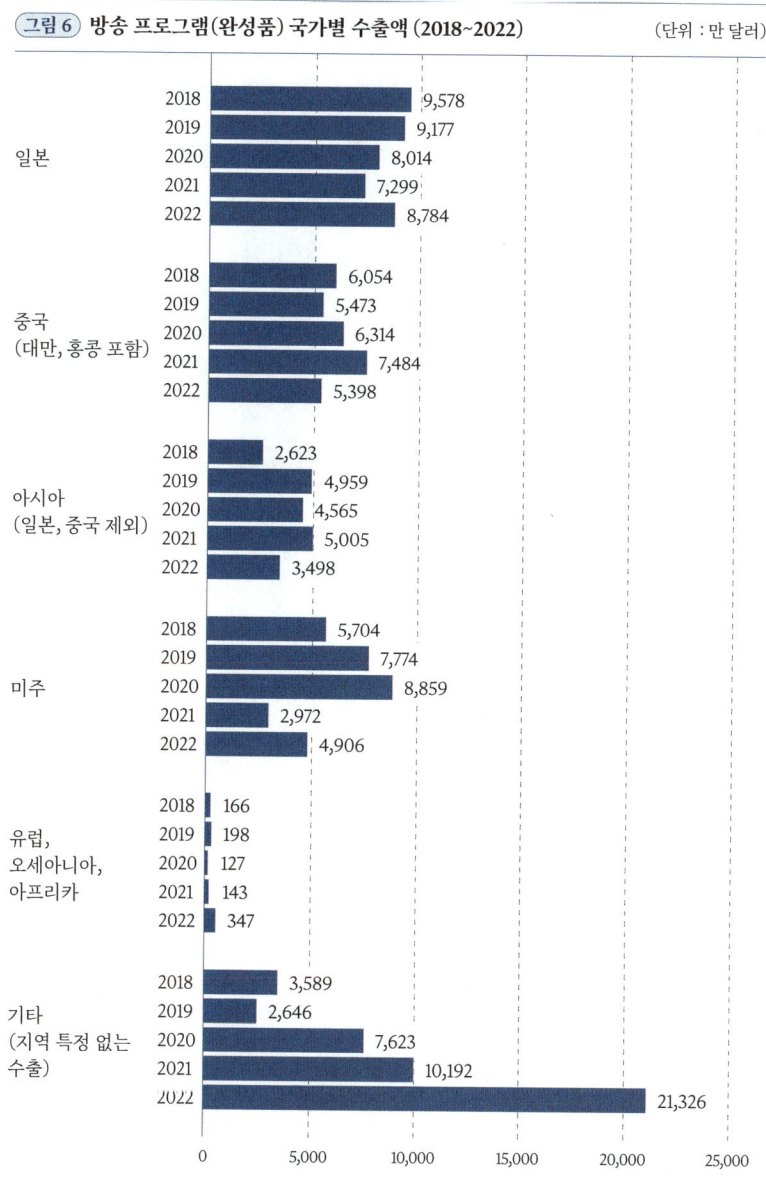

* 출처 : 방송통신위원회 (2020, 2021, 2022, 2023a, 2023b). 「2019, 2020, 2021, 2022, 2023 방송산업 실태조사」 자료를 바탕으로 재구성.

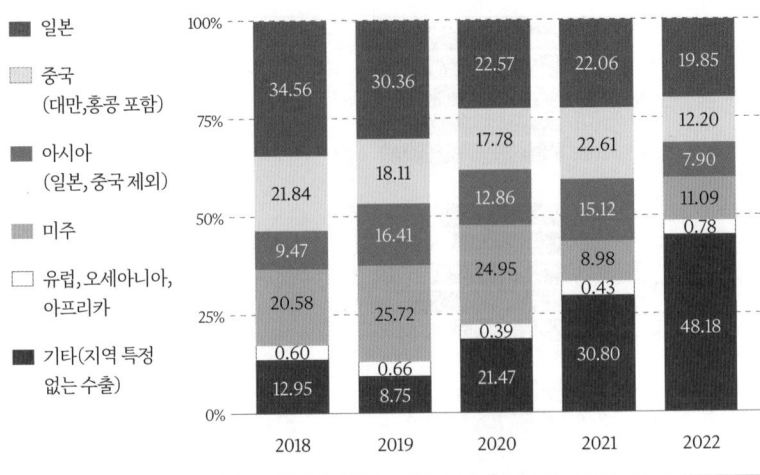

* 출처 : 방송통신위원회 (2020, 2021, 2022, 2023a, 2023b). 「2019, 2020, 2021, 2022, 2023 방송산업 실태조사」 자료를 바탕으로 재구성.

시에 제공할 수 있고, 2021년부터 각 지역의 10위까지의 순위를 공개하고 있다. 수출액의 증가뿐 아니라, 개별 콘텐츠가 어떤 지역에서 인기를 얻고 있는지를 확인할 수 있는 지표를 제공하며 방송 한류의 가시성을 높이는 역할도 하는 것이다. 이 과정에서 기존의 아시아를 넘어서 중동, 남미, 아프리카 등 새로운 지역에서 한국 방송콘텐츠를 즐기고 있는 현상도 중요한 변화 중 하나다.

2) 주요 진출 경로

앞서 2022년의 수출 비중이 보여주듯이 2023년에는 넷플릭스로의 쏠림 현상에 대한 고민이 시작됐다. 넷플릭스와의 오리지널 콘텐츠 계약에서 IP 권리 확보가 불리하다는 점, 그에 대한 고민 속에서 진출 경로 다변화를 위한 노력도 이어졌다. 개별 국가의 OTT 서비스와 방송사 간 지역별 계약 형태를 취하는 작품도 다시 늘어나기 시작했다. 예를 들어 〈오늘도 사랑스럽개〉와 같은 작품은 한국에서는 웨이브와 넷플릭스를 통해 서비스되고, 일본에선 유넥스트(U-NEXT), 대만에선 프라이데이비디오(friDayVideo), 베트남에서는 TV360, 그리고 나머지 지역에서는 라쿠텐 비키(Rakuten Viki)와 뷰(Viu)를 통해 서비스되는 방식으로 전 세계 180개국에 공개됐다. 〈소용없어 거짓말〉도 유넥스트, 라쿠텐 비키, 뷰 등 로컬 OTT를 통해 서비스되면서 전 세계 141개국에서 시청 점유율 1위를 기록하는 성과를 냈다. 아마존 프라임을 통해 공개된 〈아일랜드〉는 전 세계 63개국 상위 10위에 진입하는 성과를 냈다.

국내 OTT 서비스의 해외 진출 시도 역시 활발히 이루어졌다. 웨이브는 2022년 12월 미주에서 서비스되는 '코코와(kokowa)'를 인수해서 미주 지역 가입자들에게 콘텐츠를 제공하기 시작했다. 티빙은 파라마운트＋와 제휴 관계를 바탕으로 〈욘더〉와 〈몸값〉 등 파트너십 작품들을 전 세계 27개국에 제공했다.

광고 기반의 스트리밍 서비스인 FAST(Free Ad-supported Streaming TV)도 해외 진출 경로로 활용된다. 광고를 기반으로 하는 무료 서비스인 FAST가 북미 시장을 중심으로 큰 폭으로 성장하면서, 이를 한국 콘텐츠를 노출할 수 있는 기회로 활용하려는 노력이 이어지고 있다. 대표적인 FAST 서비스인 삼성TV플러스는 2023년 기준 전 세계 24개국에서 2,000개 이상의 채널을 운영하고 있다. LG채널은 뉴아이디(NewID)와 함께 일본에서 뉴스, 키즈, 스포츠, 푸드, 음악, 드라마 등 9개의 한국 콘텐츠 관련 FAST 채널을 2023년 11월부터 서비스하기 시작했다. 종편과 지상파는 물론 CJ ENM, KT알파 등의 사업자들은 FAST에 채널을 서비스하며 콘텐츠 노출의 기회를 늘리고 있다.

전통적인 수출 방식인 방송영상 전문 시장 참여를 통한 성과도 점차 확대되고 있다. 8월에 진행된 방송콘텐츠 시장 BCWW(Broadcast Worldwide) 2023에서는 한국을 포함해 20개국에서 참가한 286개 기업이 비즈니스 상담을 통해 총 9,448만 8,200달러의 수출 상담액을 달성한 것으로 알려졌다. 이에 따라 국내 콘텐츠 관련 실적도 증가 추세를 보이고 있다. 한국콘텐츠진흥원은 '2023년 해외 방송영상마켓 참가 지원사업'을 통해 홍콩 필마트(3월), 프랑스 밉티비(4월), 미국 LA스크리닝(5월), 프랑스 밉컴(10월), 일본 티프콤(10월), 싱가포르 ATF(12월)에서 공동관을 운영하고 총 1억 1,525만 달러(한화 약 1,519억 원) 규모의 수출 계약을 체결하는 등 해외 진출 사업 이래 역대 최대 실적을 달성했다.

콘텐츠 완성작(프로그램)의 직접 수출뿐 아니라 포맷(format)을 통한 수출은 2022년에 큰 성장을 거둔 것으로 나타났다(그림 8). 아직 프로그램 수출에 비하면 규모 자체는 작지만, 2021년 1,491만 달러에서 2022년 3,362만 달러로 전년 대비 125.5% 성장한 것이다. 특히 2023년에는 '페이퍼 포맷' 형식이 좋은 성과를 거두었다. 이는 기존 콘텐츠를 기반이 아닌, 포맷 자체를 기획·제작하는 방식으로 해외에 수출하는 형식을 말한다. 방송영상 포맷 IP 전문 기업인 썸씽스페셜이 2023년 10월 프랑스 칸에서 열린 밉컴(MIPCOM)에서 '스틸 얼라이브(Still Alive)', '배틀인더박스' 등을 판매한 것이 대표적인 사례다. 방송 포맷은 방송산업 분야에서 활용할 수 있는 대표적인 IP 요소란 점에서 이에 대한 관심이 더욱 확대될 필요가 있다.

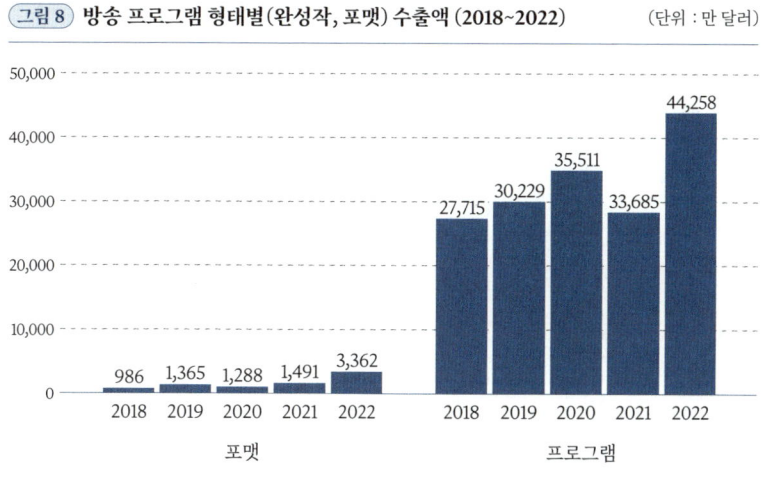

그림 8 방송 프로그램 형태별(완성작, 포맷) 수출액 (2018~2022)   (단위: 만 달러)

* 출처: 방송통신위원회 (2020, 2021, 2022, 2023a, 2023b). 「2019, 2020, 2021, 2022, 2023 방송산업 실태조사」 자료를 바탕으로 재구성.

4. 2024 방송 한류 전망

1) 예상 문제점

2023년은 한국 콘텐츠에 대한 주목이라는 측면만을 놓고 보면, 분명 적지 않은 성과를 거둔 시기였다. 그러나 이를 둘러싼 산업 환경은 각 주체에게 도전을 안겨줬다. 해외 실적 증가와 드라마 흥행에도 불구하고 국내 제작 투자 감소와 비용 상승, 금융 여건의 악화 등으로 많은 제작사가 경영 측면에서 어려움을 겪었다. 드라마 제작사 주가도 2023년에 들어오면서 고점 대비 40% 이상 하락하고 이를 쉽사리 회복하지 못한 것에서도 2023년 산업 환경에 대한 부정적 시각이 상징적으로 나타난다. 구독형 OTT가 보여준 가파른 성장이 코로나19 팬데믹의 종료와 함께 둔화하면서, 기존의 장밋빛 환상이 걷히고 현실로 다가온 문제에 대응하는 시기를 지나고 있다.

특히 방송콘텐츠 제작 투자의 근간이라 할 수 있는 국내 방송 사업자와 OTT 서비스의 위기가 심화하고 있다는 점, 그리고 영상콘텐츠 제작비가 가파르게 상승하고 있다는 점이 대표적인 문제로 제기되고 있다. 제작에 필요한 비용은 커졌지만, 이를 수익으로 연결할 수 있는 구조는 아직 분명하지 않은 상황이다. 글로벌 OTT의 영향력이 확대되는 가운데 국내 제작사가 수익 측면에서 협상력이 약화될 수 있다는 우려도 제기되기 시작했다. 지난 4년간 글로벌 OTT가 촉발한 산업의 구조 변화가 가져온 화려한 한류의 이면에 담긴 구조적 문제들이 수면 위로 떠오른 것이다.

변화된 미디어 환경에서 IP와 창작자에 대한 적절한 보상을 두고서도 고민이 깊어지기 시작했다. 기존 방송산업에서 인정됐던 재방료(재방송료)와 같은 보상 체계가 OTT에서는 작동하지 않는 문제를 비롯해서, 글로벌 OTT가 독점하는 IP 문제 등을 해결하기 위한 노력도 본격화됐다. 영화감독조합은 영상 제작자에게 IP 권리를 귀속하게 하는 기존 저작권법 100조 조항의 수정을 요구하는 입법 활동을 전개하기 시작했다.

한국 콘텐츠가 더 많은 지역의 시청자와 만나게 되면서 문화다양성에 대한 인식 개선의 필요성도 계속 제기되고 있다. 세계 시장에서 큰 인기를 얻었던 드라마 〈킹더랜드〉의 경우, 일부 회차에서 아랍

왕자가 바람둥이로 묘사돼 아랍권 시청자들에게 무슬림과 아랍권에 대한 비하 논쟁을 불러일으켰다. 결국 〈킹더랜드〉 제작사 측은 사과문을 게재하고 해당 장면을 수정하는 일이 벌어졌다. 문화적 차이에 대한 이해와 인식 부족으로 인한 유사한 사례가 주기적으로 나타났으나, 여전히 개선해야 할 부분이 남아 있다.

한국 방송콘텐츠는 단기간에 세계 시장에서 좋은 반응을 얻으며 큰 성장을 이뤄냈다. 이에 비례해서 그동안 누적된 산업의 구조적인 한계와 문제도 점차 가시화되기 시작했다. 많은 경우 성장은 계단식으로 이루어진다. 도약 이후의 여러 한계와 문제를 직면하며 해결하는 '성장통'을 경험한 후 성숙해지는 과정을 거친 다음에야 또 다른 성장에 대한 기대가 현실화될 수 있다.

2) 개선 방향

앞서 언급한 문제를 모두 단기간에 해결하기는 어렵다. 높아진 제작비용을 산업에서 적절히 수용하며 적응하기까지의 시간이 필요하며, 보상 체계와 제도의 개편에 관해서는 이해관계자들의 첨예한 논의가 이어져야 한다. 국내 OTT가 경험한 위기 역시 미디어 시장 전반의 재조정을 거쳐야 해결될 수 있다. 오랜 기간 공들여서 섬세하게 해결해야 할 문제가 대부분이다.

비교적 단기간에 보완할 수 있는 문제는 오히려 문화다양성과 관련된 대응일 수 있다. 사람의 생각을 바꾸는 일이 쉽지는 않지만, 전 세계에 공개되는 콘텐츠의 리스크 관리 차원에서 접근한다면 개선을 위한 힘을 단기간에 집중시키는 것이 불가능하지만은 않다. 물론 한류 콘텐츠가 워낙 다양한 지역으로 확장되면서 나타나는 문제를 적시에 해결할 수 있는 지역 전문가와 같은 인력 공급은 충분치 않다. 그럼에도 다양한 지역에서의 문화적 금기와 유의 사항을 체계적으로 수집하고, 이에 대한 교육과 공유의 기회를 확대하는 노력이 요구된다.

제작비 상승과 콘텐츠 대형화에 따른 양극화 문제는 한국 영상산업이 세계 시장에 편입되는 과정에서 벌어진 일이라는 점에서 더욱 체계적인 대응이 필요하다. 한국의 미디어 콘텐츠 시장이 이제 제작 요소시장을 포함해서 완전히 개방된 시장이란 점을 인정하고, 전 세계 경쟁의 관점에서 국내 제작 기반을 강화할 수 있는 제도와 정책의 개선을 적극적으로 추진해야 한다. 2023년에 출범한 미디어콘텐츠산업융합발전위원회는 이러한 산업의 구조 변화에 대응하기 위한 논의를 전개하고 있다. 영상콘텐츠 세액 공제가 크게 확대된 것도 정책적 노력의 성과로서 주목할 만한 변화다.

방송 한류의 '지속 가능성'을 고민한다면, '어떻게 후속 세대가 성장할 수 있도록 할 것인가'라는 문제 역시 빼놓을 수 없다. 현재 세계 시장에서의 성과가 미래 방송산업의 경쟁력으로 이어지는 선순환이 가능해지려면, 성장을 경험하는 이 시기에 후속 세대에 대한 투자도 함께 이루어져야 한다. 방송산업의 성장 과정을 돌아보면, 항상 대형화와 양극화의 단계를 거쳤고 일부 배우, 작가로의 쏠림 현상에 대한 우려들이 제기돼 왔다. 흥미로운 점은 이러한 과정에서 분명 미래의 창작자, 미래의 배우와 같은 주역들이 조금씩 성장하는 계기가 마련됐다는 사실이다. 때로는 단막극이, 때로는 웹드라마가 이런 대안으로서 주목받으며 변화를 촉발했다. 이와 마찬가지로 위기가 품고 있는 새로운 변화의 씨앗들을 찾기 위한 노력을 시작해야 할 시점이다.

(2
영화 한류)

(확장성의 기로에 선 'K-무비')

(김형석
영화 저널리스트)

1. 영화 한류 현황

2022년 비약적 성장세를 보였던 한국 영화 수출 규모는 2023년에 주춤하며 10.2% 감소했다. 이는 국내 시장과 연동된 현상으로, 2023년 한국 영화는 극장가에서 전년 대비 5.2%의 매출액 감소와 3.3%의 관객 감소를 겪었다. 2022년에 팬데믹 종식과 함께 작은 희망을 보았다면, 2023년은 엄연한 현실을 깨달은 시간이었던 셈이다. 팬데믹 이전으로 돌아가기에는 해결해야 할 수많은 과제가 있으며, 한국 영화는 여전히 침체기를 겪고 있다. 하지만 절망적인 것은 아니다. 2023년 한국 영화의 완성작 수출 금액은 6,216만 달러(약 828억 원)로, 2022년의 7,144만 달러(약 952억 원)에 비하면 적어도, 팬데믹 이전을 회복했다고 해도 좋을 만큼의 수치다. 관건은 지속성이다. 앞으로 이 수준을 3년 정도만 더 유지한다면 수출 시장의 안정적인 토대가 만들어질 것으로 전망된다.

영화와 OTT의 간격이 좀 더 가까워진 것도 2023년의 현상 중 하나다. 2020~2021년의 팬데믹 시기는 혼란 그 자체였다. 극장은 폐쇄 직전까지 갔지만, 넷플릭스를 대표로 하는 OTT는 급성장했다. 영화 산업은 개봉 창구로 극장 대신 OTT를 선택했고, OTT는 시리즈와 영화를 병행했다. 위기 속에서 영화라는 매체 자체가 수명을 다한 건 아니냐는 질문이 제기되기도 했다. 다행히 2022년부터 '포스트 팬데믹' 시대가 시작되면서 새로운 질서가 생겼다. 여전히 극장이라는 공간은 필요하지만, 아울러 일상 깊숙이 OTT 플랫폼이 침투한 상황이다. 그렇다면 '영화'는 어떻게 변해야 할까? 이 화두에 대해 많은 논의가 있었고 조금씩 가닥이 잡히기 시작했다. 이 과정에서 영화라는 상품의 성격이 조금씩 변했고 고유의 경계도 허물어졌으며 영화는 '영상콘텐츠'라는 개념으로 확장했다. 2023년은 이러한 이야기가 중론을 형성하며 나름 사회적 합의가 이루어진 시점이라 할 수 있으며, 국회 토론회에서는 영화산업을 위한 새로운 제도적 지원의 필요성이 제기되기도 했다.

영화 수출은 감소했지만, 시리즈와 영화를 아울러 OTT에서 'K-콘텐츠'가 거둔 실적은 2022년보다 좀 더 상승한 것을 알 수 있다. 플릭스패트롤[1]의 통계에 의하면 시청 횟수 기준으로 2022년엔 100만 회 이상이 4편, 10~100만 회가 13편이었다. 2023년은 100만 회 이상이 6편, 10~100만 회가 20편이다. 〈오징어 게임〉(2022) 이후 한국의 드라마와 영화가 OTT에서 보이고 있는 확장세를 실감할 수 있는 대목이다.

국제영화제에서의 성과는 2022년에 비해 저조했다. 2022년 칸국제영화제에서 박찬욱 감독이 〈헤어질 결심〉으로 감독상을, 한국에서 제작하고 고레에다 히로카즈(是枝裕和) 감독이 연출한 〈브로커〉의 주연 송강호가 남자배우상을 받았으며 베를린국제영화제에선 홍상수 감독이 〈소설가의 영화〉로 심사위원대상을 받았다. 하지만 2023년에는 이렇다 할 수상 소식이 들려오지 않았다. 그 대신 한국계 영화인들의 성과가 돋보였다. 한국계 캐나다인 셀린 송(Celine Song) 감독의 〈패스트 라이브즈(Past Lives)〉(2023)는 골든글로브 5개 부문, 아카데미 2개 부문 후보에 올랐다. 에미상 8개 부문 수상작인 넷플릭스 시리즈 〈성난 사람들(BEEF)〉은 한국계 미국인인 이성진이 제

---

[1] www.flixpatrol.com

작하고 각본을 쓴 작품이었다. 한국계 미국인인 피터 손(Peter Sohn) 감독이 연출한 디즈니 장편 애니메이션 〈엘리멘탈(Elemental)〉은 월드 박스오피스에서 5억 달러(약 6,700억 원)에 달하는 성적을 거두었다. 이외에도 'K-디아스포라'라는 용어가 성립할 정도로, 최근 한국계 영화인들은 북미 시장을 중심으로 큰 성과를 거두고 있다.

아시아 시장에서의 한국 영화 리메이크도 꾸준히 이어졌고, 팬데믹으로 인해 막혀 있던 한국 로케이션 촬영도 다시 활발해졌다. 그 결과 영화 서비스 분야의 수출액이 상승했으며, 이 과정에서 여러 차례 합작이 이뤄졌다. 과거 완성작 수출 중심이었던 영화 한류의 위상은 이제 다양한 분야와의 연계 속에서 좀 더 미시적인 방식으로 전개되고 있으며, 극장과 OTT라는 두 플랫폼을 통해 케이팝 같은 다른 분야와 협업을 이루고 있다. 현재 'K-무비'는 다양한 방법으로 위기를 벗어나려 노력하는 동시에 진화하고 있다.

1) 완성작 수출의 감소와 서비스 수출의 상승

2022년 비약적으로 상승한 한국 영화의 수출 실적은 2023년에 보합세 혹은 약한 감소세를 보였다. 표 1을 보면 전체적으로 10.2% 감소했는데, 완성작 수출 부문은 13.0% 감소하고 서비스 수출 부분은 1.7% 증가했다. 먼저 완성작 부문 감소의 가장 큰 이유는 국내 시장 부진이었다. 2023년 한국 영화는 국내에서 5.2%의 매출 감소를 겪었는데, 이러한 시장 위축은 해외 영업 관계자에게도 영향을 미친 것으로 보인다. 하지만 팬데믹 기간과 비교해 보면 분명히 상승한 수치이며, 어느 정도는 회복세에 들어섰다고 볼 수 있다.

표 1 최근 5년간 한국 영화 수출 변화 추이 (단위 : 달러)

구분		2019	2020	2021	2022	2023
완성작 수출	계약 금액	36,276,567	51,290,400	39,763,074	69,927,595	56,290,885
	현지 배급 수익	1,600,749	2,866,580	3,269,944	1,512,785	5,865,035
	소계	37,877,316	54,156,980	43,033,018	71,440,380	62,155,920
	전년 대비 증감률	-9.0%	43.0%	-20.5%	66.0%	-13.0%
	수출 편수(편)	574	975	809	776	1,349
	편당 평균 수출가	63,200	52,606	49,151	90,113	41,727
서비스 수출	기술+로케이션 수출	35,904,873	29,448,074	8,119,289	16,778,780	17,059,708
	전년 대비 증감률	-7.4%	-18.0%	-72.4%	106.7%	1.7%
합계		73,782,189	83,605,054	51,152,307	88,219,160	79,215,628
전년 대비 증감률		-8.2%	13.3%	-38.8%	72.5%	-10.2%

* 완성작 수출액에서 '계약 금액'은 한국 영화 완성작의 수출 계약 실적을 의미한다. '현지 배급 수익'은 기존 수출작의 미니멈 개런티(MG) 계약으로 인해 발생한 추가 수익(overage), 수익 배분액(Revenue Share, RS) 계약으로 인한 수익 그리고 현지 직배 수익으로 구성된다. OTT 플랫폼에 판매한 작품의 매출액은 해외 판매로 분류해 '계약 금액'에 포함했다. 수출 편수는 신규 계약 건수만을 의미하며 현지 배급 수익 발생 작품은 포함하지 않는다. 서비스 수출은 기술 부분과 로케이션 부분으로 나뉘며 따로 통계를 작성하진 않았다. 평균 수출가는 계약 금액을 수출 편수로 나눈 수치다.

* 출처 : 영화진흥위원회 (2024). 「2023 한국영화산업결산」, 87쪽.

표 2 최근 5년간 한국 영화 완성작 수출 구성 변화 추이 (단위 : 달러)

구분	2019		2020		2021		2022		2023	
	금액	비중	금액	비중	금액	비중	금액	비중	금액	비중
전체 판권	28,003,695	77.2%	43,067,316	84.0%	28,169,557	70.8%	59,652,042	85.3%	43,676,702	77.6%
부가 판권	6,963,872	19.2%	7,095,358	13.8%	9,408,078	23.7%	9,461,789	13.5%	8,223,888	14.6%
리메이크 및 IP 판권	1,038,000	2.9%	997,126	1.9%	1,942,500	4.9%	554,211	0.8%	3,791,133	6.7%
극장 판권	271,000	0.7%	130,600	0.3%	242,939	0.6%	259,554	0.4%	599,162	1.1%
합계	36,276,567	100%	51,290,400	100%	39,763,074	100%	69,927,595	100%	56,290,885	100%

* 표 1의 완성작 수출액 중 '계약 금액' 부분을 세분화한 것이다.

* 출처 : 영화진흥위원회 (2024). 「2023 한국영화산업결산」, 91쪽.

2022년과 비교할 때 가장 큰 차이는 완성작 수출 금액의 구성이다. 2022년엔 각종 판권을 판매한 '계약 금액'이 전체의 97.9%를 차지했고, '현지 배급 수익'은 2.1%이었다. 2023년엔 '현지 배급 수입'의 비중이 커졌는데 전체의 9.4%를 차지했다. 특히 587만 달러(약 78억원)라는 금액은 팬데믹 전인 2017년의 595만 달러(약 79억원)에 버금가는 수치다. 이는 영화뿐만 아니라 지식 재산(IP: Intellectual Property) 판권의 수익 배분이 늘어났기 때문이다. 특히 조석의 웹툰 〈문유〉를 영화화한 〈독행월구(独行月球)〉(한국 개봉명 〈문맨〉)는 2022년 중국 박스오피스 2위에 올랐는데, 그 수익 배분액이 2023년에 들어오면서 '현지 배급 수익' 부분이 커졌다.

현재 한국 영화의 IP가 지닌 중요성은, 완성작 수출액에서 현지 배급 수익을 제외한, 실질적으로 영화 수출의 가장 큰 부분을 차지하는 '계약 금액'을 세부적으로 살펴도 잘 드러난다. 표 2를 보면 계약에서 판권은 크게 네 가지로 나뉜다. 가장 큰 비중을 차지하는 건 극장 상영, 스트리밍 서비스, 블루레이 출시 등 영화에 대한 모든 권한을 구입하는 전체 판권(all rights)이다. 이외에도 극장 상영 판권만 구입하는 경우(극장 판권), 극장 상영 이외의 판권을 구입하는 경우(부가 판권), 그리고 리메이크 및 IP 판권을 구입하는 경우가 있다. 2023년에 특기할 만한 사항은 리메이크 및 IP 판권 부분으로, 전체 계약 금액의 6.7%인 379만 달러(약 50억원)를 차지했다. 최근 5년 동안 이 부문 실적을 보면 2021년의 194만 달러(약 25억원)가 최고였는데, 2023년은 그 두 배에 가까운 성적을 거둔 것이다. 여기엔 리메이크 판권 계약이 큰 역할을 했는데, 2022년까지 중국에 집중됐다면(66.8%), 2023년엔 미국(39.1%), 중국(31.8%), 프랑스(1.6%), 인도(6.1%)

등으로 다변화되면서 시장의 규모가 커졌다.

꾸준히 한국 영화 리메이크가 이뤄지고 있고 한국의 크리에이터들이 글로벌 프로젝트에 결합하는 상황을 본다면, 이 시장의 성장 가능성은 크다고 할 수 있다. 완성작 수출 부분의 보합세 혹은 감소세가 있지만 그 공백을 IP 판매와 한국 영화인들의 해외 진출로 채울 수도 있다. 수익 다변화라는 측면에서 긍정적으로 보인다. 한편 편당 수출가는 4만 1,727달러(약 5,500만원)로 2022년에 비해 53.7%나 감소한 것으로 나타났지만, 여러 편을 묶어서 계약하는 등 세부적인 내용을 고려하지 않은 채 통계화했기에 정확하다고 보긴 힘들다. 단 수출편수가 2022년 776편에서 1,349편으로 73.8% 늘어났다는 점은 특기할 만하다.

2) 로케이션 수출 증가

영화 수출은 크게 완성작 수출과 서비스 수출로 나눌 수 있으며, 서비스 수출은 VFX 같은 기술 서비스와 해외 작품의 국내 촬영 같은 로케이션 유치로 나뉜다. 팬데믹으로 국가 간 이동이 힘들었던 시기 로케이션 유치는 큰 타격을 입었고 2021년엔 서비스 수출이 812만 달러(약 108억원) 수준까지 떨어졌지만(표 1 참조), 2022년에 두 배 이상의 급증을 겪었고 2023년엔 1.7% 늘어나며 상승세를 이어갔다.

로케이션 유치에 따라 수익이 증가한 데에는 해외 OTT 콘텐츠의 국내 제작이 큰 요인으로 작용했으며, 전국 각지의 영상위원회가 지원하는 해외 제작사의 국내 촬영도 영향을 준 것으로 보인다. 표 3은 최근 5년 동안의 추이를 보여주는데, 2020~2021년에 하락했던 수치는 2022년부터 회복돼 올해도 상승세를 이어가고 있다. 넷플릭스와 디즈니플러스의 오리지널 콘텐츠 제작을 제외하고도, 2023년엔 여러 국가에서 한국을 찾아 다큐멘터리, 장편 극영화, 단편영화, TV 및 웹드라마, 예능 프로그램, CF, 뮤직비디오 등 다양한 장르의 영상콘텐츠를 촬영했다. 주요 국가는 미국, 프랑스, 일본 등이었다. 여기에 필리핀, 태국, 인도네시아, 말레이시아, 베트남 등 동남아시아권 국가들도 적잖은 지분을 차지했다.

특기할 만한 작품으로는 먼저 〈속초에서의 겨울(Hiver à Sokcho)〉을 들 수 있다. 한국인 어머니와 프랑스인 아버지 사이에서 태어난 한국계 프랑스인 작가 엘리자 수아 뒤사팽(Elisa Shua Dusapin)의 동명 소설을 영화화한 이 작품은 속초에서 30회차의 촬영이 이뤄졌다. 이 영화는 코야 카무라(Koya Kamura) 감독의 첫 장편이며, 〈영광의 날들(Days of Glory)〉(2006)로 칸국제영화제 남자배우상을 받은 로쉬디 젬(Roschdy Zem)과 류태호, 조민희 등의 한국 배우가 출연한다. 여주인공은 모델 출신의 신인 배우 벨라 김(Bella Kim)이 맡았다. 〈맘 치프 : 서울 대수색(Ma'am Chief : Shakedown in Seoul)〉(2023)도 한국에서 촬영된 주요 외국 영화 중 한 편이다. 한 여성 경찰이 관광객으로 위장하고 한국에서 임무를 수행한다는 내용의 코믹 액션 영화로, 필리핀의 국민 배우인 멜라이 칸티베로스(Melai Cantiveros)가 주연을 맡았다. 이승기, 도지한, '여자친구'의 유주 등 한국 연예인이 특별 출연하는 작품으로 2023년 11월에 필리핀에서 개봉했다.

애니메이션과 다큐멘터리가 결합한 〈피부색깔=꿀색(Laurent Boileau, Approved for Adoption)〉(2012)에서 입양아의 성장기라는 자전적 이야기를 풀어놓았던 벨기에의 융 헤넨(Jung Henin, 한국 이름 전정식) 감독은 한국에서 신작 촬영을 했다. 〈우리를 연결하는 모든 것 (Everything That Connects Us)〉이라는 제목의 다큐멘터리로, 서울 지역에서 20회차의 촬영을 마쳤다. 한편 한국과 싱가포르가 공동 제작한 〈아줌마(Ajoomma)〉가 11월에 개봉했다. 싱가포르의 국민 배우 홍후이팡(Huifang Hong)이 주인공을 맡은 이 영화는 한국 드라마에 빠져 배우 여진구를 만나기 위해 한국에 온 50대 후반 '아줌마'의 좌충우돌 스토리다.

표 3 최근 5년 해외 영상물 로케이션 지원 (단위 : 달러)

구분	2019	2020	2021	2022	2023
지원 편수	33편	10편	12편	22편	34편
촬영 회차	238회	167회	53회	181회	197회
지원 국가	16개국	8개국	5개국	8개국	16개국

* 넷플릭스 코리아 오리지널 시리즈는 제외한 수치이다.
* 출처 : 영화진흥위원회 (2024). 「2023 한국영화산업결산」, 106쪽.

그림 1 속초를 방문한 엘리자 수아 뒤사팽(좌)과 〈맘 치프 : 서울 대수색〉 포스터(우)

* 출처 : 북레시피, 펄프 스튜디오 X(@pulpstudiosph)

2. 영화 한류 이슈

1) OTT 시장과 한국 영화

해외 OTT 플랫폼이 한국에서 오리지널 콘텐츠를 제작해 첫선을 보인 지도 꽤 긴 시간이 흘렀다. 2017년 넷플릭스가 몇 편의 예능 프로그램을 만들기 시작했고, 2019년에 시리즈 〈킹덤〉과 옴니버스 영화 〈페르소나〉를 내놓았다. 이후 갑작스러운 양적 팽창이 있었으며, 디즈니플러스도 한국에서의 오리지널 콘텐츠 제작에 뛰어들었다. 공개일 기준으로 보았을 때 2023년 넷플릭스가 만든 한국 콘텐츠는 시리즈와 영화를 합해 총 29편(시즌 2도 포함)이며, 여기에 디즈니플러스의 16편을 합하면 45편에 달한다.

    양적 팽창만 있었던 건 아니다. 가장 큰 변화는 시리즈와 영화 사이의 경계가 흐릿해졌다는 점이다. 현재 한국 영화산업은 OTT의 시리즈와 공생하고 있으며, '콘텐츠'라는 개념 안에 시리즈와 영화가 경계 없이 포함된다. 인력뿐만 아니라 배우와 원작 등 거의 모든 영역에서 둘은 큰 차이가 없다. 예를 들어보자. 2023년엔 방탄소년단(BTS)에 대한 여러 편의 다큐멘터리가 나왔다. 〈방탄소년단 모뉴먼츠: 비욘드 더 스타(BTS Monuments: Beyond The Star)〉는 디즈니플러스가 제작하고 독점 공개한 8부작 시리즈다. 한편 4D로 제작된 〈방탄소년단: 옛 투 컴 인 시네마〉는 극장 개봉을 거쳐 아마존 프라임에서 공개됐다. 〈슈가: 로드 투 디데이〉와 〈제이홉 인 더 박스〉는 BTS의 소속사인 하이브에서 제작해 롯데엔터테인먼트의 배급으로 극장을 거친 후 디즈니플러스에서 스트리밍이 됐다.

이 다큐멘터리들에는 모두 BTS가 등장하지만, 각각의 제작 방식과 플랫폼과 배급 방식은 모두 다르다. 시리즈와 영화, 극장과 TV, 해외 자본과 한국 자본, 2D와 4D 등이 뒤엉켜 있다. 그럼에도 서로 충돌하지 않고, 'BTS 유니버스'의 일부를 이룬다. 중요한 것은 콘텐츠의 콘셉트와 대상이며 궁극적으로 그 콘텐츠들은 모두 다양한 OTT 플랫폼으로 흘러 들어가 소비된다. 영화와 시리즈 사이의 구분에 큰 의미가 없어진 것이다. 넷플릭스 시리즈 〈킹덤〉(2019~2020)의 외전으로 시리즈가 아닌 영화 〈킹덤: 아신전〉(2021)이 제작된 것처럼, 이젠 매체의 차이보다는 그 모든 것을 아우르는 '세계관'이 중요해졌다.

표 4는 2023년 동안 전 세계 다양한 OTT를 통해 공개된 한국 시리즈와 영화의 순위다. 콘텐츠가 공개된 국가에서의 순위에 따라 점수를 매기는 플릭스패트롤의 포인트 방식을 기준으로 했다. 전체적으로 보면 시리즈가 절대적으로 많다. 1,000포인트 이상을 기록한 53편의 작품 중 영화는 7편이고 시리즈는 46편이다. 넷플릭스의 강세는 여전했는데 1위를 차지한 〈더 글로리〉의 경우 넷플릭스 TV쇼 부문 글로벌 순위에서 6위에 올랐다. 이외에도 〈사냥개들〉, 〈마스크걸〉, 〈셀러브리티〉, 〈택배기사〉, 〈퀸메이커〉 등이 인기를 끌었다. 디즈니플러스의 약진도 눈에 띈다. 무엇보다도 〈무빙〉의 힘이 컸다. 디즈니플러스 TV쇼 부문 전 세계 30위에 오르기도 한 〈무빙〉은 20부작이라는 만만치 않은 길이를, 원작자이자 직접 시나리오를 쓴 강풀의 서사적 힘을 바탕으로 신드롬을 일으켰다. 이외에도 〈사랑이라 말해요〉, 〈최악의 악〉, 〈형사록〉, 〈비질란테〉 등이 1,000포인트 이상을 기록한 디즈니플러스의 시리즈다.

OTT 오리지널이 아니더라도 넷플릭스를 통해 서비스된 한국 드라마 중에 큰 사랑을 받은 작품들이 있다. 임윤아와 이준호가 주연을 맡은 〈킹더랜드〉는 아시아와 남아메리카 지역의 지지를 업고 〈더 글로리〉에 이어 두 번째로 높은 포인트를 기록했으며, 넷플릭스 TV 쇼 부문 전 세계 9위에 올랐다. 흥미로운 건 시리즈 서비스에 대한 넷플릭스의 장르 정책이다. 넷플릭스가 직접 제작하는 오리지널 시리즈의 경우 액션이나 스릴러 같은 거친 장르가 많지만, 한국에서 제작된 드라마의 경우는 코미디나 로맨스 같은 가벼운 장르가 다수를 이룬다. 〈킹더랜드〉를 비롯해 〈여신강림〉, 〈마이 데몬〉, 〈이 연애는 불가항력〉 등이 그런 경우인데, 이 드라마들은 모두 넷플릭스 TV쇼 부문 글로벌 순위 50위 안에 들었다.

또 하나 언급할 부분은 리얼리티 쇼의 흥행이다. 대표적으로 넷플릭스 오리지널 콘텐츠 〈피지컬 100〉이 세계적인 신드롬을 일으켜, 2023년 상반기에 2억 3,500만 누적 시청 시간을 기록하며 리얼리티 쇼 부문 세계 1위를 기록했다. 이외에도 넷플릭스에서 제작한 〈솔로지옥〉 시리즈는 시즌 3까지 이어지며 큰 사랑을 받았고, 디즈니플러스의 〈더 존: 버텨야 산다〉도 시즌 2에 접어들었다. 이외에도 넷플릭스의 〈성+인물〉 같은 토크쇼, 〈데블스 플랜〉 같은 서바이벌 리얼리티 쇼, 〈좀비버스〉 같은 호러 콘셉트의 리얼리티 쇼 등 다양한 시도가 있었다.

영화 쪽을 살펴보면 넷플릭스에서 제작한 장르성 강한 작품들이 큰 사랑을 받았다. 이충현 감독과 배우 전종서가 〈콜〉(2020) 이후 다시 만난 〈발레리나〉는 작년에 OTT에서 가장 높은 순위를 차지한 한국 영화였다. 넷플릭스 영화 부문 전 세계 순위에서는 43위에 올랐다. 전도연의 액션 카리스마가 빛나는 〈길복순〉도 2023년의 화제작

중 한 편으로 베를린국제영화제에서 상영되기도 했다. 더불어 연상호 감독의 〈정이〉는 뛰어난 기술적 완성도를 보여주며 사랑받았다.

표 4 2023년 한국 콘텐츠 OTT 순위

순위	작품명	연도	포맷	채널	포인트	장르
1	더 글로리 ●	2022	시리즈	Netflix	23,923	스릴러
2	킹더랜드	2023	시리즈	JTBC	22,383	코미디
3	여신강림	2020	시리즈	tvN	14,717	코미디
4	마이 데몬	2023	시리즈	SBS	14,290	코미디
5	피지컬 100 ●	2023	시리즈	Netflix	14,072	리얼리티 쇼
6	힘쎈여자 강남순	2023	시리즈	JTBC	12,831	액션
7	아일랜드	2022	시리즈	tvN	11,272	호러
8	이 연애는 불가항력	2023	시리즈	JTBC	10,987	드라마
9	닥터 차정숙	2023	시리즈	JTBC	9,952	코미디
10	사냥개들 ●	2023	시리즈	Netflix	9,679	스릴러
11	일타 스캔들	2023	시리즈	tvN	8,756	코미디
12	철인왕후	2020	시리즈	tvN	8,411	코미디
13	나쁜 엄마	2023	시리즈	JTBC	8,183	코미디
14	발레리나 ●	2023	영화	Netflix	7,627	액션
15	길복순 ●	2023	영화	Netflix	7,010	액션
16	마스크걸 ●	2023	시리즈	Netflix	6,902	범죄
17	셀러브리티 ●	2023	시리즈	Netflix	6,233	드라마
18	택배기사 ●	2023	시리즈	Netflix	5,995	SF
19	무빙 ●	2023	시리즈	Disney+	5,965	슈퍼히어로
20	경이로운 소문 2 : 카운터 펀치	2020	시리즈	OCN	5,951	판타지
21	이번 생도 잘 부탁해	2023	시리즈	tvN	5,648	코미디
22	정이 ●	2023	영화	Netflix	5,607	SF
23	무인도의 디바	2023	시리즈	tvN	5,570	코미디
24	환혼	2022	시리즈	tvN	5,397	판타지
25	힙하게	2023	시리즈	JTBC	5,023	드라마
26	스마트폰을 떨어뜨렸을 뿐인데 ●	2023	영화	Netflix	5,009	범죄

순위	작품명		연도	포맷	채널	포인트	장르
27	낭만닥터 김사부 3		2023	시리즈	SBS	4,988	드라마
28	보라! 데보라		2023	시리즈	ENA	4,898	코미디
29	월수금화목토		2022	시리즈	tvN	4,646	코미디
30	솔로지옥 시즌 3	●	2023	시리즈	Netflix	4,569	리얼리티 쇼
31	퀸메이커	●	2023	시리즈	Netflix	4,534	드라마
32	카지노	●	2022	시리즈	Disney+	4,271	범죄
33	청춘월담		2023	시리즈	tvN	3,821	드라마
34	연애대전	●	2023	시리즈	Netflix	3,553	코미디
35	소방서 옆 경찰서		2022	시리즈	SBS	3,091	액션
36	사랑이라 말해요	●	2023	시리즈	Disney+	2,611	드라마
37	모범택시 2		2023	시리즈	SBS	2,603	액션
38	최악의 악	●	2023	시리즈	Disney+	2,519	액션
39	마당이 있는 집		2023	시리즈	ENA	2,434	드라마
40	범죄도시 2		2022	영화		2,302	액션
41	형사록 시즌 2	●	2023	시리즈	Disney+	2,245	범죄
42	판도라: 조작된 낙원		2023	시리즈	tvN	2,179	스릴러
43	사랑의 이해		2022	시리즈	JTBC	2,101	드라마
44	신성한 이혼		2023	시리즈	JTBC	1,898	드라마
45	금혼령		2022	시리즈	MBC	1,876	코미디
46	비질란테	●	2023	시리즈	Disney+	1,862	액션
47	비상선언		2022	영화		1,808	액션
48	사장님을 잠금해제		2022	시리즈	ENA	1,705	범죄
49	더 존: 버텨야 산다 시즌 2	●	2023	시리즈	Disney+	1,578	리얼리티 쇼
50	18 어게인		2020	시리즈	JTBC	1,300	코미디
51	외계+인 1부		2022	영화		1,203	SF 액션
52	아라문의 검		2023	시리즈	tvN	1,076	역사
53	조선 정신과 의사 유세풍		2022	시리즈	tvN	1,061	드라마

* 플릭스패트롤은 한 국가에서 랭킹 1위에 오를 때를 10점으로 놓고 2위는 9점, 3위는 8점 그리고 10위는 1점으로 환산해 모든 포인트를 합산하는 시스템이다. 예를 들어 10개 국가에서 1위를 차지하면 100점이 되고, 이 상태가 2주째 지속되면 200점이 된다. 순위는 1,000포인트 이상의 작품을 대상으로 했다. ● 표시가 된 작품은 넷플릭스, ● 표시가 된 작품은 디즈니플러스가 만든 오리지널 콘텐츠이다.

* 출처 : 플릭스패트롤 웹사이트에서 재구성.

시가 아키라(志駕晃)의 소설 〈스마트폰을 떨어뜨렸을 뿐인데(スマホを落としただけなのに)〉는 2018년 일본에 이어 2023년에 한국에서 영화화돼 성공을 거두었다. 넷플릭스 오리지널이 아닌, 일반 극장 개봉작 중 OTT를 통해 세계 시장에서 사랑받은 작품들도 있었다. 마동석 주연의 〈범죄도시 2〉는 디즈니플러스를 통해, 한재림 감독의 〈비상선언〉은 넷플릭스를 통해, 〈외계+인 1부〉는 아마존 프라임을 통해 스트리밍 서비스됐다. 플릭스패트롤 기준 1,000포인트 이하의 한국 영화로는 윤제균 감독의 2009년 영화 〈해운대〉(800포인트)가 아이튠즈 등을 통해 뒤늦게 주목받았으며 〈올빼미〉(742포인트), 〈범죄도시 3〉(719포인트), 〈육사오〉(693포인트) 등이 그 뒤를 이었다.

'K-콘텐츠'의 특징 중 하나는 크로스오버인데, 2023년 OTT 오리지널 콘텐츠에선 시리즈와 웹툰의 결합이 잘 드러났다. 사실 웹툰은 현재 한국 엔터테인먼트산업에서 가장 대중적이며 상업적인 서사이다. 할리우드가 코믹스의 전통을 기반으로 수많은 슈퍼히어로 영화를 만들었다면, 한국은 웹툰을 기반으로 갖가지 장르의 시리즈와 영화를 제작했고 그 작품들은 OTT를 통해 전 세계로 뻗어 나가고 있다. 2023년 넷플릭스가 제작한 14편의 시리즈 중 〈택배기사〉, 〈사냥개들〉, 〈디피 2〉, 〈마스크걸〉, 〈이두나!〉, 〈정신병동에도 아침이 와요〉, 〈스위트홈 2〉 등 절반인 7편이 웹툰을 원작으로 한다. 디즈니플러스의 〈무빙〉과 〈비질란테〉도 웹툰을 각색한 작품들이다. 한때 영화의 중요한 서사적 원천이었던 웹툰은 이젠 시리즈로 그 역할을 옮겨 간 셈이다.

'K-무비'를 이야기할 때 이제 OTT는 빼놓을 수 없는 키워드가 됐고, 국제영화제와 함께 한국 영화를 세계에 알리는 가장 좋은 창구가 됐다. 하지만 긍정적인 면만 있는 건 아니다. 급증한 제작비로 인해 국내 제작 시스템의 생태계가 교란되고 있다. 제작비를 두 배 이상 쓰는 글로벌 OTT로 인해, A급 스타의 경우 '회당 출연료 10억 원' 이야기가 공공연히 나오고 있는 현실이다. OTT 플랫폼의 한국 시장 진출로 한국 시장은 글로벌 제작 시스템에 빠르게 편입된 셈인데, 그 결과 갑작스레 상승한 제작비는 현재 우리가 해결해야 할 중요한 과제이다.

2) 세계 속의 한국 영화인

현재 한국 영화계에서 강력한 '티켓 파워'를 자랑하는 마동석은 해외에서도 그 위력을 드러내고 있다. 마블 프랜차이즈인 〈이터널스(Eternals)〉(2021)에서 길가메시 역을 맡아 할리우드에 안착한 그는 차기 프로젝트인 〈헬 다이버(Hell Divers)〉에 제작자와 주연 배우로 참여한다. 원작은 니콜라스 샌스베리 스미스(Nicholas Sansbury Smith)의 디스토피아 SF 장르 소설 〈헬 다이버〉로, 현재 11권까지 나와 있는 베스트셀러 시리즈다. 미국의 아라드 프로덕션(Arad Productions)과 마동석이 이끄는 고릴라 8 프로덕션(Gorilla 8 Productions)의 합작으로 제작된다. 감독 제롬 첸(Jerome Chen)은 30년 넘게 VFX 전문가로 활동한, 할리우드에서 잔뼈가 굵은 베테랑이다.

  마동석에 이어 박서준도 2023년 11월에 개봉한 〈더 마블스(The Marvels)〉에서 얀(Yan) 왕자 역을 맡아 '마블 시네마틱 유니버스'의 캐릭터로 합류했다. 2분 40초의 짧은 분량이었지만, 박서준은 인터뷰에서 '너무 소중한 경험'이었다고 밝혔다. 이정재는 디즈니플러스의 '〈스타워즈〉유니버스' 작품인 〈애콜라이트(The Acolyte)〉의 촬영을 마쳤다. 2024년에 공개될 이 작품에서 그는 제다이 마스터 역을 맡았다.

아역배우 출신으로 뮤지컬과 드라마에서 10년 넘게 활약해 온 최민영은 미국에서 제작한 넷플릭스 시리즈〈엑스오, 키티(XO, Kitty)〉에서 남자 주인공을 맡았다. 넷플릭스 시리즈인〈내가 사랑했던 모든 남자들에게(To All The Boys I've Loved Before)〉(2018)의 스핀오프인〈엑스오, 키티〉는 여자 주인공 키티(애나 캐스카트(Anna Cathcart))와 남자친구 대(최민영)의 로맨스인데, 케이팝이나 추석 같은 한국 문화를 보여준다. 최민영 외에도 지아 킴, 이상헌 등 한국의 신인 배우들이 출연했다. 그뿐만 아니라 김윤진이 교장 선생님 역할을 맡았으며, 한채영과 옥택연 등이 특별 출연하기도 했다. 〈메기〉(2019),〈야구소녀〉(2020)에서 주연을 맡았고〈브로커〉(2022)에서 배두나와 함께 형사로 등장했던 이주영은 한슈아이(韓帥) 감독의 중국 영화〈녹야(綠夜)〉에서 판빙빙(范冰冰)과 공연했다.

아이돌 가수 권은비는 일본 영화〈스마트폰을 떨어트렸을 뿐인데 최종장: 파이널 해킹 게임(スマホを落としただけなのに 最終章: ファイナル ハッキング ゲーム)〉에 캐스팅됐다. 시가 아키라가 2017년에 내놓은 소설〈스마트폰을 떨어트렸을 뿐인데〉는 2018년 나카다 히데오(中田秀夫) 감독에 의해 영화화돼 큰 성공을 거두었고 2020년엔〈스마트폰을 떨어트렸을 뿐인데: 붙잡힌 살인귀(スマホを落としただけなのに: 囚われの殺人鬼)〉가 나왔으며 1편은 앞서 언급한 것처럼 한국에서도 2023년에 넷플릭스 오리지널 영화로 제작됐다. 권은비가 출연하는 3편은 시리즈의 최종편으로 2024년 가을 개봉 예정이며 한국 로케이션 촬영이

이루어졌다. 프랑스에 입양된 주인공이 다시 한국을 찾는 이야기인 〈리턴 투 서울(Retour à Séoul)〉엔 배우 박지민이 출연했다. 어릴 적 부모와 함께 프랑스로 이민을 간 그는 비주얼 아티스트 출신으로 이 영화를 통해 배우로 데뷔했고 '아시아 퍼시픽 스크린 어워즈'에서 신인상을 받았다.

북미 지역에 거주하는 한국계 영화인들의 눈부신 활약도 있었다. 한국계 캐나다인인 셀린 송 감독의 〈패스트 라이브즈〉는 아카데미 시상식 작품상과 각본상 후보에 올라 있으며, 2023년 평단의 격찬을 받았다. 셀린 송 감독은 〈넘버 3〉(1997)로 유명한 송능한 감독의 딸로, 부모와 함께 12살 때 캐나다로 이민을 떠난 이력이 있다. 자신의 첫 장편에 자전적인 이야기를 담았다. 미국계 한국인인 그레타 리(Greta Lee)와 한국 배우 유태오가 주인공인 노라와 해성 역할을 맡았다. 최원영, 윤지혜 등의 배우가 출연하며 가수 장기하가 해성의 친구로 등장한다. 스티븐 연이 주연을 맡고 이성진이 크리에이터와 각본가로 참여한 〈성난 사람들〉은 골든글로브 시상식에서 3개 부문, 에미상 시상식에서 8개 부문을 수상하며 2023년 최고의 시리즈로 인정받았다. 서울에서 태어나 이민 간 이성진은 2000년대부터 TV 엔터테인먼트 분야에서 일하기 시작해 주목받았으며 〈성난 사람들〉로 세 개의 트로피를 거머쥐었다. 특히 〈성난 사람들〉은 한국을 중심으로 중국, 일본 등 아시아계 미국인 캐릭터들의 이야기라는 점에서 특기할 만하며 한인 사회의 모습과 한국 음식들이 등장한다. 우리에겐 〈버닝〉(2018)과 〈미나리〉(2020)로 친숙한 스티븐 연은 〈성난 사람들〉로 골든글로브와 에미상에서 남우주연상을 받으며 최고의 해를 보냈다. 그는 아만다 김(Amanda Kim)이 연출한 다큐멘터리 〈백남준: 달은 가장 오래된 TV〈Nam June Paik: Moon is the Oldest TV〉〉(2023)의 제작에 참여했고 내레이터를 맡기도 했다.

그림 2 〈패스트 라이브즈〉의 셀린 송 감독(좌)과 〈백남준: 달은 가장 오래된 TV〉의 녹음 작업을 하는 스티븐 연(우)

* 출처: Wikipedia/Elena Ternovaja, 엣나인필름

한국계 캐나다인 감독 앤서니 심의 〈라이스보이 슬립스(Riceboy Sleeps)〉는 1990년대에 아들과 함께 캐나다에 이민 온 한 여성의 삶을 그렸다. 2000년대부터 배우로 활동해 온 앤서니 심 감독은 첫 장편에 자신의 가족사를 담아냈다. 이 영화의 주연을 맡은 최승윤은 안무가 출신으로 오디션을 통해 앤서니 심 감독을 만나 배우로 데뷔했는데, 더반국제영화제와 마라케시국제영화제에서 여우주연상을 받았다. 캐나다에서 활동하는 또 한 명의 한국계 영화인 글로리아 김(Gloria Kim, 한글 이름 김의영)은 〈하트랜드(Heartland)〉로 TV 드라마 부문 감독상 후보에 올랐다. 2020년에 첫 장편 극영화 〈조용한 아침의 여왕(Queen of the Morning Calm)〉으로 캐나다 필름 페스트(Canadian Film Fest)에서 감독상을 받은 글로리아 김 감독은 현재 두 번째 장편을 준비하

고 있다. 〈잔치(Banquet)〉라는 제목의 이 영화는 〈조용한 아침의 여왕〉처럼 한국계 캐나다인들이 주인공인데, 추석을 둘러싼 모녀의 이야기를 담을 예정이다.

이처럼 수많은 한국계 영화인들이 '한국인'이라는 자신의 정체성을 담아내고 그것에 대해 질문하는 자전적이며 자기 반영적인 작품들을 만들어 내고 있다. 이것은 전 세계적으로 한류 문화가 인기를 끌면서 생겨난 최근 'K-무비'의 중요한 현상 중 하나이다. 일종의 'K-디아스포라'라고 할 수 있는데 캐나다의 토론토국제영화제에선 북미 지역 한국계 영화인들이 모여 한국의 디아스포라 영화에 대한 컨퍼런스가 열리기도 했다. 이 자리엔 앤서니 심 감독을 비롯, 〈인 허 플레이스(In Her Place)〉(2015)의 앨버트 신(Albert Shin), 〈스파 나잇(Spa Night)〉(2017)의 앤드류 안 그리고 〈미나리〉(2021)의 제작자 크리스티나 오(Christina Oh) 등이 함께 했다.

이외에도 여러 한국계 감독들의 활약이 있었는데 특히 베를린국제영화제는 그들의 집합소였다. 앞에서 언급한 캐나다계 한국인 셀린 송 감독이 〈패스트 라이브즈〉로 경쟁 부문에 올랐고, 조선족 출신의 재중동포인 장률 감독의 〈백탑지광(白塔之光)〉도 경쟁 부문에서 만날 수 있었다. 이 영화는 베이징국제영화제에서 작품상과 각본상을 비롯해 5개 부문을 석권했다. 파노라마 부문엔 말레네 최(Malene Choi) 감독의 〈조용한 이주(Stille Liv)〉가 상영됐다. 이 역시 어릴 적 덴마크로 입양된 주인공을 통해 정체성의 문제를 다룬 '디아스포라 영화'라 할 수 있는데, 국제비평가협회상(FIPRESCI Prize)을 받았다. 〈엘리멘탈〉은 〈굿 다이노(The Good Dinosaur)〉(2016)의 피터 손 감독이 연출한 두 번째 장편 애니메이션으로, 2023년 월드 박스오피스에서 4억

9,644만 달러(약 6,630억원)의 매출을 올리며 10위에 올랐다.

한편 작은 경사들도 있었다. 정정훈 촬영감독이 할리우드 진출 8년 만에 미국촬영감독협회(ASC, American Society of Cinematographers)의 정회원이 됐다. 한국 촬영감독으로는 처음 있는 일이다. 정 감독은 〈올드보이〉(2003), 〈친절한 금자씨〉(2005), 〈박쥐〉(2009), 〈아가씨〉(2016) 등 박찬욱 감독의 오랜 카메라맨이었으며, 할리우드에선 〈나와 얼 그리고 죽어가는 소녀(Me and Earl and the Dying Girl)〉(2015), 〈그것(It)〉(2017), 〈호텔 아르테미스(Hotel Artemis)〉(2018) 등을 촬영했고 〈웡카(Wonka)〉의 화면도 그의 솜씨다. 그리고 배우 박해일과 시나리오 작가 정서경이 아카데미 시상식을 주관하는 영화예술과학아카데미(AMPAS: Academy of Motion Picture Arts and Sciences)의 회원이 됐다.

그림 3 〈리턴 투 서울〉 포스터(좌)와 마라케시국제영화제에서 여우주연상을 받은 〈라이스보이 슬립스〉의 최승윤(우)

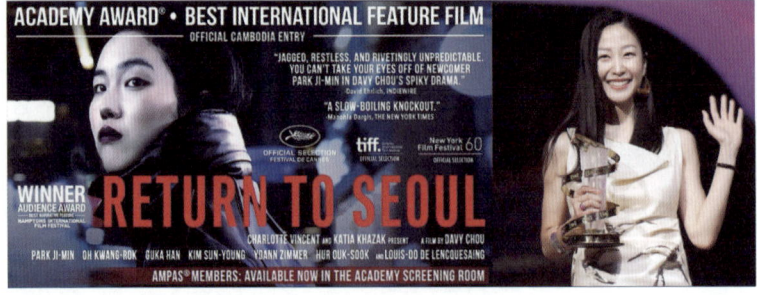

* 출처 : Sony Pictures Classics 유튜브(@SonyPicturesClassics), 판씨네마

3) 국제영화제와 한국 영화

2022년 칸국제영화제는 한국 영화의 겹경사였다. 박찬욱 감독이 〈헤

어질 결심〉으로 감독상을, 〈브로커〉(고레에다 히로카즈)의 송강호가 남자배우상을 받았다. 베를린국제영화제에선 홍상수 감독의 〈소설가의 영화〉가 심사위원대상을 받기도 했다. 하지만 2023년은 독립영화와 단편영화의 선전에도 불구하고 전반적으로 한국 영화가 국제영화제에서 이렇다 할 성과를 거두지 못한 한 해였다.

유럽의 메이저 영화제를 살펴보면 칸국제영화제에 총 8편의 장·단편 영화가 초청받았다. 김지운 감독의 〈거미집〉은 비경쟁 부문에서, 김태곤 감독의 〈탈출: PROJECT SILENCE〉는 '미드나잇 스크리닝' 부문에서 상영됐다. 김창훈 감독의 〈화란〉은 '주목할 만한 시선' 부문 후보에 올랐지만 수상하지는 못했다. 감독 주간에선 홍상수 감독의 〈우리의 하루〉가, 비평가 주간에선 유재선 감독의 〈잠〉이 초청받았다. 단편 쪽에서는 성과가 있었다. 서정미 감독의 〈이씨 가문의 형제들〉이 경쟁 부문에서 상영됐고, 영화학교 학생들의 작품들이 경쟁하는 '라 시네프(La Cinef)' 섹션에선 황혜인 감독의 〈홀〉이 2등상을 받았다. 박세영 감독의 〈지느러미〉는 '판타스틱 7' 부문에서 상영됐다. 한편 TV 분야의 영상 축제인 '칸시리즈'에선 〈몸값〉이 경쟁 부문에 올라 각본상을 받았다. 국내 OTT인 티빙에서 제작한 〈몸값〉은 〈콜〉, 〈발레리나〉 등으로 알려진 이충현 감독의 단편 〈몸값〉(2015)을 원안으로 각색한 작품이다. 〈몸값〉의 수상은 한국 OTT의 국제적 경쟁력과 가능성을 보여주었다.

베를린 국제영화제에선 네 편의 한국 영화가 상영됐다. 특히 변성현 감독의 〈길복순〉은 인상적인 프리미어를 가졌는데, 주인공 길복순 역을 맡은 전도연과 딸 재영 역을 맡은 김시아는 레드 카펫과 상영 후 무대 인사에서 큰 갈채를 받았다. 〈길복순〉이 상영된 '베를

리날레 스페셜(Berlinale Special)'은 세계 영화의 새로운 흐름을 보여주는 화제작을 위한 부문이다. 비평가 주간에선 박세영 감독의 〈다섯 번째 흉추〉가, 인카운터 부문에선 홍상수 감독의 〈물 안에서〉가, 포럼 부문에선 유형준 감독의 〈우리와 상관없이〉가 초청받았다. 베니스국제영화제의 '베니스 이머시브' 부문에서도 한국 작품을 만날 수 있었다. 2017년에 신설된 '베니스 이머시브'(Venice Immersive)는 가상현실(VR)이나 증강현실(AR) 등 이른바 '확장현실(XR)' 작품들의 장으로, 한국의 아티스트들도 꾸준히 두각을 나타내고 있는 부문이다. 2023년엔 이상희 감독의 〈원룸-바벨〉, 김시연 감독의 〈내 이름은 오구공〉, 김진아 감독의 〈아메리칸 타운〉 등이 초청받았다. 특히 김진아 감독은 〈동두천〉(2017), 〈소요산〉(2021)에 이어 세 번째로 베니스 이머시브의 게스트가 됐다.

국제영화제에서 가장 주목받은 한국 영화는 유지영 감독의 〈나의 피투성이 연인〉이었다. 아이를 원하지 않는 비혼주의 커플의 이야기인 이 영화는 체코의 카를로비바리영화제에서 프록시마(Proxima) 경쟁 부문 대상을 받았다. 프록시마는 진보적 색채를 띤 젊은 감독들의 작품을 초청하는 부문으로, 이 영화가 지닌 페미니즘적 테마를 높게 평가했다. 이탈리아의 토리노국제영화제에선 국제비평가협회(FIPRESCI)가 이 영화에 상을 수여했다. 토론토국제영화제에선 김태양 감독의 〈미망〉이 디스커버리 부문에 초청돼, 아시아영화진흥기구에서 수여하는 넷팩상 부문에서 심사위원 특별 언급을 받았다. 유태하 감독의 〈버드 아이 뷰〉는 휴스턴국제영화제에서 첫 장편을 만든 신인 감독에게 주어지는 부문에서 동상을 수상했다.

그림 4 〈길복순〉의 김시아, 변성현 감독, 전도연(좌)과 〈밀수〉의 류승완 감독(우)

* 출처 : 베를린국제영화제, 로카르노국제영화제

    로카르노국제영화제에선 류승완 감독의 〈밀수〉가 비경쟁 부문에 상영됐다. 로테르담국제영화제에선 신연식 감독, 송강호 주연의 〈1승〉이 빅 스크린 경쟁 부문에 초청받았다. 다양한 영화들을 선보이는 하버 섹션에선 손구용 감독의 〈밤산책〉, 이동우 감독의 〈사갈〉, 전주영 감독의 〈미확인〉 등 최근 한국 독립영화의 새로운 트렌드를 보여주는 작품들이 전 세계 관객들과 만났다. 선댄스영화제에는 아만다 킴 감독의 〈백남준: 달은 가장 오래된 TV〉가 다큐멘터리 경쟁 부문에 상영됐다. 스페인의 시체스국제판타스틱영화제엔 유재선 감독의 〈잠〉이 경쟁 부문에 올랐다. 김아영 감독의 조촐한 상영전이 코펜하겐국제다큐멘터리영화제에서 열려 〈다공성 계곡 2: 트릭스터 플롯〉(2019), 〈수리솔 수중 연구소에서〉(2020), 〈딜리버리 댄서의 구〉(2023) 등이 상영됐다.

    단편영화의 성과를 살펴보면 애니메이션 부문의 성과가 컸다. 끌레르몽페랑국제단편영화제 경쟁 부문에 올랐던 전진규의 〈상실의 집〉은 미국 산호세에서 열린 시네퀘스트영화제에서 최우수 단편 애니메이션으로 선정됐다. 오스트리아 빈에서 열린 국제트리키여성애니메이션영화제에선 문수진의 〈각질〉과 함희윤의 〈소문의 진원지〉가 경쟁 부문에 올랐다. 〈소문의 진원지〉는 후반 작업 지원을 받는 '그랜드 포스트 어워드(The Grand Post Award)'를 수상했다. 이 작품은 산타바바라국제영화제에선 최우수 단편 애니메이션에 수여되는 브루스 코윈 어워드(Bruce Corwin Award)의 수상자가 됐다. 정유미 감독의 〈파도〉는 로카르노국제영화제의 '미래의 표범(Pardi di domani)' 부문에서 상영됐다. 김정변지 감독의 〈하나 그리고 하나〉는 샌디에고국제어린이영화제에서 애니메이션 부문 감독상을 받았다. 이종훈 감독의 〈건축가 A〉는 뉴욕국제어린이영화제 단편 대상과 관객상을 받았다. 단편 극영화로는 박소현 감독의 〈나와 내가 아닌 모든 것〉이 인도에서 열린 노이다국제영화제에서 학생영화 부문 작품상을 받았다. 이경원 감독의 〈옥천〉은 일본의 쇼트쇼츠영화제에서 아시아 국제 경쟁 부문 관객상을 받았다.

한국 영화가 대거 상영된 영화제로는 일본의 유바리국제판타스틱영화제를 들 수 있다. 단편 경쟁 부문에 7편이 초청받았고 이외에도 제주영화제와의 교류 상영이 있었으며, 이명세 감독의 〈인정사정 볼 것 없다〉(1999)가 특별 상영되기도 했다. 취리히국제영화제에선 '뉴 월드 뷰 코리아(New World View Korea)' 섹션을 비롯해 총 15편의 장편과 단편이 상영됐다. 〈콘크리트 유토피아〉부터 〈다음 소희〉까지, 최근 한국 영화의 흐름을 한눈에 볼 수 있는 기획이었다. 캐나다 몬트리올에서 열린 판타지아국제영화제에선 올해도 수많은 한국 영화를 만날 수 있었다. '판타지아 레트로(Fantasia Retro)'에선 김기영 감독의 〈이어도〉(1977)부터 이창동 감독의 〈박하사탕〉(2000)까지 6편의 한국 영화가 상영됐고, 〈범죄도시 3〉 같은 상업영화부터 다양한 콘셉트의 단편영화까지 20편이 넘는 한국 영화가 소개됐다.

여러 아시아영화제에서 한국 영화는 중심적인 위치를 차지했다. 런던동아시아국제영화제에선 김성환 감독의 〈만분의 일초〉가 작품상을 받았고, 〈콘크리트 유토피아〉의 박보영은 최우수배우상, 〈화란〉의 홍사빈은 라이징 스타상을 받았다. 밴쿠버아시안영화제엔 14편의 한국 단편영화가 초청받았다. 프랑스에서 열린 브줄국제아시아영화제에선 김민주 감독의 〈교토에서 온 편지〉가 심사위원특별상을 받았다. 이외에도 런던, 파리, 피렌체 등의 도시를 비롯해 말레이시아, 필리핀, 폴란드, 호주 등의 국가에서 한국 영화제가 열려 최근 한국 영화들을 소개했다. 뉴욕의 링컨 센터에선 '한국영화 황금기: 1960년대 특별전'(Korean Cinema's Golden Decade: The 1960s)이 열렸다. 2주 동안 24편의 한국 고전영화를 선보인 자리로서 뉴욕의 시네필에게 한국 영화의 전통을 소개했다.

한국의 영화인들을 조명한 자리도 있었다. 데뷔 40주년을 맞이한 정지영 감독은 런던아시아영화제에서 회고전을 가졌다. 〈소년들〉이 개막작으로 선정돼, 노장의 여전한 영화적 열정을 보여 주었다. 하와이국제영화제에선 '마동석 인 포커스' 섹션을 통해 〈범죄도시 3〉과 〈악인전〉을 상영했다. 파리의 시네마테크 프랑세즈에선 김지운 감독의 전작 회고전이 열렸다. 감독이 되기 전 파리에 머물며 시네마테크에서 3개월 동안 100편에 가까운 영화를 보았고 그때 영화감독이 되기로 결심했다는 김지운 감독에겐 뜻깊은 시간이었다. 멕시코의 몬테레이국제영화제에선 한국이 주빈국으로 초청됐는데, 임순례 감독의 회고전이 열렸다.

그림 5 〈나의 피투성이 연인들〉의 유지영 감독과 한해인(좌)과 런던아시아영화제의 정지영 감독(우)

* 출처 : 카를로비바리국제영화제, 런던아시아영화제

4) 영상 기업의 성과

한국을 대표하는 VFX 및 콘텐츠 제작 전문 기업인 덱스터스튜디오는 12월 5일 60회 무역의 날 시상식에서, 최근 1년간 수주한 해외 매출액이 300만 달러(약 40억원)를 돌파한 공로로 '수출의 탑'을 수상했다. 이 상은 해외 시장 개척과 수출 증대에 기여한 기업에 주어지는데, 덱스터스튜디오는 2022년 7월부터 2023년 6월까지 360만 달러의 매출을 기록했다. 여기엔 〈세인트 세이야: 더 비기닝(Knights of the Zodiac)〉 VFX가 큰 비중을 차지했으며, 이외에도 공개 예정인 글로벌 프로젝트와 디지털 색 보정(DI: Digital Intermediate) 작업 관련 매출과 VR 콘텐츠 등이 더해졌다.

　　덱스터스튜디오는 넷플릭스와 디즈니플러스의 오리지널 콘텐츠 작업에도 참여하고 있는데, 연상호 감독의 〈정이〉의 액션 비주얼, 〈길복순〉의 DI와 사운드, 〈택배기사〉의 사운드 등을 만들었으며 〈무빙〉, 〈마스크걸〉, 〈좀비버스〉 등도 작업했다. 일본의 유명한 코믹스인

〈유유백서(幽遊白書)〉의 실사화 영화 작업에도 참여할 예정이다. 한편 태국의 종합 미디어 그룹인 칸타나(Kantana)와 손잡고 VR 프로덕션 스튜디오 설립 계획을 세우고 있다.

앤솔로지스튜디오는 인도의 파노라마스튜디오와 손잡고 인도 영화의 리메이크 프로젝트를 가동했다. 원작이 될 영화는 지투 조셉 (Jeethu Joseph) 감독의 〈의혹의 맹점(Drishyam, Visuals)〉(2013)이다. 2013년에 개봉돼 흥행에 성공한 후 2021년에 2편이 나왔고 현재 3편을 준비 중인 시리즈다. 평범한 남자가 살인 용의자로 몰리게 되는 이야기로, 한국과 인도 사이의 첫 번째 본격적인 공동 프로젝트가 될 전망이다. CJ CGV는 베트남 시장에서 약진 중이다. 팬데믹 이전보다 더 높은 극장 수익을 거두고 있는데, 83개 극장과 483개 스크린을 통해서 약 51%의 시장 점유율을 보이고 있다. CJ ENM은 현지 영화 제작에도 참여하고 있는데, 흥행 신기록을 세운 〈냐 바 누(Nhà bà Nu, The House of No Man)〉도 CJ ENM이 투자에 참여한 작품이다.

3. 영화 한류 주요 진출국·진출 경로

1) 주요 국가에서의 한국 영화 실적

전체적으로 완성작 수출액이 감소한 가운데, 권역별로 나눠 보면 아시아 지역의 비중이 매우 늘어났다. 70%가 넘는 압도적인 수치인데, 대만, 일본, 홍콩 등이 여전히 강세를 띠는 가운데 베트남, 말레이시아, 인도네시아 등 동남아시아 국가들의 약진한 결과이다. 특히 베트남 같은 경우는 2022년의 2.5배가 넘는 성적을 보였다. 2022년엔 북미 지역이 유럽 지역보다 많았지만, 2023년은 그 순위가 바뀌었다. 2022년에 〈헤어질 결심〉, 〈한산: 용의 출현〉, 〈범죄도시 2〉를 비롯해 다양한 장르 영화들이 북미 시장에서 좋은 성과를 거두었다면, 올해는 〈브로커〉와 〈범죄도시 3〉 이외엔 이렇다 할 흥행작이 없었다. 한편 유럽 지역은 'K-무비'의 확산세로 매출이 늘어났다. 영국, 프랑스, 스페인 외에 동유럽권에서의 매출도 늘어나고 있다.

통계에선 OTT 매출을 포함한 기타 권역의 수출액이 감소했다. 2022년까진 극장 개봉을 포기하고 OTT로 직행하는 작품이 있었다는 점을 감안하면, 이 부분의 수출이 감소했다고 보긴 힘들다. 중동

표 5 최근 5년 한국 영화 권역별 수출 변화

구분	2019 금액	2019 비중	2020 금액	2020 비중	2021 금액	2021 비중	2022 금액	2022 비중	2023 금액	2023 비중
아시아	27,403,357	72.3%	26,712,089	49.3%	31,768,205	73.8%	34,408,677	48.2%	40,327,494	71.6%
북미	4,133,275	10.9%	2,935,543	5.4%	2,371,203	5.5%	9,507,462	13.3%	3,947,033	7.0%
유럽	3,762,086	9.9%	1,547,411	2.9%	2,570,002	6.0%	5,818,835	8.1%	7,734,686	13.7%
중남미	824,821	2.2%	308,500	0.6%	1,020,000	2.4%	1,270,546	1.8%	428,650	0.8%
오세아니아	612,478	1.6%	317,320	0.6%	264,880	0.6%	295,888	0.4%	418,000	0.7%
중동/아프리카	121,447	0.3%	197,717	0.4%	181,520	0.4%	163,210	0.2%	240,023	0.4%
기타(전세계 포함)	1,020,000	2.7%	22,138,400	40.9%	4,857,208	11.3%	19,975,762	28.0%	3,195,000	5.7%
합계	37,877,316	100%	54,156,980	100%	43,033,018	100%	71,440,380	100%	41,607,247	100%

* 권역 및 국가별 수출 실적에 있어 하나의 수입사가 동일 권역 내 근접 국가를 함께 커버하거나, 다른 권역 내 동일 언어권을 커버해 계약이 이뤄지는 경우가 다수 있으므로 대표 권역 및 국가를 지정해 통계치를 산출했다.

* 출처 : 영화진흥위원회 (2024). 「2023 한국영화산업결산」, 89쪽.

과 아프리카, 중남미와 오세아니아는 아직 그 비중이 적지만 잠재력 부분에서 주목해야 할 지역들이다.

국가별로 살펴보면 대만과 일본이 1, 2위를 차지한 가운데 싱가포르가 3위로 상승했다. 2020년에는 20만 달러(약 2억원)가 조금 넘는 수준이었지만, 3년 만에 633만 달러(약 84억원)로 성장했다. 싱가

표 6 2020~2023년 한국 영화 국가별 수출 변화

순위	2020			2021		
	국가	금액	비중	국가	금액	비중
1	대만	7,903,400	14.6%	중국	8,396,220	21.1%
2	일본	3,770,750	7.0%	일본	6,864,125	17.3%
3	중국	2,448,126	4.5%	대만	5,836,798	14.7%
4	홍콩	1,544,500	2.9%	싱가포르	3,429,750	8.6%
5	베트남	938,000	1.7%	미국	1,894,241	4.8%
6	인도네시아	676,900	1.2%	홍콩	1,414,200	3.6%
7	태국	598,500	1.1%	독일	645,640	1.6%
8	필리핀	491,000	0.9%	말레이시아	625,500	1.6%
9	프랑스	416,200	0.8%	태국	483,800	1.2%
10	싱가포르	209,750	0.4%	필리핀	478,000	1.2%

순위	2022			2023		
	국가	금액	비중	국가	금액	비중
1	대만	9,779,476	13.7%	대만	13,284,120	23.6%
2	일본	9,212,205	12.9%	일본	9,884,700	17.6%
3	미국	5,814,455	8.1%	싱가포르	6,329,642	11.2%
4	싱가포르	5,869,534	8.2%	미국	3,946,233	7.0%
5	홍콩	4,418,580	6.2%	홍콩	2,960,400	5.3%
6	프랑스	3,104,006	4.3%	러시아	2,361,304	4.2%
7	중국	1,961,100	2.7%	프랑스	2,031,585	3.6%
8	러시아	992,156	1.4%	중국	1,916,500	3.4%
9	우루과이	701,408	1.0%	태국	1,772,500	3.1%
10	베트남	618,000	0.9%	베트남	1,585,903	2.8%

* 출처 : 영화진흥위원회 (2024). 「2023 한국영화산업결산」, 90쪽.

포르의 이러한 상승세는 현재 아시아 시장의 판도가 대만-중국-홍콩의 중화권과 일본을 중심으로 동남아시아로 확산하고 있다는 것을 상징적으로 보여준다. 태국이나 베트남의 약진도 인상적이며, 러시아 시장 역시 점차 부상하고 있음을 알 수 있다(영화진흥위원회, 2024).

그렇다면 과연 어떤 영화가 어느 정도의 수출액을 기록했을까? 사실 이 부분에 대한 명확한 통계가 나와 있지 않으며, 영화진흥위원회의 데이터도 어떤 영화가 어떤 국가에서 얼마를 벌었는지 제시하진 않는다. 따라서 확인 가능한 데이터를 바탕으로 추정할 수밖에 없는데, 현재 나와 있는 자료 중 가장 방대하다고 할 수 있는 미국 사이트 박스오피스모조[2]의 자료를 토대로 한국 영화가 세계 시장에서 어떤 퍼포먼스를 보여주고 있는지 가늠해 보았다.

그 결과 30만 달러(약 4억원) 이상의 매출액을 기록한 영화는 총 18편으로 나타났다. 모든 흥행 데이터가 확보되면 25편 가까이 될 것이라 예상된다. 압도적 1위는 BTS의 공연 다큐멘터리인 〈방탄소년단: 옛 투 컴 인 시네마〉로 2,774만 달러(약 370억원)의 매출을 올렸다. 케이팝 공연 및 스타 관련 다큐멘터리는 최근 한국 영화 해외 수익의 상당 부분을 차지하고 있는데, BTS를 비롯해 아이유, 마마무, 블랙핑크 등 여러 뮤지션이 공연장뿐만 아니라 다큐멘터리를 통해 극장도 공략하고 있다. 3위에 오른 〈비더원: 비퍼스트 더 무비〉는 일본의 보이그룹 [BE:FIRST]에 관한 다큐멘터리지만 한국에서 제작해 일본에서만 300만 달러(약 40억원)에 가까운 매출을 올렸다.

---

2   www.boxofficemojo.com

〈브로커〉, 〈헤어질 결심〉과 같은 2022년 작품이 여전히 위세를 떨치는 가운데, 2023년 작품 중엔 〈범죄도시 3〉이나 〈30일〉 등의 장르영화가 사랑받았다. 특히 〈30일〉은 베트남에서만 200만 달러 이상을 벌어들였다. 〈올드보이〉(2003)의 경우 20주년을 맞아 리마스터링 버전으로 재개봉해 208만 달러(약 27억원)의 매출을 기록했다. 'K-

표7 2002년 북미 지역 한국 영화 주요 흥행작 순위 (단위: 달러)

순위	제목	연도	매출액	장르
1	방탄소년단: 옛 투 컴 인 시네마	2023	27,738,120	공연 다큐멘터리
2	범죄도시 3	2023	4,118,907	범죄 액션
3	비더원: 비퍼스트 더 무비	2023	2,936,630	공연 다큐멘터리
4	브로커	2022	2,324,726	드라마
5	올드보이	2003	2,083,578	스릴러
6	30일	2023	2,038,558	로맨틱 코미디
7	헤어질 결심	2022	1,428,831	범죄 멜로드라마
8	더 문	2023	1,283,241	SF 드라마
9	콘크리트 유토피아	2023	1,134,866	재난 드라마
10	달짝지근해	2023	789,990	로맨틱 코미디
11	소울메이트	2023	769,640	멜로드라마
12	귀공자	2023	727,432	액션
13	비상선언	2022	600,115	재난 스릴러
14	다음 소희	2023	516,464	드라마
15	비공식작전	2023	436,616	액션 드라마
16	천박사 퇴마 연구소: 설경의 비밀	2023	414,179	판타지 액션
17	슈가: 로드 투 디데이	2023	350,386	다큐멘터리
18	괴담만찬	2023	300,468	호러

* 박스오피스모조의 데이터를 토대로 개봉 국가의 매출 금액을 합산했다. 30만 달러 이상의 매출을 기록한 영화를 대상으로 했다. 너불어 영화신흥위훤회 코비즈(KoBiz) 사이트(www.koblz.or.kr)의 개봉 국가 자료를 참조했다. 박스오피스모조에는 개봉 국가의 모든 데이터가 기록돼 있지 않다. 코비즈 사이트엔 개봉 기록이 있지만, 실제적인 매출 기록을 알 수 없는 경우가 있다. 이러한 상황을 감안하면 〈잠〉, 〈콘크리트 유토피아〉, 〈헤어질 결심〉, 〈더 문〉, 〈다음 소희〉, 〈비공식작전〉 등은 좀 더 매출 금액이 상승할 것이며, 〈제이홉 인 더 박스〉, 〈옥수역 귀신〉, 〈거미집〉, 〈마녀 Part2. The Other One〉 등이 순위 안으로 들어갈 것으로 예상된다. 흥행 기록이 2년에 걸쳐 있는 경우(2022~2023년, 2023~2024년) 추정치를 적용해 2023년 매출만 통계에 반영했다.

무비'의 본격적 시작이라고 할 수 있는 이 영화는, 개봉 이후 아이튠즈에 스트리밍 서비스되면서 24만이 넘는 뷰를 기록했다.

〈더 문〉은 국내에서 부진했지만 해외 시장에서는 좋은 성적을 거두었다. 〈다음 소희〉 같은 저예산 독립영화의 선전도 반갑다. 18위를 차지한 〈괴담만찬〉을 비롯해 〈악마들〉, 〈치악산〉, 〈차박〉 등 한국 극장가에서는 그다지 성공하지 못한 공포 영화들이 아시아 시장에선 쏠쏠한 수익을 거두고 있다.

2) 계속되는 리메이크

한한령으로 인해 영화 개봉은 쉽지 않지만, 한국 영화와 원작은 꾸준히 중국 시장에서 리메이크되고 있다. 강풀의 원작을 영화화한 〈그대를 사랑합니다〉(2011)는 2023년 〈워아이니!(我爱你!)〉로 만들어져 괜찮은 흥행 성적을 거두었다. 강풀의 웹툰은 중국에서 큰 인기를 얻고 있는데 〈마녀〉가 2022년 〈너와 함께 있고 싶어(我要和你在一起)〉로 만들어졌고, 〈조명가게〉 리메이크 소식도 들리고 있다.

이외에도 모성 스릴러 〈세븐 데이즈〉(2007)는 〈증구혐의인(拯救嫌疑人)〉으로 만들어졌고, 휴먼 드라마인 〈담보〉(2020)는 〈무가지보(無價之寶)〉로 리메이크됐다. 강동원과 김하늘이 주연을 맡았던 로맨틱 코미디 〈그녀를 믿지 마세요〉(2004)는 〈청별상신타(請別相信她)〉로 제작됐다.

인도네시아에서도 리메이크의 바람이 거세다. 2022년에 〈7번방의 선물〉(2013)의 리메이크가 큰 성공을 거둔 후 이 영화의 주인공이었던 비노 바스티안(Vino G. Bastian)을 그대로 기용해 〈과속 스캔들〉

(2008)의 리메이크인 〈스캔들 메이커스(Scandal Makers)〉가 만들어졌다. 그리고 〈헬로우 고스트〉(2010)의 리메이크도 개봉돼 좋은 성적을 거두었다.

그림 6 〈워 아이 니!〉(좌)와 〈증구혐의인〉(중)과 〈스캔들 메이커스〉(우)의 포스터

* 출처: IMDB

4. 영화 한류 전망

영화산업 위기론이 지속적으로 제기되고 있는 만큼 'K-무비'의 미래가 밝다고만은 할 수 없다. 팬데믹과 OTT 등장 이전에 누린 르네상스 시기를 회복하는 것은 요원해 보이며, 지금 한국 영화는 '생존'이라는 화두를 놓고 사투 중이라고 해도 과언은 아니기 때문이다. 그럼에도 몇 가지 희망이 있다면 먼저 '크로스오버' 전략을 들 수 있을 것이다. 'K-엔터테인먼트'의 한 축으로서 한국 웹툰이나 케이팝과의 결합을 통해, 서로 시너지 효과를 내면서 영역을 확장하는 방식

은 2023년에도 그 사례를 찾아볼 수 있었고 앞으로도 더 많이 시도될 것으로 보인다. 그 과정에서 OTT 콘텐츠와의 관계 정립에 대해서는 좀 더 정교한 작업이 있어야겠지만, 영화와 시리즈를 아우르는 'K-영상콘텐츠'의 개념에서 접근할 필요가 있다. 두 번째는 기술 서비스나 IP 분야의 매출액을 높이는 것이다. 팬데믹 이후 커지고 있는 로케이션 시장이나 리메이크에 대한 지속적 요구 등은 긍정적 신호라고 할 수 있다.

관건은 지원 정책이다. 급변하고 있는 영상산업에 대한 적절한 지원 방식을 모색하는 자리가 국회에서 마련됐다는 점은, 다소 늦은 감이 있지만 다행스럽다. 향후 실질적인 도움을 줄 수 있는 정책이 빠르게 마련된다면, 현재 각개전투 방식으로 돌파하고 있는 'K-무비'의 궤도가 좀 더 빠르고 효율적으로 바뀔 것이다. 한국 영화는 조금씩 회복하고 있다. 극장산업은 살아나고 있고, 〈서울의 봄〉이 증명하듯 관객의 요구에 부응하는 작품만 나온다면 거대한 폭발력을 보여줄 수 있다. 〈범죄도시 4〉, 〈베테랑 2〉 등의 기대할 만한 프랜차이즈 영화도 라인업에 있다. 부디 그 가능성이 현실로 바뀔 수 있기를 바란다.

3
음악 한류

'BTS 이후' 시대의 시작

이규탁
한국조지메이슨대학교 국제학과 부교수

1. 음악 한류 현황

2023년의 음악 한류는 '본격적인 변화의 시작'으로 요약할 수 있다. 음악 분야뿐만 아니라 한류 전체를 대표해 온 상징적인 존재인 방탄소년단이 2022년 활동 중단을 선언한 후 같은 해 12월 멤버 진을 시작으로 다른 멤버들도 차례로 군에 입대했다. 2023년 12월에는 지민과 정국이 육군 현역으로 입대하면서 7인 전원이 병역 의무 이행에 돌입했다. 이렇게 한 시대를 대표하던 방탄소년단이 잠시 휴지기에 들어가면서 음악 한류가 한풀 꺾일 것이라는 위기감이 감돌았지만, 예상과 달리 그 기세는 2023년에도 꾸준히 이어졌다. 이는 방탄소년단의 빈자리를 새로운 가수들이 메웠기에 가능한 일이었다. 우선 글로벌 팬층을 탄탄하게 다져 온 3세대 남성 그룹 세븐틴과 스트레이 키즈는 음악 한류의 성장세를 견인했다. 또한 상업적인 성공은 물론 음악성에서도 높은 평가를 받으며 글로벌 음악 팬들 사이에서 새로운 케이팝 아이콘으로 떠오른 뉴진스를 비롯해 르세라핌, 아이브 등의 '4세대 여성 그룹 삼인방'은 케이팝의 세대교체를 성공적으로 이끌었다. 그 결과 2022년 약 8,000만 장으로 사상 최고치를 기록했던 한국 음반의 판매량은 2023년 1억 1,500만 장을 뛰어넘으며 다시 한번 최고치를 경신했다.

그런데 음악 한류가 전성기를 누리고 있는 이 시점에서, 일부에서는 '음악 한류가 예전 같지 않다'는 위기론이 제기되고 있다. 특히 기획사와 콘텐츠 제작자, 인터넷 미디어 서비스 관계자들 사이에서 글로벌 팬덤의 열성적이고 지속적인 소비를 바탕으로 성장해 온 케이팝과 음악 한류의 확장성이 한계에 다다랐다는 지적이 나온다. 모

TV 예능 프로그램에 출연해 '케이팝의 위기가 왔다'고 직접 이야기한 하이브의 방시혁 의장과 JYP 엔터테인먼트의 박진영 프로듀서가 대표적이다.

이처럼 2023년은 방탄소년단의 활동 중단 이후 음악 한류의 중심축이 후속 세대로 이동하는 세대교체기였던 동시에, 성공의 정점에서 미래에 대한 고민을 요구하는 변화의 시기였다. 음악 한류의 지속성과 확장성에 대한 고민과 성찰은 향후 몇 년간 음악 한류의 가장 중요한 키워드가 될 것으로 예상된다.

1) 한국의 대표 이미지로서 케이팝

한국국제문화교류진흥원이 발표한 「2023 해외한류실태조사」에 따르면, 2022년 해외 수용자들이 한국에 대한 연상 이미지로 가장 많이 떠올린 것은 케이팝으로 총 14.3%를 기록했다(표 1 참조). 케이팝은 해당 분야에서 2017년부터 7년 연속 1위를 유지하며 명실공히 한국을 대표하는 문화콘텐츠로 자리 잡았다. 한식, 한류 스타, 드라마, IT 제품/브랜드가 그 뒤를 이었는데, 한식이나 한류 스타 항목과 케이팝의 직간접적인 연관성을 고려해 볼 때 한류 전반이 음악 한류에 많은 부분을 빚지고 있다고 해석할 수 있다.

표 1 한국 연상 이미지(상위 5분야) (단위 : %)

	케이팝	한식	한류 스타	드라마	IT 제품/브랜드
응답 비율	14.3	13.2	7.4	6.6	5.6

* 출처 : 한국국제문화교류진흥원 (2023). 「2023 해외한류실태조사」, 38쪽 자료 재구성.

2) 음악 한류 확산 수준

음악콘텐츠의 경우 한류 소비자의 63.2%가 경험했다고 답했으며, 이는 음식과 영화에 이어 세 번째이다(표 2 참조). 특히 중국, 대만, 태국, 말레이시아, 인도네시아 등 아시아 태평양 지역에서 음악콘텐츠에 대한 경험률이 높았다. 반면 사우디아라비아, 이집트, 남아공에서 음악콘텐츠 경험률이 낮게 드러났다. 한편 글로벌 한류 소비자들은 한 달에 평균 약 15.6시간 동안 한국 음악콘텐츠를 소비하는 것으로 나타났다(한국국제문화교류진흥원, 2023).

표 2 한국 문화콘텐츠 경험률(상위 5분야)   (단위 : %)

	음식	영화	음악	드라마	뷰티
응답 비율	72.3	67.7	63.2	61.2	54.4

* 출처 : 한국국제문화교류진흥원 (2023). 「2023 해외한류실태조사」, 41쪽 자료 재구성.

이렇듯 음악은 한류를 대표하는 분야로 자리하고 있지만, 콘텐츠 자체에 대한 호감도나 순 추천지수 등은 상대적으로 낮다는 점이 흥미롭다. 이는 케이팝을 중심으로 하는 한국 음악콘텐츠가 호불호가 분명하게 갈리는 분야이기 때문일 것이다. 특히 한국 음악콘텐츠에 대한 비호감은 케이팝을 둘러싼 인종주의적 해석과 갈등이 투영된 결과로 해석할 수 있다. 케이팝이 '비영어·비서양 권역'에서 온 문화로서 케이팝이 기존 글로벌 문화산업 구조에 대한 일종의 '대안'이자 도전으로 여겨지며 기득권 문화인 미국·서양의 반감을 사고 있다는 해석이다(이규탁, 2023; 한국국제문화교류진흥원, 2023).

2023년 상반기 기준 한국 문화콘텐츠 수출액에서 음악 분야는 지난해 같은 기간보다 29.2% 증가세를 보였는데, 이는 만화(71.3%), 지식정보(39.8%), 출판(31.7%)에 이은 네 번째 위치이다(표 3 참조). 음악 분야는 전체 콘텐츠산업 수출액의 7.2%를 차지하며, 게임(64%), 지식정보(8%)에 이어 수출액 순위 3위에 자리했다. 단 2022년 하반기 수출액과 비교하면 2023년 상반기 수출액은 41.6% 감소했는데, 이는 2022년 실물 음반 판매량에서 큰 비중을 차지했던 방탄소년단과 블랙핑크가 2023년에 활동을 하지 않은 것과 관련이 있어 보인다. 더불어 2023년 상반기 한국 콘텐츠산업 전반의 수출액은 2022년 하반기보다 32.6% 감소했다.

표 3 2021년 하반기~2023년 상반기 콘텐츠산업 수출액 규모 (단위 : 천 달러)

산업	2021년 하반기	2022년ᵖ 상반기	2022년ᵖ 하반기	2023년ᵖ 상반기	전반기 ('22년 하반기 대비 증감율)	전년 동기 ('22년 상반기 대비 증감율)
출판	172,480	168,275	206,808	221,699	7.2%	31.7%
만화	40,970	52,450	54,697	89,853	64.3%	71.3%
음악	537,475	300,108	664,320	387,828	△41.6%	29.2%
게임	4,966,323	3,653,912	5,319,463	3,446,009	△35.2%	△5.7%
영화	28,725	21,714	49,726	23,666	△52.4%	9.0%
애니메이션	108,005	48,877	123,189	45,393	△63.2%	△7.1%
방송	451,358	288,824	580,295	293,977	△49.3%	1.8%
광고	150,136	136,188	210,673	130,424	△38.1%	△4.2%
캐릭터	209,006	228,150	276,738	209,246	△24.4%	△8.3%
지식정부	334,578	311,010	379,002	434,700	14.7%	39.8%
콘텐츠솔루션	144,062	107,629	125,928	103,177	△18.1%	△4.1%
합계	7,143,119	5,317,138	7,990,839	5,385,973	△32.6%	1.3%

* 2022, 2023년 수치는 추정치(p)를 의미함.
* 출처 : 한국콘텐츠진흥원 (2024). 「2023 상반기 콘텐츠산업 동향분석 보고서」, xv쪽.

2. 음악 한류 이슈

1) 4세대 여성 그룹 전성시대

지금까지 글로벌 음악 팬에게 큰 사랑을 받으며 음악 한류를 이끌었던 케이팝 그룹 중 여성 그룹이 없었던 것은 아니다. 싸이의 〈강남스타일〉이 전 세계를 뒤덮기도 전인 2012년 1월, 2세대 여성 그룹의 대표 주자인 소녀시대는 한국 가수 중 최초로 미국 지상파 토크쇼인 〈데이빗 레터맨 쇼(Late Show with David Letterman)〉에 출연해 라이브 무대를 선보이면서 케이팝이 동아시아를 넘어 더 넓은 세계로 뻗어 나가고 있음을 보여주었다. 또한 카라는 다른 동아시아 국가들과는 달

그림 1 2013년 도쿄돔 공연을 매진시켰던 카라

* 출처 : 《조선일보》/OSEN

리 케이팝에 뜨뜻미지근한 반응을 보이던 일본의 젊은 수용자들을 사로잡는 데 성공했다. 카라는 2010년 아시아 여성 가수 최초로 일본 오리콘 차트 톱 10에 올랐으며 2013년에는 한국 여성 그룹 사상 최초로 일본의 상징적인 공연장인 도쿄돔에서 단독 콘서트를 성공적으로 치러 냈다. 그리고 이들이 개척한 길을 바탕으로 블랙핑크와 트와이스를 비롯한 다수의 3세대 여성 그룹이 해외 시장에서 좋은 성과를 기록했다. 특히 블랙핑크는 방탄소년단과 더불어 음악 한류의 확장과 세계화, 나아가 오늘날 한국 대중문화를 상징하는 존재로 자리 잡았다.

그럼에도 불구하고 음악 한류를 이끄는 케이팝 가수들은 여전히 대체로 남성 그룹이었다. 빅뱅, 슈퍼주니어, 샤이니 등 2세대 남성 그룹과 방탄소년단, 엑소, 세븐틴, 스트레이 키즈 등 3세대 남성 그룹은 여성 그룹보다 훨씬 더 많은 음반 판매고를 올렸으며, 대규모 공연장에서 엄청난 수의 관객을 동원하며 성공적인 세계 순회공연을 치렀다. 이에 따라 2020년대 초반까지만 해도 여성 그룹은 친근감과 접근성을 무기로 국내에서 큰 인기를 얻지만, 남성 그룹은 강렬한 퍼포먼스와 열성 팬덤 구축을 통해 해외 무대에서 더욱 큰 성공을 거둔다는 인식이 일반적이었다.

이러한 흐름은 2022년을 기점으로 극적으로 달라지기 시작했다. 2020년대 초반 데뷔한 4세대 여성 그룹 아이브(2021년 데뷔), 르세라핌(2022년 데뷔), 에스파(2020년 데뷔), 뉴진스(2022년 데뷔) 및 그들보다 조금 일찍 데뷔했으나 2020년대 들어 전성기를 누리기 시작한 (여자)아이들(2018년 데뷔) 등이 국내외 할 것 없이 큰 인기를 얻으며 음악 한류의 판도를 바꾸어 놓았기 때문이다. 이들은 과거 정상급 케이팝 여성 그룹이 그랬던 것처럼 국내 음원 순위에서 높은 자리를 차지하며 대중성을 증명했음은 물론, 충성도 높은 팬덤의 상징으로 여겨지는 실물 음반 판매량에서도 높은 순위를 기록했다. 비록 2023년 여성 가수의 실물 음반 판매량 비중은 24.8%로 2022년 32.6%에 비해 다소 감소했지만, 10%대에 그쳤던 과거와 비교하면 여전히 20% 이상을 기록하며 판매량 증가세를 유지했다.

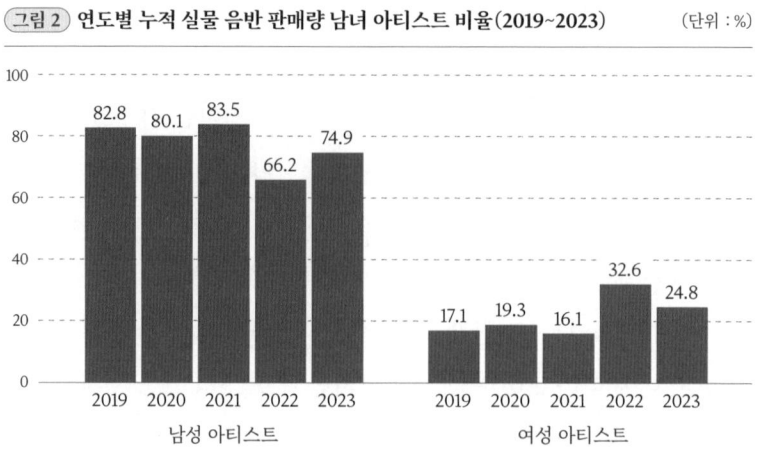

그림 2 연도별 누적 실물 음반 판매량 남녀 아티스트 비율(2019~2023) (단위 : %)

* 출처 : 써클차트/김진우

특히 2023년 제15회 멜론 뮤직 어워드 '올해의 베스트송', 2023년 마마(MAMA) 어워즈 '올해의 가수상'과 '올해의 노래상', 2023년 제20회 한국대중음악상 '올해의 신인', '최우수 케이팝 음반', '최우수 케이팝 노래' 등을 수상하며 2023년 한 해에만 400만 장 이상의 실물 음반 판매고를 기록한 뉴진스는 국내에서 상업성과 대중성, 음악성을 모두 인정받으며 데뷔 1년 반 만에 최고의 케이팝 그룹

중 하나가 됐다. 게다가 2023년 발매한 뉴진스의 두 번째 EP(미니 앨범)《Get Up》은 빌보드 앨범 차트 빌보드 200에 26주 연속으로 오르기도 했다(2024년 1월 24일 현재). 이로써 뉴진스는 방탄소년단과 블랙핑크에 이어 빌보드 200에 20주 이상 머무른 케이팝 그룹으로 등극했다.

그림 3 2023년 최고의 활약을 선보인 뉴진스

* 출처 :《중앙일보》/어도어

더불어 2023년에만 두 장의 앨범을 빌보드 200에 올린 (여자)아이들, '빌보드 글로벌'[1]에서 좋은 성과를 거둔 르세라핌과 아이브 등

---

1 미국을 포함한 전 세계의 음원 데이터를 기초로 하는 차트로, 2020년 9월부터 시작됐다. 더불어 별도로 존재하는 '빌보드 글로벌(미국 제외)' 차트는 미국에서의 데이터를 제외한 차트이다.

은 음악 한류에 새로운 세대가 도래했음을 알렸으며, 2023년 앨범 《Ready to Be》로 빌보드 200에서 2위를 기록한 트와이스, 빌보드 싱글 차트 '핫(HOT) 100'에 진입한 블랙핑크의 제니 등 3세대 여성 케이팝 가수들 역시 건재함을 과시했다.

물론 여전히 세븐틴, 스트레이 키즈, 엔시티 드림 및 투모로우바이투게더, 엔하이픈, 제로베이스원 등 3세대와 4세대 남성 그룹이 해외 시장에서 꾸준히 인기를 모으며 음악 한류를 이끌고 있다. 하지만 이들 남성 그룹이 과거 빅뱅이나 슈퍼주니어, 방탄소년단만큼의 파급력이나 대표성을 갖지 못하는 상황에서, 케이팝 여성 그룹의 약진은 음악 한류가 새로운 시대에 접어들었음을 상징적으로 보여주는 현상이라고 할 수 있다. 앞으로 여성 그룹들의 힘을 통해 음악 한류가 과도기를 성공적으로 극복하고 새로운 궤도에 안착할 수 있을지 지켜볼 필요가 있다.

2) 케이팝 이외 한국 음악에 대한 해외 수용자의 관심 증가

다양한 한국 음악 장르 중에서도 지금까지 음악 한류를 이끌어 온 것이 케이팝임은 분명하다. 그런데 케이팝은 비영어·비서양 권역인 한국, 즉 글로벌 대중음악 산업의 '비주류' 지역에서 온 음악이라는 특성으로 인해 자연스럽게 주류보다는 비주류 문화의 성격을 갖게 됐다. 이로 인해 케이팝은 전 세계 10~20대 사이의 인기 장르이면서 주류 감성보다는 영미권 중심의 글로벌 팝 음악에 대한 일종의 대안으로 여겨지며, 젊은 해외 팬들은 케이팝을 기성세대와 스스로를 차별화하는 도구로 삼는 경향이 강하다(이규탁, 2023). 그 결과 많은 음악 한류 팬들이 방탄소년단이나 블랙핑크처럼 '모두가 다 아는' 그룹뿐만 아니라, 다수에게 크게 주목받지는 않지만 음악과 퍼포먼스가 좋은 중소 기획사 소속 아이돌 그룹이나 케이팝 시스템에 속해 있으면서도 일반적인 케이팝 음악 색깔과는 다소 다른 결의 음악을 선보이는 가수에게 관심을 갖는 현상도 나타나고 있다.

그뿐 아니라 이러한 경향은 해외 케이팝 팬들이 자연스럽게 케이팝 이외의 한국 음악을 찾아서 듣게 되는 결과를 낳고 있다. 이미 2010년대 후반부터 잠비나이, 술탄오브더디스코, 혁오, 설(SURL) 등의 인디 밴드와 딘, 콜드 등의 R&B·힙합 가수가 '케이팝 아닌 한국 음악'으로 여겨지며 해외 팬들의 주목을 받았고, 이들 중 일부는 한국보다 오히려 해외 팬에게 인정받아 해외에서 더욱 많은 공연을 하며 왕성히 활동해 왔다. 해외 팬들은 케이인디(K-Indie), 케이힙합(K-Hip Hop), 케이록(K-Rock) 등의 용어를 사용하며 이들의 음악을 케

그림 4 인디밴드 설(SURL)의 북미 공연

설의 북미 투어 일정 포스터

설의 미국 현지 공연 모습

* 출처 : MPMG Music

이팝과 구분해 즐기고 있다.

　케이팝 이외의 한국 음악에 대한 관심은 2023년 더욱 본격화됐다. 우선 2015년 데뷔해 2017년 한국대중음악상 '올해의 신인', 2022년과 2023년 한국대중음악상 '최우수 모던록 노래', 2023년 멜론 뮤직 어워드 '베스트 뮤직스타일' 등을 수상하며 국내에서도 탄탄한 팬층을 가지고 있는 인디 록밴드 실리카겔은 2023년 한 해 동안 홍콩, 대만, 일본 등 동아시아 여러 지역에서 공연하며 해외 음악 팬들에게 큰 호응을 받았다. 또한 부산의 지역 록밴드 세이수미는 영국 출신의 전설적인 팝 거장 엘튼 존(Elton John)이 2018년 자신이 진행하

그림 5 〈타이니 데스크 코리아〉를 통해 라이브를 선보인 세이수미

* 출처 : 타이니 데스크 코리아 유튜브 채널(@TinyDeskKorea)

는 애플 뮤직 라디오에서 언급하면서 국내에 '역수입'됐다. 이 밴드는 2023년 10월 미국의 공영 라디오 방송《NPR》의 인기 음악 프로그램 〈타이니 데스크(Tiny Desk)〉의 한국판인 〈타이니 데스크 코리아〉에서 전 세계를 대상으로 온라인 라이브를 선보이며 좋은 반응을 얻기도 했다.

웨이브 투 어스(wave to earth)와 파란노을도 2023년부터 본격적으로 해외 한국 음악 팬들의 관심을 얻으며 새로운 음악 한류를 이끌고 있다. 2019년 데뷔한 인디 록밴드 웨이브 투 어스는 2023년 태국과 미국 등에서 여러 차례 공연하며 해외 팬들의 사랑을 받았다. 특히 이들이 8월에 가진 약 한 달간의 미국 투어는 예매가 시작되자마자 22,000석 전석이 매진되는 바람에, 공연 횟수를 당초 계획했던

그림 6 한국 인디 록밴드 웨이브 투 어스의 미국 투어 현장

* 출처 :《중앙일보》/Roger Tam

12회에서 20회로 늘려야 했을 만큼 폭발적인 반응을 불러일으켰다 (어환희, 2023. 11. 14.). 시카고, 로스엔젤레스, 토론토, 샌프란시스코 등 18개 도시에서 순회공연을 연 이들은 북미 지역뿐만 아니라 전 세계의 주목을 받았다. 그 결과 세계 최대 음악 스트리밍 플랫폼 스포티파이(Spotify)에서 월별 청취자 수 724만 명이라는 놀라운 수치를 기록하기도 했다. 이는 웬만한 인기 케이팝 가수의 월별 청취자 수에 필적하는 수치다(김학선, 2023. 11. 7.).

또 다른 인디 가수 파란노을은 활발한 공연과 대외 활동보다는 곡을 유튜브나 사운드 클라우드(Sound Cloud)[2] 같은 인터넷상의 플랫폼에 업로드하는 방식으로 활동하고 있다. 그의 음악은 2021년 세계적인 음악 평론 웹진 '피치포크(Pitchfork)' 및 사용자들이 직접 작품에 점수를 매기는 글로벌 인터넷 커뮤니티 '레이트 유어 뮤직(Rate Your Music)'과 같은 해외 온라인 매체에서 높은 평가를 얻으며 해외 팬들에게 알려지기 시작했다. 2023년 1월에 발매한 앨범《After the Magic》은 '피치포크'에서 무려 8.4점이라는 높은 평점을 받으며 '최고의 신작(Best New Music)'에 선정될 정도로 큰 관심을 받았는데, 이는 '피치포크'가 지금까지 평가한 한국 앨범 중 가장 높은 점수다.

이렇게 케이팝 이외의 한국 음악이 세계적인 주목을 받게 된 요인으로는 1) 음악 감상 미디어 환경의 변화와 2) 국내 음악인들의 해외 시장 접근 방식의 변화가 있다. 먼저 음악을 듣는 방식이 실물 음반과 디지털 다운로드 중심에서 스포티파이, 애플 뮤직(Apple Music), 유튜브

---

2   사용자들이 만든 음원을 자유롭게 공유하고 다운로드할 수 있는 음원 스트리밍 서비스로, 아마추어 음악인이 자작곡을 올리거나 전문 음악인이 자신의 습작이나 신곡 예고편을 올리기도 한다.

와 같은 인터넷 스트리밍 플랫폼을 이용하는 것으로 재편되면서, 해당 플랫폼에서 제공하는 큐레이션 서비스와 알고리즘 기반 추천 서비스의 영향력이 커졌다. 그 결과 분명한 개성을 가진 음악이 해당 스타일을 좋아하는 청취자들에게 쉽게 노출될 수 있는 환경이 마련됐고, 이들 플랫폼의 글로벌 네트워크를 통해 전 세계 수용자에게 빠르게 공유되기도 한다. 즉 케이팝의 전 세계적인 성공을 타고 케이팝을 듣는 이용자에게 다른 한국 가수의 음악이 추천되는 경향이 나타난 것이다. 이러한 환경을 바탕으로 한국에서 주류가 아닌 음악을 하는 가수들이 이제는 한국 시장만 바라보는 것이 아니라 해외 시장 진입을 적극적으로 시도한다는 점 역시 과거와는 달라진 모습이다. 가령 웨이브 투 어스는 대부분의 곡을 영어로 부르고 있는데, 이는 인디 록 음악을 좋아하는 해외 팬들이 이질감 없이 다가갈 수 있는 요인이다. 이러한 흐름 역시 케이팝의 세계적인 성공으로 한국 음악과 문화에 대한 관심도가 높아졌기 때문에 가능해진 것으로 풀이할 수 있다.

3) 실물 음반 판매 1억 장 돌파

한국음반콘텐츠협회가 운영하는 써클차트의 보고서에 따르면, 2023년 국내 음반 판매량 상위 400위까지의 판매량은 최초로 1억 장을 넘어 약 1억 1,600만 장을 기록했다(그림 7 참조). 이는 2021년의 5,700만 장보다 약 두 배, 2022년의 7,700만 장보다 약 1.5배 증가한 수치다. 2019년 2,500만 장에서 2020년 4,200만 장으로 비약적인 증가를 기록한 실물 음반 판매량은 4년이 지난 2023년에도 가파른 상승세를 이어갔다(김진우, 2024).

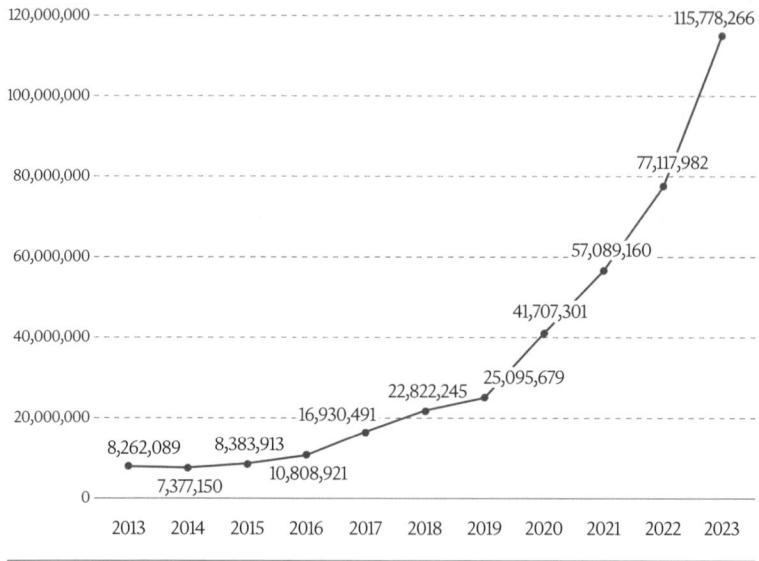

그림 7 2013~2023년의 연간 실물 음반 판매량(1위부터 400위까지의 판매량 합산)

* 출처 : 써클차트/김진우

　　방탄소년단의 활동 중단과 군 복무에도 불구하고 실물 음반 판매량이 큰 폭의 증가세를 유지한 것은 세븐틴과 스트레이 키즈, 투모로우바이투게더, 엔시티 드림 등 방탄소년단과 비슷하게 2010년대 중반에 데뷔한 3세대 및 2010년대 말~2020년대 초반에 데뷔한 4세대 남성 그룹들이 높은 앨범 판매고를 올렸기 때문이다. 특히 세븐틴의 경우, 550만 장 이상의 기록으로 2023년 연간 실물 음반 판매량 1위에 오른 EP《FML》을 포함해 총 1,600만 장을 판매하며 2023년 전체 한국 실물 음반 판매량의 약 14%를 차지했다(그림 8, 그림 9 참조). 세븐틴은 10개의 앨범을 일본 오리콘 앨범 차트 정상에 올려놓으며 주로 동아시아권에서 큰 인기를 누려 왔는데, 2023년 발매한 두 장의 EP는 모

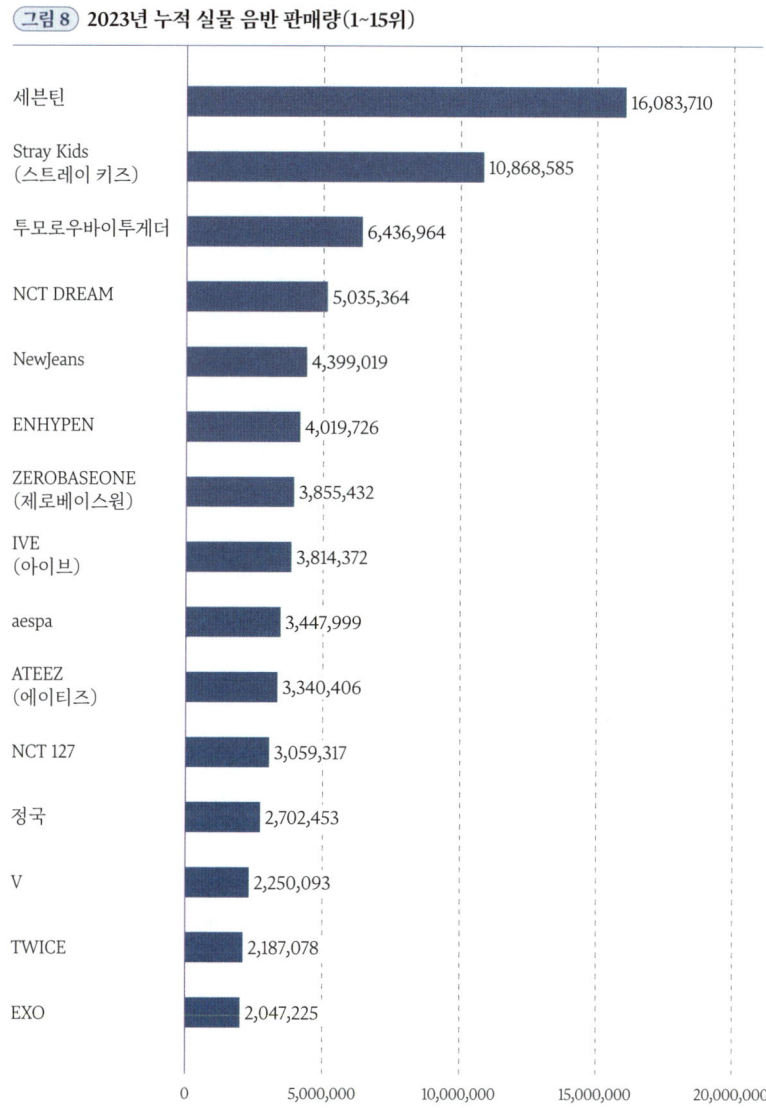

그림 8 2023년 누적 실물 음반 판매량(1~15위)

* 누적 앨범 판매량: 해당 아티스트의 모든 앨범 판매량 합계
* 콜라보, 솔로, 유닛 독립된 아티스트로 집계
* 집계기간: 2023년 1주차~50주
* 출처 : 써클차트/김진우

그림 9 2023년 단일 앨범 실물 음반 판매량 순위

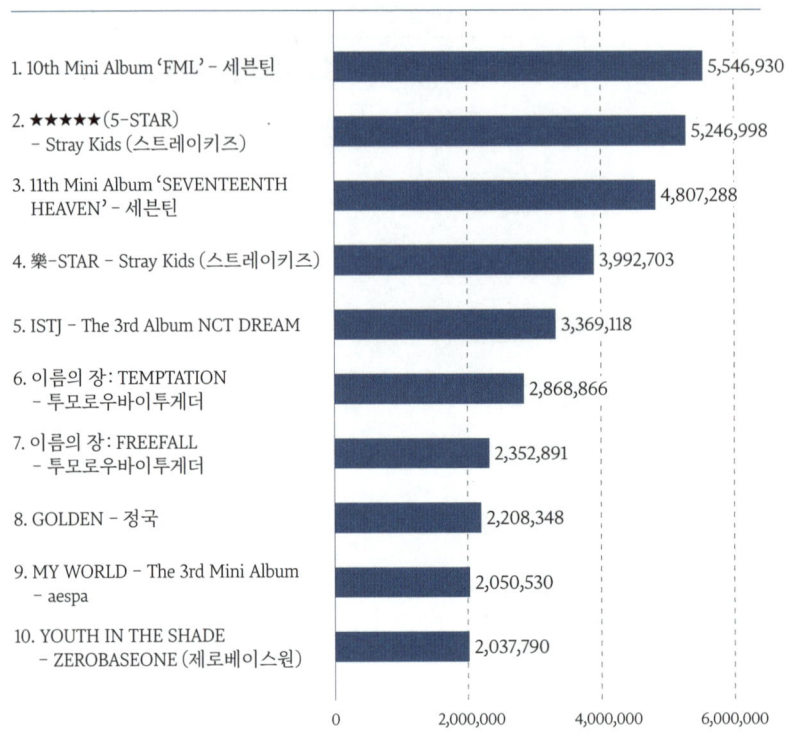

* 출처 : 써클차트/김진우

두 빌보드 200의 2위에 오르기도 했다. 또한 스트레이 키즈는 2023년 발매한 음반으로 테일러 스위프트(Taylor Swift)에 이어 미국 내 실물 CD 앨범 판매량 2위를 기록하며 미국 내에서만 한 해 100만 장에 가까운 누적 판매고를 올렸다(김건우, 2024. 1. 12.). 그 외에 뉴진스, 아이브, 에스파, 트와이스 등 케이팝 여성 그룹 역시 많은 실물 음반 판매량을 기록했는데, 특히 뉴진스는 2023년 누적 실물 음반 판매량에서 5위를 기록하며 여성 그룹 중 가장 높은 순위에 올랐다(그림 8 참조).

세븐틴과 스트레이 키즈의 사례에서 확인할 수 있는 것처럼, 2023년 실물 앨범 판매량의 증가는 글로벌 케이팝 시장의 변화, 즉 일본과 중국을 포함한 동아시아 중심의 기존 음악 한류 시장이 북미와 서유럽으로 확대된 것과 깊은 관련이 있다. 실제로 2023년에는 전 세계 음악 시장 규모에서 항상 10위 내에 위치하는 독일이나 프랑스, 영국, 캐나다 등이 한국 음악산업 수출 대상국 10위권 안으로 진입했다(김진우, 2023). 이는 2010년대 중반부터 정부 관계 기관과 국내 음악산업이 목표로 해 왔던 동아시아 시장 의존도 감소와 음악 시장 다변화 전략이 성공적으로 진행되고 있음을 보여준다. 그러나 지금까지 음악 한류의 중요한 시장이었던 중국에서 2013년 하반기부터 케이팝 음반 판매량이 매우 감소하면서, 일부에서는 이것이 음악 한류에 악재가 될 수도 있다고 우려하고 있다(그림 10 참조).

그림 10 2023년 6~10월 사이 케이팝 앨범 대중국 수출액 변화　　(단위 : 달러)

* ( )는 전년 동기 대비 비율.
* 출처 :《아시아경제》/문지원

3. 음악 한류 주요 진출국 및 진출 경로

1) 음악 한류 권역별 진출 현황

실물 음반 수출액은 음악 한류의 현황을 가장 쉽고 빠르게 살펴볼 수 있는 통계 자료 중 하나다. 2023년 한국 음반 수출액은 2억 7,025만 달러(약 3,496억 원)로, 2022년 2억 3,139만 달러(약 2,992억 원)보다 17% 증가했다(이은영, 2024. 1. 9.). 수출 대상 국가 중 가장 많은 수출이 이루어진 곳은 일본으로 전년 대비 37.6% 상승한 약 1,496억 원을 기록했다. 이는 총수출액의 약 42.8% 비중으로, 음악 한류 권역에서 일본이 여전히 높은 비중을 차지하고 있음을 보여주는 수치이다.

2022년과 비교해서 가장 눈에 띄는 부분은 미국으로의 수출량이 큰 폭으로 증가했지만, 중국으로의 수출량이 큰 폭으로 하락했다는 점이다. 2023년 1~11월 대미(對美) 음반 수출액은 5,900만 달러(약 763억 원)로, 전년보다 약 52% 늘었다. 그러나 중국 수출액은 5,133만 달러(약 664억 원)에서 반 이상 줄어든 2,551만 달러(약 330억 원)에 그쳤다. 이를 통해 2023년은 음악 한류가 동아시아에서 더욱 넓은 권역으로 확산하는 경향이 더욱 분명해진 한 해였음을 확인할 수 있다.

국내 음악산업의 주요 국가·대륙별, 연도별 수출액 현황을 살펴보면, 전 지역으로의 수출액이 증가했으며 특히 북미와 유럽, 기타 지역으로의 수출액이 큰 폭으로 증가했음을 확인할 수 있다. 반면 과거 70%에 가까운 비중을 차지했던 중화권 및 일본의 비중은 줄어 처음으로 60% 미만을 기록하였다.

표 4 2023년 음반 수출 현황(1~11월) (단위: 억 원, %)

구분	2022년	2023년	2023년 비중	전년 대비 증감률
일본	1,087	1,496	42.8	37.6
중국	664	330	9.4	-50.0
미국	503	763	21.8	52.0
기타	738	907	26.0	22.9
합계	2,992	3,496	100.0	17

* 출처: 이은영(2024. 1. 9.)을 바탕으로 재구성.

표 5 음악산업 지역별 수출액 현황 (단위: 천 달러, %)

구분	2020년	2021년	2022년	비중	전년 대비 비중 증감률	연평균 증감률
중화권	114,717	146,142	163,139	17.6	11.6	19.3
일본	320,126	310,503	361,809	39.0	16.5	6.3
동남아	122,813	140,569	147,074	15.9	4.6	9.4
북미	86,723	114,094	135,787	14.6	19.0	25.1
유럽	21,230	34,406	38,726	4.2	12.6	35.1
기타	14,024	29,559	81,079	8.7	174.3	140.4
합계	679,633	775,274	927,613	100.0	19.6	

* 출처: 문화체육관광부(2024). 「2022 기준 콘텐츠산업조사」, 128쪽.

2) 음악 한류 진출 방식

음악 한류는 크게 음악 콘텐츠 소비와 가수의 패션과 이미지 등에 대한 소비로 이루어진다. 해외 수용자들은 한국 음악을 좋아하는 이유로 크게 중독성 있는 멜로디와 리듬 등 음악적인 요소의 훌륭함, 뛰어난 외모와 패션 등 가수들의 외적인 매력, 화려하고 훌륭한 퍼포먼스, 자국에서 볼 수 없는 독자적인 스타일을 꼽았다(표 6 참조). 흥미로운 것은 아시아 태평양 외의 다른 권역에서는 모두 한국 음악의 독자적인 스타일을 인기 요인으로 많이 언급했다는 점이다. 이는 문화적 근접성이 높고 국내 문화콘텐츠를 소비해 온 기간이 상대적으로 긴 아시아 지역에서는 한국 음악과 한국 문화 자체의 특성에 집중하는 반면, 그 외 지역에서는 자국 음악 및 글로벌 음악과 한국 음악의 '다름'에 더욱 주목한다는 것을 보여준다.

표 6 음악 한류 인기 요인[3] (단위 : %)

구분	가수들의 외적인 매력(외모, 패션, 스타일, 콘셉트 등)	독자적인 스타일	퍼포먼스의 훌륭함	뛰어난 음악적 요소 (멜로디, 리듬 등)
아시아 태평양	34.8	(Top 3에 없음)	23.8	27.6
미주	(Top 3에 없음)	30.3	12.7	29.8
유럽	23.2	27.8	(Top 3에 없음)	32.6
중동	24.9	22.4	27.8	(Top 3에 없음)
아프리카	28.5	30.0	24.1	(Top 3에 없음)

* 출처 : 한국국제문화교류진흥원(2023), 「2023 해외한류실태조사」, 76~85쪽 내용을 토대로 재구성.

4. 음악 한류 전망

1) 케이팝 위기론

음반 판매량과 수출액, 해외 차트에서의 성적, 공연 관객 동원, 해외

[3] 1, 2 순위 중복 응답

평단의 주목과 호평, 글로벌 소셜 미디어와 기타 미디어 플랫폼에서의 인기 등 여러 가지 요소를 종합적으로 고려해 볼 때, 현재 한국 음악이 세계 음악산업 내에서 그 어느 때보다도 큰 흐름을 만들어 내고 있는 것은 분명하다. 1990년대 후반 동아시아를 중심으로 시작된 이 흐름은 〈강남스타일〉의 성공 이후 그 바깥으로 확대됐으며, 방탄소년단은 이를 더욱 증폭시켰다. 한국 음악에 대한 관심은 한국 드라마, 영화, 버라이어티 쇼 등 다양한 문화콘텐츠에 대한 관심으로 이어졌으며, 최근에는 한국 문화와 관련된 것이라면 일단 글로벌 수용자들이 관심을 가지고 지켜보는 수준까지 진화했다. 게다가 최근 2~3년 사이에는 〈미나리〉나 〈파친코〉, 〈성난 사람들〉 등과 같이 한국계 이민자를 다룬 해외 작품이 제작돼 좋은 반응을 얻고 있다. 이는 '한국 문화'라는 브랜드 자체가 글로벌 수용자들 사이에서 흥미롭고 매력적인 것으로 여겨지고 있음을 보여주며, 이러한 변화가 케이팝과 한국 음악의 세계적 성공에서 비롯됐음은 의심의 여지가 없다.

그런데 케이팝을 중심으로 한 한국 음악이 해외 시장에서 절정의 인기를 누리고 있는 이 시점에서, 업계 관계자들을 중심으로 '케이팝 위기론'이 제기되고 있다. 방탄소년단과 뉴진스, 세븐틴, 르세라핌 등 현재 최고의 인기를 누리고 있는 케이팝 그룹들의 소속사인 하이브의 방시혁 의장도 같은 의견을 피력하고 있다.

2023년 초반부터 방시혁 의장은 미디어 인터뷰와 공개 강연, TV 프로그램 출연 등 여러 경로를 통해서 '케이팝의 성장이 둔화하고 있으며 위기가 오고 있기 때문에, 지금은 큰 성공에 취해 있기보다는 경각심을 가져야 하는 시기'라고 계속해서 주장해 왔다. 그는 '현재 케이팝 성공의 크기는 방탄소년단의 예외적인 성공으로 인해

그림 11 '케이팝 위기론'을 이야기하는 방시혁과 박진영

* 출처: 〈tvN〉〈유퀴즈 온 더 블럭〉 127회

과장된 것'이며, 케이팝이 '충성도 높은 팬덤에 대한 의존도가 심한 대신 일반적인 팬을 확보하지 못해 확장성이 떨어지고', '케이(K), 즉 한국 정체성을 지나치게 고수하고 있어 보편성이 떨어진다'고 설명한다. 그는 이런 점들을 극복해야 케이팝이 지속성을 가질 수 있다고 주장한다(윤수정, 2023. 3. 15.; 서병기, 2023. 11. 3.; 이선희·정주원, 2023. 11. 7.).

방시혁 의장과 몇몇 업계 관계자들이 제기하는 케이팝 위기론에 동의하는 이들은, 방탄소년단이 케이팝과 한국 음악의 세계적 성공에 차지하는 비중이 워낙 크고 중요하기 때문에 이들의 활동 중단은 산업과 음악 한류 전반에 큰 타격을 줄 수밖에 없다는 사실에 주목한다. 더불어 음악 한류에서 큰 비중을 차지했던 중국에 대한 앨범 수출액이 규제와 경기 불황 등으로 인해 많이 감소한 부분도 케이팝 위기론을 뒷받침하는 근거다. 실제로 2023년 6월부터 10월까지 중

국에 대한 앨범 수출액은 전년 동월 대비 95% 이상 감소했으며, 이로 인해 대형 기획사의 주가가 하락하기도 했다(송은경, 2023. 11. 20.). 또한 방탄소년단 이후 케이팝을 이끌어야 하는 새로운 세대의 남성 그룹들이 대중적인 히트곡을 만들어 내지 못하고 있는 점도 케이팝의 성장이 한계에 봉착했다는 근거로 자주 제시된다. 2023년 음악 한류를 이끌었던 그룹은 세븐틴(2015년 데뷔), 엔시티 드림(2016년 데뷔), 스트레이 키즈(2018년 데뷔) 등 2010년대 중반 데뷔한 방탄소년단과 같은 세대에 속한다. 반면 그 이후 데뷔한 투모로우바이투게더(2019년 데뷔)나 엔하이픈(2020년 데뷔), 제로베이스원(2023년 데뷔) 등이 분전하고 있음에도 열성 팬덤 외에 대중적인 인기가 상대적으로 높지 않다는 점은 케이팝이 소위 '라이트 팬'[4] 형성에 실패한 것 아니냐는 우려를 자아내고 있다.

그러나 케이팝 위기론에 대한 반론도 존재한다. 우선 방탄소년단이 활동 중단과 군 복무로 앨범 발매나 공연 등 그룹으로서 적극적인 수익 활동을 거의 하지 않았던 2022년과 2023년에도 음악 한류는 꾸준히 성장했는데, 이는 방탄소년단의 거대한 팬덤이 케이팝 소비를 멈춘 것이 아니라 다른 케이팝 가수에 대한 소비로 나아갔음을 보여주는 증거가 될 수 있다. 더불어 뉴진스, 아이브, 르세라핌을 필두로 2020년대 이후 등장한 새로운 여성 그룹들이 빠르게 자리 잡으며 케이팝 세대교체를 이루어 가고 있다는 점, 이들이 애플이나 코카콜라와 같은 세계적 대기업의 글로벌 광고 모델로 발탁되는 등 대중과 유리(遊離)되지 않고 친숙한 이미지를 구축하고 있다는 점 등은 케

---

[4] 음악 관련 콘텐츠를 가볍고 일상적으로 소비하는 팬.

이팝이 새로운 시대로 자연스럽게 넘어가고 있음을 보여준다. 또한 중국에서의 앨범 판매 부진에도 불구하고 일본, 미국, 유럽 등지에서 케이팝이 성장하면서 그 부분을 성공적으로 메우고 있는 것 역시 긍정적으로 평가할 만한 점이다. 이는 케이팝이 1, 2, 3세대를 거쳐 4세대로 진화하면서 동아시아 바깥으로 활동 범위를 적극적으로 넓히고 시장 다양성을 확보하고자 한 국내 음악산업의 전략이 성공을 거둬 음악 한류의 체질 개선이 이루어지고 있는 것으로도 해석할 수 있다(김진우, 2023).

더불어 방시혁 의장 등이 제기한 케이팝의 위기는 케이팝 업계가 자초한 것이라는 비판적인 시각도 있다. '케이팝 위기의 근간은 강렬한 팬덤의 소비에 대한 지나친 의존도 때문'이라는 방시혁 의장의 주장이 틀린 것은 아닐지라도, 충성도 높은 팬덤의 더 많은 소비를 부추기면서 일반적인 팬의 접근성을 떨어뜨린 주체가 바로 하이브를 비롯한 케이팝 업계라는 지적이다. 팬 사인회 응모나 각기 다른 형태의 실물 음반 발매, 무작위 포토 카드 및 사진첩 삽입을 통해 음반 다량 구매를 유도하는 케이팝 기획사의 마케팅 전략은 갈수록 심화하고 있다. 가령 2024년 2월에 발매된 하이브 소속 르세라핌의 EP 《Easy》 실물 음반은 무려 10가지의 다른 버전으로 판매됐는데, 버전마다 무작위로 들어 있는 포토 카드와 엽서, 스티커 등을 고려하면 실제로는 수십 가지의 버전이 존재한다고 할 수 있다. 또한 실물 음반을 사면 팬 사인회 응모권이 주어졌기 때문에 당첨 확률을 높이기 위해 수십 장에서 백 장 이상의 실물 음반을 구매해야 한다는 것은 팬들 사이에서 공공연한 사실로 여겨진다. 게다가 가수들의 콘서트 표 가격도 꾸준히 오르고 있다. 가령 2019년 방탄소년단 잠실 콘서트

가격이 전석 11만 원이었던 것에 비해 2022년 3월 잠실 콘서트 가격은 일반석 16만 5,000원, VIP석 22만 원으로 큰 폭으로 올랐다. 이는 인기가 있을 때 최대한 빨리 많은 수익을 챙기겠다는 태도로, 열성적이지는 않은 일반 팬들의 접근성을 떨어트릴 뿐만 아니라 지속성을 고려하지 않고 한철 장사하듯 충성도 높은 팬덤의 '등골을 빼먹는' 행태라는 비판을 받는다(이선명, 2023. 11. 2.).

그림 12 2023년 르세라핌 팬 사인회

* 출처 : iKkura Pro 유튜브 채널(@iKkura Pro)

현재 케이팝이 인기 절정임에도 불구하고 여기에 안주하지 말고 성장 한계점을 살펴야 한다는 케이팝 위기론은 어느 정도 귀담아 들을 가치가 있는 경고임은 분명하다. 그러나 이 위기론의 실체가 지금까지 지속성을 크게 고려하지 않았던 하이브 혹은 몇몇 기획사의 수익 모델이 한계에 부딪혔다는 경영학적 분석의 결과인지, 혹은 다소 자극적일 수 있는 '위기'라는 용어의 사용을 통해 내외부적으로 경각심을 고취하려는 전략적인 발언인지에 대해서는 더욱 냉정하게 분석할 필요가 있다. 더불어 실제로 케이팝이 위기에 처했다면 그러한 위기를 불러온 주체가 누구인지, 그리고 과연 그것을 해결하기 위해 노력하고 있는지에 대한 비판적인 사고도 요구된다.

2) 갈등하는 케이, 팝: 케이와 팝의 분리 혹은 지속적인 결합

방탄소년단의 메인 보컬 정국이 2023년 발매한 첫 솔로 정규 앨범 《Golden》은 2023년 솔로 앨범 중 가장 성공한 작품이다. 이 앨범은 무려 240만 장 이상 판매됐고, 수록곡 〈Seven〉, 〈3D〉, 〈Standing Next to You〉는 모두 빌보드 싱글 차트 핫 100의 5위 안에 진입하며 큰 인기를 누렸다.

그림 13 정국의 첫 솔로 정규 앨범 《Golden》

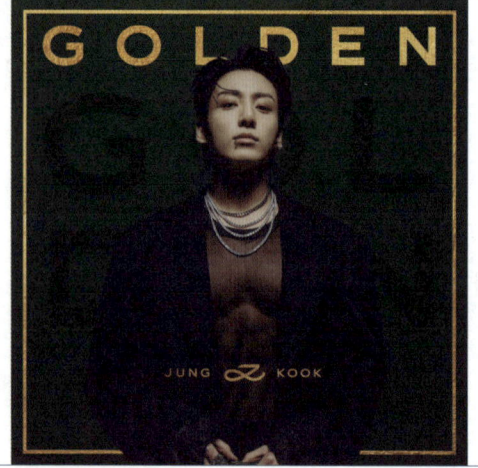

* 출처: 빅히트

그런데 정국의 앨범 《Golden》은 알엠(RM), 지민, 슈가[5] 등 다른 방탄소년단 멤버의 솔로 앨범과는 다른 접근법을 취하고 있다. 에드 시런(Ed Sheeran), 숀 멘데스(Shawn Mendes), 메이저 레이저(Major Lazer) 등 국내 음악인이 아닌 해외 글로벌 팝 스타들과 적극적으로 협업했으며, 심지어 수록곡 11곡 전곡의 가사가 영어이다. 실제로 히트곡 〈Seven〉이나 〈Standing Next to You〉 등은 가수의 정보를 모른 채 듣는다면 케이팝보다는 팝 음악으로 느껴진다.

정국뿐만이 아니다. 방탄소년단이 〈Dynamite〉와 〈Butter〉 등 영어 노래로 큰 히트를 기록하고 케이팝이 한국과 동아시아를 넘어 전 세계를 대상으로 하는 음악이 되면서, 2020년대 들어 더 많은 가수가 영어로 노래를 제작하고 있다(그림 14 참조). 더불어 케이팝뿐만 아니라 힙합, R&B, 인디 록 등 최근 해외 수용자들로부터 주목받고 있

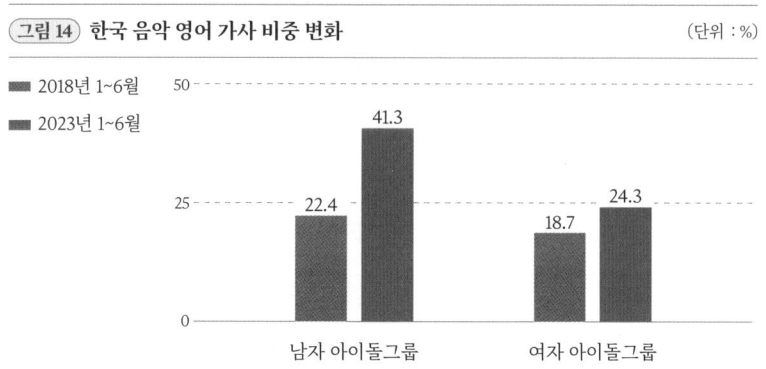

그림 14 한국 음악 영어 가사 비중 변화 (단위 : %)

+ 집계 대상 : 2018, 2023년 상반기 써클차트 톱400에 오른 아이돌그룹 곡(전체 영어 가사 곡 세외).
* 출처 : 《한국일보》/신동준

---

[5] 솔로 활동 시 '어거스트 디(Agust D)'라는 다른 이름을 사용한다.

는 장르의 가수 중에서도 영어로만 노래하는 이들이 늘었다. 앞에서 언급한 국내 인디 록밴드 웨이브 투 어스나 세이수미 역시 대부분의 가사가 영어로 돼 있다. 이러한 경향은 미국과 서양 시장의 의존도가 높아지면서 점차 심화하는 추세다.

이는 앞서 언급한 '케이팝 위기론'과도 연결된다. 기획사와 가수들은 더욱 폭넓은 해외 수용자에게 다가가고자 영어 가사를 사용해서 케이팝과 한국 음악의 한국적인 특징(Korean-ness, 혹은 한국성[韓國性])을 희석하고 글로벌 보편성을 강조한다. 일반적으로 대중음악은 다양한 문화콘텐츠 중에서도 형식적인 측면에서 가장 세계화가 잘 이루어진 분야 중 하나이다. 록, 힙합, R&B, 전자 음악, 팝 발라드, 재즈 등의 장르 형식은 전 세계 대중음악 산업이 공유하는 창작 기반이라는 것이다. 이러한 보편적인 음악 형식에 특정한 국적을 부여하는 가장 중요한 요소 가운데 하나가 바로 언어이다(이규탁, 2020). 가령 똑같은 전자 댄스 음악이라고 해도, 가사가 한국어로 돼 있으면 듣는 이들은 그것을 '한국 음악'으로 규정하게 된다. 따라서 케이팝이나 한국 음악이 한국어가 아닌 영어 가사로 만들어질 경우, 한국 음악으로서의 지역성보다는 글로벌 팝 음악으로서의 보편성이 더욱 강화되는 결과를 낳는다. '케이팝에서 케이를 떼어야 한다'는 방시혁 의장 및 일부 업계 내부자들의 주장도 결국 케이팝을 '팝'에 더 가깝게 만들어야 한다는 주장이라고 할 수 있다.

정국의 사례에서 보듯 영어 가사의 사용은 분명 보편성과 접근성을 강화할 수 있는 전략 중 하나이다. 그러나 여전히 아시아 권역을 제외한 대부분 지역에서 한국 음악의 인기 요인으로 '자국에서 볼 수 없는 독자적인 스타일'을 꼽고 있는 상황에서, 케이팝과 한국 음악에 특별한 개성을 부여한 한국성을 섣불리 포기하고 글로벌 보편성을 강화하는 것이 과연 효과적인 전략인지에 관해서는 좀 더 차분한 고찰이 필요하다.

일례로 1990년대에 전성기를 누리며 동아시아를 중심으로 국제적인 인기를 누렸던 다수의 일본 제이팝 가수들은 해외 진출을 위해 일본색을 지우고자 영미 팝 스타일의 영어 음반을 발매했지만, 글로벌 팝 음악과의 차별화에 실패하며 결국 성공하지 못했다. 반면 최근 미국과 글로벌 수용자들에게 주목받고 있는 일본 가수 요아소비의 노래가 영어가 아닌 일본어 노래라는 점은 비영어·비서양 음악에 대해 글로벌 수용자들이 원하는 것이 무엇인지를 잘 보여준다. 이는 라틴 팝이나 아프로비츠(Afrobeats)[6] 등 최근 인기 있는 비영어·비서양 음악 장르에서도 마찬가지인데, 이들 장르는 지역성을 바탕으로 한 영미 팝 음악과의 '다름'을 무기로 글로벌 수용자들의 사랑을 받고 있다(양승준, 2023. 11. 1.). 더군다나 한국어 가사에 담긴 한국 음악 특유의 서사나 메시지 등이 영어 가사 곡에서는 찾아보기 어렵다는 점은 케이팝과 한국 음악만이 가지고 있던 개성과 강점을 스스로 포기하는 결과마저 낳을 수 있다.

이에 대해 방탄소년단 현상을 연구해 온 이지행 교수는 '케이팝에서 케이를 떼어 냄으로써 추구하는 보편성은 결국 서구적 보편을 의미한다'고 지적한다(이지행, 2024. 1. 12.). 즉 케이팝을 주류 영미 음악과 비슷하게 만들면서 비영어·비서양 음악이 태생적으로 지니는 하위문화, 주변 문화, 혹은 대안 문화로서의 성격이 희석되고 '서구화

---

6   서아프리카 음악에 재즈, 펑크(funk) 등이 뒤섞인 장르로, 2020년대 초반부터 국제적인 유행을 타고 있다.

(westernization)'된다는 것이다. 하지만 이 교수의 지적에서 알 수 있듯, 케이팝을 지금의 위치로 끌어 올린 케이팝 팬덤의 유별난 충성도와 적극적인 활동은 결국 케이팝과 케이팝을 좋아하는 '우리'가 주류와는 다르다는 인식을 바탕으로 한 것이다. 따라서 케이팝에서 '케이'를 떼고 팝으로 만드는 것은, 케이팝이 단순한 음악을 넘어 전 세계의 시대와 세대를 대표하는 하나의 문화 스타일로서 갖고 있던 상징적인 가치를 포기하는 일이 될 수도 있다. 이는 산업적으로나 문화적으로나 모두 득과 실이 공존하는 일로서, 더욱 신중한 접근이 요구된다.

(4)
공연 한류

(국제적 관심과 수요를 바탕으로 한
시장 중심의 공연예술 확산)

(이수정
DMZ피스트레인뮤직페스티벌 예술감독·알프스 기획이사)

코로나19 팬데믹 시기부터 지금까지 한국 문화는 해외로부터 유례없는 주목을 받고 있다. 2019년 BTS가 전성기를 맞으며 케이팝은 팬데믹 기간에도 디지털 매체를 통해 시장을 확장했다. 이어 영화 〈기생충〉, 드라마 〈오징어 게임〉이 세계적으로 작품성을 인정받았고 흥행에도 성공했다. 이들 콘텐츠의 국제적 성과로 해외 한국 문화콘텐츠 소비자층은 일부 비주류 장르의 마니아나 친한파 외국인을 넘어 보편적인 문화를 소비하는 층으로까지 확산했다. 지표에서도 대한민국의 국가 브랜드 가치는 2019년 이후 두드러진 성적을 나타내기 시작했다. 영국 컨설팅업체 브랜드 파이낸스(Brand Finance)가 매년 발표하는 '글로벌 소프트 파워 지수'[1]에 따르면, 2019년 한국은 역대 최고 순위인 19위를 기록했다. 이후 2020년에는 14위, 2021년 11위, 2022년 12위로 가파른 상승 곡선을 그렸다. 이 덕분에 한국과 수도인 서울은 세계 대중문화 시장이 가장 주목하는 장소가 됐고, 문화산업 전반에서도 '한국산' 작품은 현지 대중에게 소구할 수 있는 잠재력을 가진 것으로 여겨지기 시작했다. 한국이라는 이유만으로 수요가 보장된 시기가 열린 것이다.

1. 공연 한류의 현황

1) 국내 공연 시장 현황

2023년 공연계는 2022년까지 이어졌던 코로나19 팬데믹의 여파를

---

[1] https://brandirectory.com/softpower

뒤로하고 화려한 부활을 알렸다. 국내 시장만 보더라도 2023년 공연 티켓 판매액은 약 1조 2,697억원으로 전년 대비 23.5%가 증가하며 역대 최고치를 경신했다. 예술경영지원센터에서 발간한「2023 공연시장 티켓판매 현황 분석 보고서」에 따르면 2023년 공연예술 시장 규모를 판단할 수 있는 자료인 공연 건수 및 회차, 티켓 예매 수, 티켓 판매액을 분석한 결과 모든 항목이 전년 대비 낮게는 3.5%(대중예술 제외 공연 1건당 평균 티켓 판매액), 높게는 42%(대중예술 공연 회차) 증가한 모습을 보였다. 다만 전반적으로 긍정적인 지표를 보여주고 있음에도 장르별로 비교했을 때 양극화가 일어나고 있음을 알 수 있다.

먼저 공연 전체에서 티켓 판매액의 48.9%가 대중예술에서 발생했다. 대중예술에는 대중음악, 대중무용, 서커스/마술이 포함돼 있는데, 그중 대중음악이 45.4%로 절대적인 비중을 차지한다. 대중예술에 포함되지 않았지만 상업 콘텐츠에 가까운 뮤지컬의 비중(36.2%)까지 포함하면, 수요 기반의 공연 장르에서 발생한 티켓 판매 매출은 전체의 81.6%를 차지했다. 각 장르의 티켓 판매 매출을 점유율로 따지자면 대중음악과 뮤지컬에 이어 서양음악(클래식)이 전체의 7.9%를 차지했으며, 그다음으로는 연극 5.0%, 대중무용 및 서커스/마술 3.5%, 무용(서양/한국) 1.5%, 한국 음악(국악) 0.4%, 복합 0.3%로 나타났다. 흥미로운 것은 공연 회차와 회당 티켓 판매 수, 티켓 판매액이 비례하지 않는다는 점이다. 예를 들어 연극 분야의 경우 공연 회차는 42.3%로 가장 많았지만, 티켓 예매 수는 전체의 12.9%, 매출액은 겨우 5%의 점유율을 보였다. 이를 분석해 보면 회당 티켓 매수가 적으므로 공연장의 규모가 작으며 회당 관람료도 대중음악, 뮤지컬, 서양음악 공연에 비해 낮은 편임을 알 수 있다. 반면 대중음악은 공연 회차에서 5.1%를 차지했으나 티켓 예매 수가 24.6%, 티켓 판매액이 45.4%의 점유율을 보이며 회차당 평균 관람객 수가 타 장르에 비해 많았고 관람료 또한 상대적으로 높았다(예술경영지원센터, 2024).

그림 1 2023년 공연 장르별 공연 회차, 티켓 예매 수, 티켓 판매액 점유율 (단위 : %)

* 출처 : 예술경영지원센터 (2024), 「2023 공연시장 티켓판매 현황 분석 보고서」, 5쪽에서 재구성.

실제로 위의 자료에서 산출한 회당 평균 관람료를 들여다보면, 대중음악 공연의 티켓 1매의 평균 가격은 111,775원이고 한국 음악(국악)의 관람료는 11,427원으로 약 10배의 차이가 나는 것으로 나타났다.

표1 **2023년 공연예술 장르별 티켓 1매당 평균 가격** (단위 : 원)

구분	대중음악	뮤지컬	서양음악	연극	무용	한국음악
1매당 평균 티켓 판매액	111,775	56,998	32,411	23,238	31,880	11,427

* 출처 : 예술경영지원센터 (2024). 「2023 공연시장 티켓판매 현황 분석 보고서」, 12쪽, 15쪽, 19쪽, 23쪽, 27쪽, 31쪽에서 재구성.

위의 수치는 공연예술 시장성의 장르별 양극화를 보여준다. 대형 공연이 많은 일부 대중음악과 뮤지컬을 제외하고, 작은 규모에서 공연을 만들고 판매할 수밖에 없는 대부분의 장르는 모두 합쳐도 매출이 전체 공연 시장의 20% 수준밖에 되지 않는다. 한국에서 개최되는 공연의 60%가 이 장르들임에도 말이다. 이는 공연을 만드는 제작사와 아티스트뿐만 아니라 가치사슬 내 여러 직군이 먹고 살기 어려운 현실에 놓여있으며, 2023년 공연예술의 산업 생태계가 건강한 상태가 아님을 방증한다.

2) 세계 공연 시장 현황

2023년에는 국내뿐만 아니라 해외 공연 시장도 유례없는 성장을 기록했다. 공연예술 장르 중 가장 고도화된 산업 구조를 가진 음악공연 시장을 먼저 들여다보면, 2023년 세계 음악공연 시장 규모는 589억 달러(약 78조원)를 기록한 것으로 추정된다. 미국의 리서치 기업 코그니티브 마켓 리서치(Cognitive Market Research)에 따르면, 음악공연 시장은 2030년까지 연평균 6.2% 성장률로 성장할 것으로 보인다. 음악공연 시장을 선도하는 지역은 유럽으로, 세계 음악공연 시장에서 가장 큰 매출 점유율을 차지한다. 또한 아시아 태평양 지역은 향후 세계 음악공연 시장에서 빠르게 성장할 지역으로 전망된다(Raje, 2023). 엔터테인먼트와 미디어(E&M) 산업의 관점에서도 공연은 주요 성장 분야로 주목받는다. 영국의 회계 및 컨설팅 기업 PwC가 발표한 자료에 따르면, 코로나19 팬데믹 시기가 마무리된 후 라이브 이벤트 분야는 엔터테인먼트와 미디어 업계 전반의 성장률을 능가했다. 단체 관람 형식을 기반으로 하는 라이브 이벤트 분야는 스포츠, 라이브 음악 및 문화 행사, 영화관 관람을 포함하는데, 라이브 음악 분야는 대형 아티스트의 콘서트 투어가 활발하게 이루어지며 업계 전반의 성장을 이끌었다(PwC, 2023).

공연예술 전반에서도 2023년은 큰 성장을 기록한 한 해였다. 시장 조사 기업 모더 인텔리전스(Mordor Intelligence)가 추정한 2023년 공연예술 시장은 415억 달러(약 55조원)로, 6.1%의 성장률을 기록했다. 주목할 만한 점은 라이브 엔터테인먼트에 대한 수요가 전반적으로 증가했다는 것이다. 다양한 규모의 주체가 활동하고 있는 공연예술 시장은 매우 세분화돼 있으며, 장르와 지역, 공연장 규모, 티켓 가격 등에 따라 시장의 현황을 진단할 수 있다. 예를 들어 공연계의 매출을 이끄는 주체는 여러 공연장을 소유하고 대규모 프로젝트를 제작하는 대형 엔터테인먼트 기업으로, 월트 디즈니 컴퍼니, 라이브 네이션 엔터테인먼트, 태양의 서커스 등이 포함된다. 음악공연과 마찬가지로 공연예술 전반에서도 아시아 지역은 급성장하는 신흥 시장으로 주목된다. 아시아 국가의 각 정부는 문화관광 및 경제 발전 촉진을 위해 자금을 투자하고 있으며, 아시아의 예술가와 공연자들이 세계 시장에 더 많이 노출되면서 새로운 관객을 유치할 것으로 전망된다(Mordor Intelligence, 2023).

낙관적인 전망에도 불구하고 우려할 부분도 있다. 공연예술이 성장할 수 있었던 주요 요인 중 하나는 티켓 가격의 인상이었다. 코로나19 팬데믹 이후 재정비된 공연 시장에서 제작과 관련한 비용이 치솟았고, 공연 기획사나 제작자는 리스크를 줄이기 위해 판매가 보증된 아티스트와 작품의 공연을 주로 선택했다. 음악공연에서도 떠오르는 신진 아티스트보다는 1960년대부터 2000년대까지 활동했으며 히트곡과 넓은 팬층을 보유한 레거시 아티스트(legacy artist)의 컴백 공연이 많았다. 음악공연의 매출을 견인한 것도 대형 아티스트의 다회 공연이었다. 이런 현상은 2022년에 이어 심화한 것으로 보이는데, 이를 통해 음악적 성취나 미래의 가능성보다 이미 예측할 수 있는 수요를 기반으로 국내 아티스트 및 작품의 해외 진출이 이루어졌음을 유추할 수 있다.

3) 공연예술 해외 진출 현황 분석

전 세계 공연계에서 활약한 한국 공연예술의 해외 진출 현황은 다음과 같다. 먼저 2022년과 마찬가지로 연극, 무용, 전통, 다원 분야에 걸친 국내 공연예술 작품의 해외 진출 현황은 기관의 해외 진출 지원 사업 결과를 통해 파악할 수 있다.

국내 공연예술의 해외 진출을 지원하는 대표 사업인 예술경영지원센터의 '센터스테이지코리아'와 문화예술위원회의 '문화예술진흥기금 공모 국제교류 부문'을 살펴본 결과, 사업에 선정된 건은 총 66건으로 2022년보다 13건이 많았다. 장르 중에서는 전통예술 공

표 2 2023년 해외 진출 지원 기금 선정 사업 목록

	구분	단체명	장르	지원기관	내용
1	민간	극단 죽도록 달린다	뮤지컬	아르코	뮤지컬 〈오이디푸스〉
2	민간	버블드래곤	연극	아르코	International Puppet Theatre Festival 초청 및 개막공연
3	민간	허 프로젝트 (HER Project)	무용	아르코	〈시간과 시간 사이〉 벨기에 Autumn Festival 초청공연
4	민간	이영호	다원	아르코	공연 〈수직〉 프랑스 살롱거리극축제 초청
5	민간	극단서울공장	연극	아르코	폴란드 인랜디멘션 국제예술축제 초청
6	민간	사단법인 문화 프로덕션 도모	연극	아르코	동유럽 몰도바 국립 유진이오네스크 극장 초청공연 BITEI (Bienala Teatrului Eugene Lonesco) – 〈하녀들〉
7	민간	김세연	무용	아르코	스페인 왕립 무용원 초청 안무 〈콘써토 5〉
8	민간	와이즈발레단	무용	아르코	몽골국립발레단의 와이즈발레단 초청
9	민간	박성미	전통	아르코	〈언어의 장벽을 넘어 신과 세계의 만남〉 프랑스 Festival du Chanmaism 초청공연
10	민간	박하진	다원	아르코	Turbulence Studies
11	민간	코끼리들이 웃는다	다원	아르코	이탈리아 올랜드 축제 초청공연 '몸의 윤리 Bodies in the dark'
12	민간	신노이	전통	예경	폴란드 ZAMEK 문화센터
13	민간	첼로가야금	전통	예경	폴란드 ZAMEK 문화센터
14	민간	그레이바이실버	전통	예경	체코 Colours of Ostrava
15	민간	그루브앤드	전통	예경	체코 Colours of Ostrava
16	민간	오헬렌	음악	예경	체코 Colours of Ostrava
17	민간	극단 서울공장	연극	예경	폴란드 Inlana Dimensions International Arts Festival
18	민간	프로젝트 내친 김에	연극	예경	폴란드 Inlana Dimensions International Arts Festival
19	민간	표상만	무용	예경	프랑스 SOUM International Dance Festival
20	민간	김수정	무용	예경	프랑스 SOUM International Dance Festival
21	민간	모므로 움직임 연구소	무용	예경	프랑스 SOUM International Dance Festival

	구분	단체명	장르	지원기관	내용
22	민간-협력	문화공작소 상상마루	연극	아르코	한국-베트남 〈가족뮤지컬 워크숍 및 쇼케이스〉
23	민간-협력	코리아 댄스 어브로드	무용	아르코	모노탄츠 서울_헝가리 Bethlen Teri Theater Pro Progressione 협업
24	민간-협력	이수빈	음악	아르코	프로젝트 1.5C&34.7F
25	민간-협력	김혜림	전통	아르코	스칸디국악_재즈덴마크 협업
26	민간-협력	왓와이아트	전통	아르코	Trembling (떨림)_칼라이도스코프(독일)X왓와이아트(한국)공동제작 작품 리서치, 워크숍, 쇼케이스
27	민간-협력	놀 플러스(놀+)	다원	아르코	독일 프로젝트 YELLOW BANANA 협업
28	민간-협력	빈 프로젝트	다원	아르코	경계에 대한 시뮬레이션_멕시코 해카톰베 협업
29	민간-협력	코드 세시	다원	아르코	한국 캐나다 co.de.lab.CIRC 프로젝트 Outlane Performance 협업
30	쇼케이스	정다슬파운데이션	무용	예경	홍콩 City Contemporary Dance Festival
31	쇼케이스	고니아	전통	예경	Visa For Music
32	쇼케이스	최강프로젝트	무용	예경	Yokohama Dance Collection
33	쇼케이스	해파리	음악	예경	WOMEX 2023
39	쇼케이스	트렁크씨어터 프로젝트	연극	아르코	2023 영국 에든버러 프린지 페스티벌 참가
34	외교	국제무용협회 한국본부	무용	아르코	제5회 HOTPOT: 동아시아무용플랫폼 참가
35	외교	재단법인 춘천 인형극제	연극	아르코	한국-프랑스 인형극 축제 교류 프로젝트_제23회 세계인형극축제 초청
36	외교	창악회	음악	아르코	란트슈필레 국제음악제 (1. Music Biennale) 창악회 양방교류 음악회
37	외교	채동선 실내악단	음악	아르코	판 클래식 얼쑤 - New Year's song (신춘향가)
38	외교	사단법인 한국 전통춤협회	전통	아르코	2023 한국전통춤 공연_ 미국 텍사스 코펠아트센터 초청
40	투어	모헤르댄스프로젝트	무용	아르코	모헤르댄스프로젝트〈집 속의 집〉 2023 유럽투어
41	투어	앙상블 파사쥬	음악	아르코	앙상블 파사쥬, 프랑스 파리 샤르트르 성당 투어 - Deux Musiques anciennes
42	투어	악단광칠	전통	아르코	2023 봄시즌 미국투어
43	투어	앙상블 페이즈	전통	아르코	ensemble PHASE 'SPREAD IV' 미국투어

	구분	단체명	장르	지원기관	내용
44	투어	잠비나이	전통	아르코	2023 Portals Festival 외 10개 도시 투어
45	투어	안은미 컴퍼니	무용	예경	프랑스 투어 (3회)
46	투어	악단광칠	전통	예경	영국, 캐나다, 미국 투어
47	투어	안은미 컴퍼니	음악	예경	영국 투어
48	투어	텐거	음악	예경	캐나다, 미국 투어
49	투어	홍성현 아트 컴퍼니	전통	예경	인도 The Indo-Korean cultural and Information Centre 투어
50	투어	브러쉬씨어터 유한책임회사	연극	예경	북미 투어 (미국, 캐나다) 3회
51	투어	부산국제춤 마켓	무용	예경	유럽 투어
52	투어	악단광칠	음악	예경	유럽 투어
53	투어	김원영X프로젝트이인	무용	예경	유럽 투어
54	투어	동양고주파	전통	예경	북미 투어 3회
55	투어	달음	전통	예경	유럽 2개 공연
56	투어	홍성현 아트 컴퍼니	전통	아르코	(EBU) 홍성현의 초벌비, 신의 빗방울
57	투어	시나브로 가슴에	무용	예경	브라질 투어
58	투어	하이크(이날치)	전통	예경	유럽 3개 공연
59	한국포커스	하지혜	무용	아르코	무당벌레의 꿈 뉴욕 The Bang Group Performance Series_Korea Focus
60	한국포커스	마방진	연극	아르코	제1회 한국연극 중국 쇼케이스
61	한국포커스	주식회사 하이크	음악	아르코	10주년 K-Music Festival
62	한국포커스	이영신의 소리 타래	전통	아르코	주튀르키예한국문화원 한국문화의 날 초청공연_Sonsuz Aşk
63	한국포커스	극단 돌파구	연극	예경	일본 시즈오카 공연예술센터
64	한국포커스	판소리 아지트 놀애박스	전통	예경	일본 시즈오카 공연예술센터
65	한국포커스	안은미 컴퍼니	무용	예경	일본 시즈오카 공연예술센터
66	한국포커스	아이엔지 콜라보그룹	무용	예경	시애틀 국제 댄스 페스티벌

* 출처: 한국문화예술위원회 (2024). "2023년 한국예술국제교류지원 지원심의 결과발표" 재구성.

연이 19건으로 가장 많았고 무용 11건, 연극 11건이었으며 음악 10건, 다원 예술 6건, 뮤지컬 1건으로 나타났다. 뮤지컬의 경우 예술경영지원센터의 해외 유통 지원사업이 별개로 있었기 때문에 해당 자료에서는 드러나지 않았으며 이는 아래에서 더 자세히 다루기로 한다.

장르별 활동을 살펴보면, 우선 한국 전통음악과 대중음악을 융합한 공연 단체의 활동이 두드러졌다. 유럽에서 새로운 시장을 개척한 것으로 평가받는 잠비나이는 매년 해외 국가를 순회한다. 2023년에도 포스트 록 시장이 강세인 북유럽과 서유럽을 중심으로 1건의 투어를 통해 10회의 공연을 열었다. 잠비나이는 일찌감치 벨기에의 덩크!페스티벌(dunk!festval)의 2024년 헤드라이너[2]로 공개되기도 하며 유럽의 록 시장에서 안정된 행보를 보이고 있다. 또 다른 단체 악단광칠은 세계에서 가장 인지도가 높은 페스티벌인 영국의 글래스톤베리(Glastonbury)와 아시아 대형 페스티벌 중 하나인 홍콩의 클라켄플랍(Clockenflap)에도 출연했다. 이 외에도 월드뮤직 신을 대표하는 워매드(WOMAD: World Of Music Art and Dance) 호주와 뉴질랜드, 사이키델릭 록 분야에서 북미를 대표하는 페스티벌 오스틴 사이크 페스트(Austin Psych Fest)에도 등장했다. 특히 글라스톤베리에의 출연은 이전처럼 한국 기관에서 해외 델리게이트[3] 팀을 초청하도록 하는 방식이 아닌, 축제 측의 요청을 통해 자연스럽게 성사된 것으로 다시 한번 주요 공연계에서 한국 음악가와 작품의 수요가 늘어나고 있음을 시사한다.

2 여러 음악가가 참여하는 공연에서 해당 일자에 대표적으로 내세우는 음악가를 뜻하는 용어.
3 공연예술 상품의 구매자를 대표하여 예술 쇼케이스 행사에 방문하는 사람으로, 음악공연의 경우 주로 페스티벌 프로그래머 등이 초청됨.

그림 2 잠비나이 2023 투어 포스터

* 출처 : 잠비나이 인스타그램(@jambinai)

그림 3 악단광칠 글래스톤베리 실황

* 출처 : BBC Music 유튜브(@BBCMusic)

    이 외에도 이날치 역시 덴마크의 로스킬데(Roskilde) 페스티벌, 독일의 퓨전(Fusion) 페스티벌, 슬로바키아의 포호다(Pohoda) 페스티벌 등 유럽 대형 축제의 포스터에 이름을 올렸고 일본, 남미 등 꾸준히 해외에서 공연했다. 2022년에 투어 성과를 보여준 달음 역시

2023년에도 유럽 투어를 이어나갔고, 전통음악을 재료로 전자 음악 형식을 선보이는 해파리(Haepaary)는 'WOMEX' 선정과 더불어 유럽에 이름을 알리기 시작했으며, 첼로와 가야금 연주 듀오인 첼로 가야금은 북미의 실내 공연장에서 강세를 보였다.

앞서 언급했듯이 전통예술은 국내에서 활동을 통해 수익을 올리기가 매우 어려운 실정이므로 더 많은 음악가와 작품이 세계 시장에서 경쟁력을 높이기 위해 지속적인 노력을 기울이고 있다. 이날치나 악단광칠과 같이 야외 페스티벌 무대에서 탁월한 퍼포먼스를 드러내는 팀, 잠비나이, 해파리처럼 마니아층이 두터운 대중음악 장르에서 자리를 잡는 팀, 그리고 달음, 첼로 가야금과 같이 해외 시장에서 지속적인 수요를 창출하는 네오클래식(Neo Classic) 팀으로 크게 구분되는데, 이들은 유럽과 북미의 에이전트를 통해 반복적인 순회공연을 한다는 점에서 공통적이다.

그림 4 첼로 가야금 투어 포스터

* 출처 : 첼로 가야금 인스타그램(@cellogayageum)

그림 5 이날치 홍콩 클라켄플랍 페스티벌 공연

* 출처 : 클라켄플랍 SNS(@clockenflap)

　서양음악(클래식) 분야에서는 2022년 밴 클라이번 콩쿠르 역대 최연소 우승으로 화제가 된 피아니스트 임윤찬이 2023년 뉴욕 필하모닉 협연 등 해외 순회공연을 순조롭게 마쳤다. 세계적인 피아니스트 대열에 오른 조성진은 베를린 필하모닉의 2024년 상주 음악가로 발탁됐다. 이 외에도 한국인 작곡가, 연주자, 지휘자의 수상 소식이 이어졌다(황희경·김용래·강애란, 2023. 12. 15.).

　무용과 연극 분야에서도 민간단체의 해외 축제 초청과 해외 순회가 다수 이루어졌다. 안은미 컴퍼니, 시나브로 가슴에, 코끼리들이 웃는다, 브러쉬씨어터와 같은 단체들이 해외 공연을 꾸준히 이어나갔고 새롭게 주목받는 단체와 작품도 나타났다. 특히 무용 단체인 프로젝트 이인의 대표작 〈무용수-되기〉는 동시대 장애 예술의 미학적 가능성을 인정받으며 해외에서도 좋은 반응을 끌어냈다. 이들의 작품은 무대 공연을 통해 해외로 진출하는 것을 넘어서 캐나다 내셔널

액세스아트센터(NaAC)와 함께 워크숍을 통해 공동 리서치를 진행하며 동시대 지구적 공연예술이 고민하는 담론과 주제에 적극적으로 참여하기도 했다.

그림 6 〈무용수-되기〉 크로아티아 공연 포스터

* 출처 : 프로젝트 이인 인스타그램(@projectyyin)

그림 7 프로젝트 이인 캐나다 협력 리서치 과정 기록집

* 출처 : 프로젝트 이인 인스타그램(@projectyyin)

2023년 공연예술 한류 현황에서 또 하나 흥미로운 부분은 민간이 해외 파트너와 협력해 제작하거나 교류 형식으로 해외에 초청받는 경우, 혹은 초청국의 공연 기획 주체들이 한국이라는 국가에 초점을 맞춰서 여러 국내 단체를 소개하는 경우가 늘어났다는 점이다. 미국 뉴욕, 일본, 미국 시애틀에서 'Korea Focus' 프로그램을 선보였고 독일, 캐나다, 멕시코, 헝가리, 베트남, 덴마크 등의 국가에서 활동하는 공연 단체가 한국의 공연 단체와 협업해 작품을 선보였다. 이는 최우수 작품이 아니더라도 신진이나 다양한 공연예술 작품이 해외 시장에 노출될 좋은 기회라는 점에서 고무적인 일이다.

위에서 다루어지지 않은 공연예술 장르 중 뮤지컬은 예술경영지원센터를 통해 해외에 주로 소개됐다. 주요 작품으로는 〈유앤잇(You&It)〉, 〈크레이지 브래드〉, 〈인사이드 윌리엄〉, 〈라흐 헤스트〉, 〈브람스〉, 〈마지막 사건〉, 〈여신님이 보고 계셔〉, 〈매니싱〉, 〈유진과 유진〉 등을 들 수 있다. 국내 뮤지컬 전문지인 《더뮤지컬》의 2023 결산 기사에 따르면, 소위 'K-뮤지컬'이라고 불리는 국내 창작 뮤지컬들은 해외 투어는 물론이고 공동제작이나 라이선스 판매의 형태로도 수출됐다(조용신, 2023. 12. 22.). 대학로의 소극장을 중심으로 창작되고 제작된 뮤지컬은 대형 작품이나 해외 내한 공연과 경쟁해야 하는 국내 시장을 벗어나 탄탄하고 우수한 IP로 공연 수익뿐만 아니라 부가가치 잠재력을 드러냈다. 특히 창작 뮤지컬 〈렛미플라이〉는 '레플리카 라이선스'[4] 형태로 계약돼 대만 타이베이에서 공연될 예정이며

4   원작자에게 저작료를 지불하고 판권을 구매해 현지 언어로 공연하는 것을 '라이선스(license) 계약'이라고 하며, 이 중에서도 음악과 가사는 물론 안무, 의상, 무대 세트 등 프로덕션을 그대로 구현하는 것을 '레플리카(replica)'라고 한다.

오디컴퍼니의 〈위대한 개츠비〉는 한국인 프로듀서가 참여하여 미국에서 공연을 올렸다. 이 외에도 〈마리 퀴리〉, 〈전설의 리틀 농구단〉, 〈비더슈탄트〉, 〈엑스칼리버〉, 〈베토벤〉 등 8편가량이 일본에 라이선스 수출됐고 〈팬레터〉, 〈도리안 그레이〉, 〈여신님이 보고 계셔〉, 〈더 캐슬〉 등 10여 편이 중국에 진출했다(박병성, 2023). 이러한 'K-뮤지컬'은 주로 일본, 중국, 대만, 홍콩 등 주로 아시아 시장을 공략해 왔으나, 최근에는 '영미권 중기개발지원' 등의 집중 트랙을 통해 영미권으로 진출하기도 한다.

공연예술 분야에서 해외의 상당한 수요와 매출을 일으키는 장르는 단연 대중음악이다. 한국 대중음악의 해외 공연을 파악하기 위해 케이팝 전문 웹진인 'kpopofficial', 'kpopmap', 'inmaexma'의 2023년 콘서트 목록을 수집하여 아래와 같이 재구성했다.

표 3 **2023년 대중음악 해외 공연 현황**

	그룹명	세부장르	내용
1	The Rose	밴드	덴마크 롤라팔루자, 파리
2	The Rose	밴드	바르셀로나
3	The Rose	밴드	몬트뢰 재즈 페스티벌, 매드쿨
4	wave to earth	밴드	북미
5	새소년	밴드	북미, 아시아
6	KARD	밴드	유럽, 북미
7	김우진	솔로	아시아
8	suga / August D	솔로	월드
9	강다니엘	솔로	유럽, 아시아
19	오션프롬더블루	솔로	유럽투어
11	방용국	솔로	아시아, 미국
12	유겸	솔로	유럽투어 5회

	그룹명	세부장르	내용
13	Junny	솔로	미국 9회
14	KISU	솔로	월드
15	B.I	솔로	유럽투어 16회
16	JUNNY	솔로	유럽
17	JUNNY	솔로	월드투어 22회
18	Treasure	아이돌	아시아
19	PH-1	아이돌	유럽투어 5회
20	(G)I-DLE	아이돌	유럽
21	(G)I-DLE	아이돌	아시아, 북미
22	Stray Kids	아이돌	롤라팔루자 파리
23	TWICE	아이돌	유럽
24	에스파	아이돌	유럽, 남미, 미국
25	ATEEZ	아이돌	마드리드
26	Black Pink	아이돌	월드투어
27	BLOO	아이돌	마드리드
28	CIX	아이돌	유럽
29	PIXY	아이돌	유럽투어 12회
30	슈퍼주니어	아이돌	남미
31	Cravity	아이돌	아시아, 북미
32	Dream Catcher	아이돌	미국 9회
33	Red Velvet	아이돌	유럽 투어
34	WOODS	아이돌	월드투어 13회
35	Enhypen	아이돌	월드투어
36	ELAST	아이돌	미국 9회
37	TRI.BE	아이돌	미국
38	iKON	아이돌	월드투어
39	ITZY	아이돌	아시아 4회
40	Luminous	아이돌	유럽투어 10회
41	MAMAMOO	아이돌	아시아 5회
42	Luminous	아이돌	유럽
43	ODD Eye	아이돌	유럽

	그룹명	세부장르	내용
44	NCT Dream	아이돌	유럽
45	ONEUS	아이돌	유럽투어 6회
46	Only one of	아이돌	남미
47	Gemini	아이돌	북미투어
48	PH-1	아이돌	바르셀로나
49	TXT	아이돌	월드투어 13회
50	Wei	아이돌	유럽, 남미, 미국
51	여러 아티스트	여러 아티스트	M카운트다운 파리
52	여러 아티스트	여러 아티스트	mik Festival in Paris
53	AOMG 소속 아티스트	여러 아티스트	마드리드
54	여러 아티스트	여러 아티스트	Music Bank 파리
55	여러 아티스트	여러 아티스트	KPOP LUX x Super SBS 콘서트 마드리드
56	여러 아티스트	여러 아티스트	Bubblepop 바르셀로나
57	sik-K	힙합	유럽

* 출처: 웹진 'kpopofficial'[5], 'kpopmap'[6], 'inmaexma'[7]에서 재구성.

    표 3에 따르면, 대중음악가의 해외 공연은 2022년 41건에서 57건으로 대거 늘어났다. 순회공연을 1건으로 따진 것이므로 회차로 보면 전 세계 곳곳에서 한국 대중음악 공연이 다수 개최됐다고 볼 수 있다. 세계적인 인지도를 이미 가지고 있는 블랙핑크 등의 대형 아티스트 외에도 케이팝 아이돌팀의 멤버가 솔로로 해외를 순회하는 경우가 늘어났다. 또한 〈뮤직뱅크〉, 〈엠 카운트다운〉 등 한국의 음악 방송 프로그램이 해외에서 특별 공개방송을 열기도 했다. 해당 목록에

5   https://kpopofficial.com/category/kpop-concert/
6   https://www.kpopmap.com/calendar/world-tour-schedule/
7   https://www.inmaexma.com/2022/08/upcoming-k-pop-and-k-hiphop-concerts-in.html

서 파악할 수 있는 것은, 해외 진출의 대부분 성과가 아이돌이나 아이돌 출신의 솔로 아티스트에게서 나왔다는 점이다. 초반에 언급했듯이 세계 시장에서 한국 대중음악은 철저하게 수요 기반의 상업 공연이 대부분을 차지한다.

아레나 급의 대형 케이팝 아티스트 외에 중소형 극장이나 라이브 클럽에서 공연하며 투어를 도는 케이팝 아티스트가 늘어난 것도 특징이다. 천문학적인 제작비를 들이지 않고도 적정한 수준의 해외 공연에 초청되거나 직접 기획하는 경우가 늘어 진입장벽이 낮아졌음을 알 수 있다. 이들은 국내보다는 해외 시장에서 적극적인 행보를 보인다. 특히 록을 기반으로 하는 밴드 더 로즈(The Rose), 카드(KARD)는 몇 년 전부터 해외 유명 음악 페스티벌에도 이름을 올리기 시작했다. 다만 이들은 해외를 겨냥한 기획사에 의해 제작되고 전략적으로 활동하고 있어 국내 대중음악계와 큰 교류는 없다.

2023년 가장 주목할 만한 대중음악 한류 성과는 웨이브투어스(wave to earth)이다. 웨이브투어스는 기획사 없이 자체적으로 결성된 밴드로 R&B와 재즈를 기반으로 음악을 만들고 연주한다. 웨이브투어스의 상승세는 북미에서 시작됐는데, 2023년 6월 미국 투어 티켓이 판매를 시작하자마자 22,000석이 매진됐다. 팬데믹 시기에 데뷔하여 국내에서 작은 공연을 통해 인지도를 넓혔고, 영어 가사가 대부분인 이들의 음악은 2023년 11월 기준 세계 최대 음원 스트리밍 플랫폼인 스포티파이에서 월별 청취자 726만 명을 기록했다. 이 기록은 혁오(46만), 새소년(31만) 등 국내에서 가장 인지도가 높은 인디 밴드보다 훨씬 더 높은 수치이며 있지(ITZY, 673만), NCT드림(477만) 등의 아이돌보다도 높다(어환희, 2023. 11. 15.).

그림 8) 웨이브투어스 북미 투어 포스터

* 출처 : KOHAI 인스타그램(@heykohai)

2. 공연 한류 이슈 및 진단

1) 수요에 기반한 상업적 해외 진출의 명과 암

한국 공연예술이 외교 목적을 넘어 세계 시장에서 자리 잡기 위해 노력한 지 이제 20여 년이 흘렀다. 그간 자체적으로 시장을 개척하거나 기관 중심의 지원을 통해 해외에 소개된 단체와 작품도 꽤 많아졌다. 자체적인 시장 개척을 통해 한국의 대표 콘텐츠가 된 케이팝은 세계에서도 가공할 매출을 올리는 주류 콘텐츠로 자리 잡았다. 2023년 말 미국의 음악 잡지 《빌보드(Billboard)》는 케이팝 공연과 관련한 특집 기사를 냈다(Frankenberg, 2023. 12. 11.). 공연 시장에서 가장 높은 경쟁력을 가진 장르로 평가한 것이다. 2012년부터 2018년까지 케이팝은 세계 콘서트 시장에서 0~0.3%라는 미미한 지분을 차지했으나 BTS가 등장한 뒤 1년 만인 2019년에는 그 비중이 4%로 올랐다. BTS가 군 복무로 인해 활동할 수 없었던 2023년에도 케이팝은 전 세계 콘서트 시장 지분율의 5.1%를 기록했다. 전 세계에서 가장 많은 매출을 낸 100팀 중 6팀이 케이팝 아티스트이며, 이중 블랙핑크는 콘서트 매출 전 세계 10위를 달성했다. 또한 본격적으로 미국 진출에 박차를 가한 기업 하이브는 콘서트 분야에서도 매출액 세계 5위를 달성했다.

표 4 빌보드 박스 스코어 기준 콘서트 총매출 아티스트별 순위

순위	아티스트	총매출액(달러)	티켓 판매 수(장)	공연 횟수(회)
1	비욘세(Beyonce)	5억 7,050만	270만	55
2	콜드플레이(Coldplay)	3억 4,250만	320만	55
3	해리 스타일스(Harry Styles)	3억 3,820만	310만	69
4	모건 월렌(Morgan Wallen)	2억 6,040만	130만	44
5	에드 시런(Ed Sheeran)	2억 5,690만	250만	46
6	핑크(P!nk)	2억 2,660만	160만	37
7	엘튼 존(Elton John)	2억 1,000만	130만	65
8	더 위켄드(The Weeknd)	1억 9,250만	190만	35
9	디페치 모드(Depeche Mode)	1억 7,520만	180만	47
10	블랙핑크	1억 4,830만	70만 3,000	29
…				
37	슈가	5,710만	31만 8,000	26
41	트와이스	5,420만	34만 5,000	18
54	투모로우바이투게더	4,680만	37만 9,000	27
58	세븐틴	4,330만	44만	12
81	엔하이픈	3,300만	33만 6,000	19

* 출처 : 빌보드 8

8 https://www.billboard.com/2023-year-end-boxscore-charts/#pmc-protected-embed-1

2022년에 이어 케이팝은 해외 파트너와 해외 공연 만들기에 적극적이었다. 수년 전부터 세계 최대 탤런트 에이전시인 Wasserman, CAA 등에서 케이팝 아티스트를 대신하며 공연을 중개해 왔고, 세계 최대 라이브 이벤트 기업인 라이브 네이션(Live Nation)은 BTS를 포함한 하이브 소속 아티스트 및 기타 대형 케이팝 아티스트의 세계 투어를 총괄한다. 업계 1, 2위를 다투는 라이브 이벤트 기업 AEG는 블랙핑크를 등에 업었다. 독립 공연 기획사, 즉 콘서트 프로모션을 담당하는 전문 회사에서도 케이팝 공연을 적극적으로 유치하며 해외에서 수요가 잡히는 아티스트의 공연을 적극적으로 수출하는데, 북미의 케이팝 콘서트 전문 프로모터인 코하이(KOHAI), 언바운드 엔터테인먼트(Unbound Entertainment) 등이 다양한 국내 뮤지션의 북미 투어를 성사했다. 한국 기업 중에서는 온라인과 오프라인 콘서트를 통해 아티스트와 팬을 매개하는 마이 뮤직 테이스트(My Music Taste)가 드림캐처, 에이티즈 등의 굵직굵직한 팀을 해외 무대에 올렸다.

이처럼 한국의 브랜드 가치가 상승했고 공연예술계의 신흥 시장으로 아시아가 크게 주목받으면서 국내 공연예술에 대한 관심도 높아지고 있다. 과거와 같이 기관이나 국가에서 직접 예산을 들여 무대를 기획하거나 해외 거주 동포만을 대상으로 하는 공연은 줄어들었다. 그 대신 해외 공연 기획 주체가 먼저 '한국'에 주목하여 특별 프로그램을 기획하는 경우와 제작 협력을 통해 쌍방향 시장 진출을 전략적으로 도모하는 경우가 늘어났다. 이 덕분에 지원금 등의 확보 예산만 앞세워서 해외 시장으로 진출하려는 단체나 작품은 자연스럽게 도태되고 작품성과 시장성을 고루 갖춘 콘텐츠가 해외에 소개되며 경쟁력을 확보하고 있다.

다만 우려해야 할 지점들도 보인다. 공연을 통해 손익분기점을 웃도는 매출이 가능한 일부 대중음악 분야, 투어와 IP 판매도 활발하게 이루어지는 뮤지컬 분야를 제외한 나머지 공연예술 분야에서는 해외 시장 진출이 직접적인 수익의 증대로 이어지지 않는다. 아티스트나 작품 자체는 시장성과 완성도 면에서 훌륭하게 마무리됐으나 해외의 시장에 '안착'하기 위해 수반돼야 하는 안정적인 내수 시장 구조가 만들어지지 않았기 때문이다. 일례로 악단광칠의 기획사였던 정가악회는 2023년 회사의 청산을 선언했다. 한 팀이 세계 무대에서 활약하는 것만으로 안정적인 수익을 기대하기가 어려웠기 때문으로 보이는데, 해외 공연 시 부담하게 되는 투어 비용과 중개 수수료 등으로 흑자를 내기가 쉽지 않았을 것으로 파악된다. 이는 음악뿐만 아니라 연극이나 무용 등 투어 시 물류비와 제작비가 많이 소요되는 공연예술 분야에도 적용된다. 시장에서는 공연예술의 특성상 불가피한 이런 비용을 절감하거나 공연료를 올리는 방법으로 해결책을 모색하는데, 예술 단체와 소속사의 경영 관리 능력도 여기에 관련이 있다. 단체와 작품의 장기적인 발전과 시장 확장을 위해 전략을 세우고 금전적인, 혹은 시간의 투자를 통한 손실과 만회를 장기적으로 계획하지 않으면 다가온 기회를 흐지부지 흘려보내기 쉽다.

안타까운 것은 불안정한 국내 공연 시장이 가치사슬의 여러 주체가 고루 발전하기 어려운 상황에 놓여있다는 점이다. 해외 진출을 위해 지난 20여 년간 우수 콘텐츠 제작과 발굴에 힘을 쏟고 기획자를 양성했으나 분업화되지 않은 실제 현장에서 매니지먼트, 경영, 홍보 등 세부 전문 영역이 자체적으로 발전하지 못한 채 창·제작 분야에서만 인력이 주로 배출됐다. 이로 인해 최근 늘어난 기회에 비해 글로벌 현장에서 역량을 발휘할 수 있는 공연예술 전문 매니저 및 매니지먼트사, 홍보 전문가나 회사, 부킹 에이전트 및 투어 전문 업체와 인력이 매우 부족한 상황이 됐으며, 해외 진출 시 이 부분을 현지 기업에 의존하는 실정이다.

2) 아시아 시장의 부상으로 인한 경쟁 강화, 서양 시장에서의 더블 프리미엄 효과

대중음악과 같은 상업 시장을 포함한 세계 공연예술 업계 전반에서 진단한 2023년의 주요 이슈는 아시아가 신흥 시장으로 크게 떠올랐다는 점이다. 아시아 국가 중 독보적인 성장률을 보인 곳은 바로 중국이다. 중국공연예술협회(CAPA)의 데이터에 따르면 2023년 1분기에만 중국 전역에서 34만 2,400건의 공연이 개최되며 이전해 같은 기간보다 278.76% 증가했다. 2023년 약 9개월간 전국에서 1,137개의 대규모 콘서트와 음악 페스티벌이 개최돼 1,145만 명의 관객이 모였다. 중국의 공연 시장은 탄탄한 수요에 힘입어 국내외 공급을 바탕으로 지속적으로 성장하고 있다고 평가된다(People's Daily Online, 2023. 11. 23.). 그러나 중국에서 2017년에 발효된 '한한령(限韓令·한류 콘텐츠 금지령)'이 이어져 한국 공연콘텐츠는 여전히 기회를 놓치고 있다.

　동남아시아에서도 공연 분야, 특히 콘서트 수요가 급격히 늘며 경이로운 성장세를 보였다. 방탄소년단 멤버 슈가는 동남아 지역의 압도적인 수요로 기존 회차에서 3회를 추가했다. 동남아시아는 테일러 스위프트, 콜드플레이 등 세계적인 뮤지션이 빼놓지 않고 방문할 정도로 주요 시장으로 평가받는다. 특히 싱가포르는 발전된 인프라, 주변 국가로부터의 접근성, 안정적인 거버넌스, 군중 통제 및 테러 방지 프로토콜과 같은 안정된 운영력을 바탕으로 대형 콘서트를 유치하고 있다(Neo, 2023. 10. 12.). 영미권 아티스트가 활발히 활동하기에는 여전히 경제적, 행정적, 문화적 제약이 존재하기 때문에 한국을 포함한 아시아 내 단체와 작품이 적극적인 진출을 꾀한다.

그러나 이 시장 역시 철저히 수요를 기반으로 하므로 대부분 케이팝 중심의 공연만이 보증 수표로 작용하며 지역으로의 진출을 위해 필요한 현지 파트너들은 케이팝을 제외한 한국의 아티스트가 동남아 시장에서 얼마나 큰 잠재력을 가졌는지 파악하고 있지 못하므로 케이팝 이외의 콘서트와 공연은 수요보다 공급이 많다고 볼 수 있다. 이는 한류가 보편적으로 퍼진 지역일수록 현지에서 요구하는 한류 콘텐츠가 구체적이고 시장 중심적임을 시사한다. 또한 동남아 지역에서 상업 음악 페스티벌이 급부상하는 가운데, 이들의 주요 아티스트는 자국 내 및 영미권으로 한정돼 있다. 동남아시아가 아무리 한류의 주요 시장이라고 하더라도 케이팝과 같은 주류 공연이 아닌 중소형 공연예술 단체나 음악가는 영미권에 준하는 노력을 통해 시장을 개척해야 하는 것이 현실이다.

게다가 대만, 태국 등이 한국을 벤치마킹하여 자국의 문화 콘텐츠를 수출하기 위해 본격적으로 지원하기 시작했다. 대만과 태국은 각각 한국콘텐츠진흥원과 유사한 기관인 TAICCA(Taiwan Creative Content Agency)과 CEA(Creative Economy Agency)를 통해 자국의 대중문화 콘텐츠를 해외에 소개한다. 이들은 20여 년 전부터 한국 정부가 해외 쇼케이스 및 네트워크 개발을 통해 아티스트를 적극적으로 지원하며 유럽과 북미 시장에 노출한 선례를 이어받아 적극적인 움직임을 펼치기 시작했다. 그 덕분에 문화다양성을 목적으로 아시아 지역의 새로운 콘텐츠를 받아들일 필요가 있는 서양의 공연 기획 주체, 페스티벌 등이 이들 국가의 아티스트에 주목하기 시작했다. 이는 케이팝을 제외한 한국 음악 혹은 공연콘텐츠의 수요가 적은 유럽과 북미 시장에서의 기회를 놓고 타 아시아 국가들과 경쟁해야 하는 시기가 다가오고 있음을 의미한다.

물론 2023년은 업계의 관심이 아시아라는 지역에 몰리고 한국의 브랜드 가치가 높아지면서, 한국 공연콘텐츠 수요에서 '더블 프리미엄'이 붙었던 해라고 말할 수 있다. 지난 시간 동안 한국의 콘텐츠가 우수성을 증명했기 때문이지만 앞서 말했듯 현지 수요 개발, 네트워크 확장, 정부 지원 등의 부가적인 노력이 함께 있었기에 가능했다. 이런 노력이 계속해서 수반되지 않는다면 한류 확산의 지속 가능성에도 빨간불이 켜질 수 있음에 유의해야 한다.

3) 진출국 및 진출 경로

대중음악을 포함한 대부분 공연콘텐츠가 가장 적극적으로 소개된 시장은 유럽이다. 이는 유럽의 공연산업의 생태계가 상대적으로 안정적이기 때문이다. 다양한 규모에서 여전히 많은 축제와 공연장, 공연 기획사와 제작사, 매니지먼트사, 홍보 에이전시, 섭외 중개업체 및 인력 등 팬데믹으로 인해 타격을 입기는 했으나 여전히 고루 자신의 역할을 한다. 이들이 한국 콘텐츠의 가능성과 시장성을 알아보고 적극적으로 현지에서의 공연 판매, 제작, 투어, 홍보를 주도한다. 게다가 영국을 제외, 유럽연합 국가에서 공연하기 위해 따로 비자를 신청하지 않아도 된다는 점도 유럽 권역으로의 진입장벽을 낮춘다.

한편 북미에서는 중대형 규모의 한국 대중음악 투어가 많이 진행됐다. 북미는 공연을 위해 발급해야 하는 비자 발급료와 대행료가 매우 비싸고 투어 시 드는 비용도 만만치 않다. 따라서 해당 권역으로 진출할 때 적어도 1년 정도의 시간을 두어 꼼꼼하게 예산을 세우고 안정적인 공연료를 확보하여 손익을 따져야 한다. 이런 이유로 북미는 어떤 권역보다도 아티스트의 팬을 상대로 하는 상업 공연만이 살아남을 수 있는 특징을 띤다. 최근 들어 대형 케이팝 공연뿐만 아니라 R&B, 힙합 등 마니아 팬을 중심으로 한 수요가 있는 팀들이 북미에 주기적으로 진출했다. 이는 앞서 언급했듯 현지에서 한국 팀의 공연만을 기획하고 중개하는 전문 회사가 있기 때문에 가능했다. 다만 이 회사들의 현지 공연 수요 개발 노하우는 공유되지 않고 있어, 여전히 국내에서 잠재력을 가진 다양한 아티스트가 북미에 소개되는 기회는 무척 제한적이라고 할 수 있다.

아시아 지역도 오래전부터 한국 공연콘텐츠의 주요 소비 시장이었다. 그러나 케이팝과 같은 명확한 수요가 이미 존재하는 이 시장을, 새롭게 활동하는 단체나 새로운 시장 개발을 원하는 단체들이 공략하기란 쉽지 않다. 게다가 음악의 경우 대만, 일본, 태국 등 아시아 전역에서 급격하게 인지도를 얻은 유명 뮤지션이 시장의 경쟁 상대가 되므로, 아시아 지역에서 새로운 수요를 개발하고 국내 아티스트의 진출을 위해서는 현지 파트너와 한류 콘텐츠의 진출 경로를 계속해서 만들어 나가야 한다.

4. 공연예술 한류 전망

1) 침체기 대응을 위한 지속적인 수요 개발

2023년의 공연 한류는 국제적 관심을 바탕으로 수요 기반의 상업적 성과를 보여주었다고 요약할 수 있다. 이는 국내에서 제작된 공연콘텐츠가 먼저 해외 수요를 개척하고 지속적으로 시장성을 입증하지 않으면 진출의 기회는 점점 줄어든다는 것을 의미한다.

음악 분야 중 케이팝 산업에서는 뉴진스와 같이 세계 시장에서도 급성장을 기대할 수 있는 대형 신인이 나타났지만, 인디 음악에서는 이렇다 할 성과가 없다. 2022년에 이어 2023년에도 바밍타이거가 유럽을 중심으로 활약하고 웨이브투어스가 'K-인디'의 대세로 떠올랐지만, 큰 성공을 거두기에는 아직 갈 길이 멀어 보인다. 인디 음악의 성과는 아시아 권역 내 주요 페스티벌에 한국 아티스트의 이름이 등장하는지로 나타나는데, 혁오 이후 헤드라이너 수준으로 초청돼 소개되는 페스티벌은 없다. 오히려 아시아 시장에서는 일본 대중음악가의 인지도가 폭발적으로 늘었다. 엔저가 지속되는 일본 내부에서 자국 아티스트의 해외 진출의 필요성을 실감하고 적극적으로 움직이기 시작한 것이다. 국내에도 빠르게 퍼지고 있는 제이팝은 아시아 대형 페스티벌에서 헤드라이너로 초청되고 영미권의 주요 페스티벌에서도 이름을 올리며 잠재력을 과시한다.

대중음악 축제 시장만을 놓고 보았을 때 앞으로 1~2년간은 한국의 케이팝 아티스트가 초대형 페스티벌의 헤드라이너로 초청받는 사례가 지속되겠지만, 그 뒤를 이을 대형 신인이 계속 나타날 수 있을지는 미지수다. 이러한 대형 신인은 보통 국내에서 독보적인 성과를 보인 뒤 아시아와 영미권, 유럽을 중심으로 인기를 확장해 나가는데, 2023년 기준으로 업계에서 슈퍼스타로서 잠재력을 지닌 신인이 부족하다는 지적이 심심치 않게 나온다. 잠재력을 가진 아티스트도 현재처럼 기존의 수요를 기반으로 하는 승자독식의 공연 시장에서는 기회를 얻기가 어렵다. 이는 대중음악뿐만이 아니라 다른 공연예술 분야에도 동일하게 적용된다. 내수 시장이 활발하지 않은 환경에서 잠재력 있는 신인과 신진 작품을 어떻게 성장시킬 수 있을지 민간, 기관, 예술가 모두 함께 고민해야 할 것이다.

더불어 기관의 해외 진출 지원 역시 어느 때보다 더 절실하게 필요하다. 향후 5년이야말로 한국의 다양한 공연콘텐츠가 해외 시장에 안착할 기회이다. 단기간의 상업적 성과에 몰두하지 않고 시장에서의 잠재력을 가진 아티스트가 꾸준히 해외 시장에 노출되고 잠재 수요를 만들어 낼 수 있도록 아낌없이 지원해야 할 것이다. 2023년 '글로벌 소프트 파워' 순위에서 한국의 가치는 14위로 하락했다. 지난 2년이 한류 콘텐츠의 정점이 아니라는 것을 증명해야 한다.

2) 국제 비즈니스에 최적화된 전문인력 및 기업 육성 필요

한국의 공연콘텐츠는 해외 시장에서 가능성 있는 콘텐츠로 자리 잡았지만, 실제 성과로 이어지기 위해 중요한 역할을 하는 유통 및 홍보의 영역에서는 주로 해외 파트너에 의존하고 있다. 이는 한류 콘텐츠가 경쟁력을 잃는 순간 타국의 콘텐츠로 대체될 수 있음을 의미한다. 공연산업의 복잡한 생태계에 다양한 이해관계자가 얽혀 있으므로, 가치사슬 내 주요 직군이 제대로 개발되지 않으면 시장 경쟁력을 유지하기 어렵다.

그런데 한국의 내수 시장을 보면, 공연업계의 주요 인력과 전문 기업의 발전을 도모하기에는 무척 어려운 상황이다. 케이팝의 성공을 이끈 대형 기획사의 경우 다수 인력이 전문화된 분야에서 업무를 담당하며 해외 대형 회사와의 꾸준한 협업을 통해 비즈니스 문화도 어느 정도 익혔다고 볼 수 있다. 예전에는 국내 비즈니스 문화와 해외 비즈니스 문화가 달라 잡음이 생기는 경우가 많았고 현재도 해외 파트너가 한국과 협력하게 될 때 문화적 차이가 걸림돌로 언급되기도 한다. 이 때문에 미국 시장은 교포나 유학파 출신의 일부 산업 관계자가 중간에서 역할을 한다. 그러나 한국의 콘텐츠 기획사나 제작사는 대개 매니지먼트, 유통, 홍보, 공연 제작 등을 모두 내부에서 수행하는 소위 '360도' 사업 모델을 띠고 있어 노하우나 역량이 업계 전반으로 확장되지 않는 한계점을 보인다. 이런 이유로 우수 인력과 역량을 독점한 일부 기업만이 계속해서 기회를 얻고 있다. 미국이나 유럽에는 직군을 전문적으로 소화하는 중소 독립 기업이 다수 존재하고 이들이 거미줄과 같은 네트워크를 형성하여 잠재력 있는 아티스트라면 소속사 유무와 관계없이 전문적인 서비스를 공급받을 수 있다.

이전까지 공연예술의 해외 진출은 우수 콘텐츠의 제작에 집중했다. 그러나 앞으로는 경쟁력 있는 공연콘텐츠를 제작하는 것을 넘어 세계 시장에서 전문적인 비즈니스를 수행할 수 있는 매니지먼트와 중개업체, 전문 홍보업체를 제대로 키워낼 수 있느냐가 장기적인 한류 확산의 핵심 안건이 될 것으로 보인다. 다만 공연예술의 특성상

이들 직군의 육성은 교육만으로 이루어지는 것이 아니다. 공연예술은 현장 경험과 포트폴리오가 너무도 중요한 산업이다. 따라서 우수한 인력이 내수 시장에서 어려움을 겪고 있는 공연예술 현장에서 실력을 쌓고 해당 산업의 발전을 위해 이들의 역량을 환원할 수 있도록 전문 기업 인턴십, 해외 연수, 인건비 지원 등의 정책 사업이 반드시 수행돼야 할 것이다.

(5
게임 한류)

(성장과 쇠퇴 기로에 선 게임 한류)

(강신규
한국방송광고진흥공사 책임연구위원)

1. 게임 한류 현황

1) 10년 만에 쇠퇴기로 진입 중인 한국 게임 시장

2022년 한국 게임 시장은 22조 2,149억원 규모로, 전년(20조 9,913억원) 대비 5.8% 성장했다. 성장률이 2020년 21.3%, 2021년 11.2%였음을 감안하면, 성장이 조금씩 둔화되고 있음을 알 수 있다(한국콘텐츠진흥원, 2024b). 이를 시장의 안정세로 봐야 할지 쇠퇴로 봐야 할지에 대해서는 당분간 좀 더 두고 봐야 할 것이다. 플랫폼별 시장에서 두드러지는 지점들을 살펴보면 다음과 같다.

첫째, 모바일게임 시장의 굳건한 강세다. 그간 모바일게임 시장 규모는 빠르면서도 큰 폭으로 팽창해 왔다. 다만 전체 시장에서 모바일게임이 차지하는 비중은 2019년 49.7%, 2020년 57.4%, 2021년 57.9%, 2022년 58.8%로, 최근 들어 아주 크게 늘고 있지는 않다. 모바일게임 시장 비중의 확장세가 앞으로 더 둔화될지 확신할 수는 없지만, 다른 플랫폼들의 비중 역시 큰 변화를 보이지 않고 있다는 점에서 당분간 아주 큰 폭으로 비중이 늘지는 않을 확률이 높아 보인다. 비중이 크게 늘지는 않았음에도 매출액 13조 720억원으로 전년(12조 1,483억원) 대비 7.6%의 성장률을 기록했다. 이는 게임 제작 및 배급업 중 아케이드게임(8.9%) 다음으로 높은 수치다.

둘째, 아케이드와 PC게임 시장의 성장세가 아주 크지는 않은 가운데 콘솔게임 시장이 1년 만에 마이너스에서 플러스 성장으로 전환됐다. 아케이드게임 시장은 전년 대비 8.9% 성장해 2,976억원 규모를, PC게임 시장은 3.0% 성장해 5조 8,053억원 규모를 나타냈다.

하지만 2019년 전년 대비 31.4%, 2020년 57.3% 성장하다가 2021년 -3.7%의 성장률을 보였던 콘솔게임 시장은 1조 1,196억원 규모로, 전년(1조 520억원) 대비 성장률 6.4%를 기록했다. 코로나19로 인해 직접적인 타격을 받았던 아케이드게임 시장은 사회적 거리두기 완화와 오프라인 활동 증가로 회복세에 접어들고 있는 것으로 분석된다. 코로나19 발생 전인 2019년 4.3% 감소했던 PC게임 시장은, 코로나19로 인한 비대면 선호 경향의 혜택으로 2020년부터 2022년까지 플러스 성장을 보였다. 하지만 전체 게임 시장 내 점유율은 26%대로 성장의 한계를 노출했다. 콘솔게임 시장의 경우 성장률이 마이너스에서 플러스로 전환됐다 해도, PC게임 시장과 유사하게 점유율이 2021년과 비슷한 5% 초반이다. 2022년 콘솔게임 기기나 타이틀과 관련해 시장의 변화를 주도할 흐름이 발견되지는 않았기 때문으로 보인다.

셋째, 코로나19의 영향으로 큰 폭의 하락을 보여 왔던 PC방 및 아케이드게임장 매출액이 2021년에 이어 소폭 증가했다. PC방 매출은 2019년 2조 409억원에서 2020년 1조 7,970억원으로 큰 역성장(-11.9%)을 기록했고, 아케이드게임장은 2019년 703억원에서 2020년 365억원으로 시장이 거의 반토막(-48.1%) 났다. 이는 물론 코로나19만이 아니라 PC게임 시장의 성장 정체와 모바일게임으로의 이용 집중, 가정에서 플레이되는 콘솔게임의 인기 폭증 등에서 기인한 것이기도 하다. 그러나 게임 유통시장 매출은 야외 활동 본격화, 정부의 아케이드 게임산업 활성화 정책, 그리고 PC 및 아케이드게임 시장의 성장 등과 맞물려 반등했다.

종합적으로 2022년 한국 게임 시장은 지난 4년, 그러니까 코로나19 전후를 비교해 봤을 때 아주 크게 확대됐다고는 할 수 없지만 (2019년 9.0%, 2020년 21.3%, 2021년 11.2%, 2022년 5.8%), 플랫폼별로 비교적 균형 있게 성장해 온 것으로 보인다. 그동안 ① 크게 성장하는 플랫폼 시장(모바일게임, 콘솔게임), ② 성장이 정체된 플랫폼 시장(PC게임, 아케이드게임), ③ 크게 역성장하는 유통 시장(아케이드게임장, PC방)의 양상으로 전개되던 흐름이, ① 여전히 성장 중이나 조금씩 안정화되는 플랫폼 시장(모바일게임), ② 성장세 둔화가 뚜렷한 플랫폼 시장(PC게임), ③ 하락세 혹은 보합세에서 다시 성장세로 전환된 플랫폼 시장(콘솔게임, 아케이드게임) 및 유통시장(아케이드게임장, PC방)의 양상으로 전환된 것이다.

2023년 한국 게임 시장 규모는 2022년 대비 10.9% 감소한 19조 7,900억원을 형성할 전망이다. 2013년 전후로 마이너스 성장한 적 없던 한국 게임 시장이, 그리고 이제 20조 규모에 안정적으로 접어든 듯 보였던 한국 게임 시장이 이처럼 위축될 것으로 여겨지는 이유는, 엔데믹으로 향유 가능한 여러 엔터테인먼트와 야외 활동이 많아졌을 뿐만 아니라 금리 인상에 따른 경기 부진이 현실화되고 있기 때문이다. 현재 게임 시장의 주축인 모바일게임 시장은 꾸준히 전체 시장에서 가장 높은 점유율을 유지는 하겠지만, 그 성장률은 한국 경제 전반의 움직임에 크고 작은 영향을 받을 것으로 보인다. PC게임 시장은 멀티 플랫폼화와 충성도 높은 플레이어들의 존재에 힘입어 현상을 유지할 가능성이 크다. 콘솔게임 시장 역시 멀티 플랫폼화, 틈새시장을 추구하는 게임 개발사들의 진입 등 성장에 긍정적인 요소들을 갖고 있지만, 차세대 콘솔 기기가 언제 출시돼 얼마나 인기를 끌지에 따라 큰 영향을 받게 될 듯하다. 상대적으로 존재감이 크지

그림 1 | 한국 게임 시장의 규모 및 성장률(2013~2023년) (단위 : 억원, %)

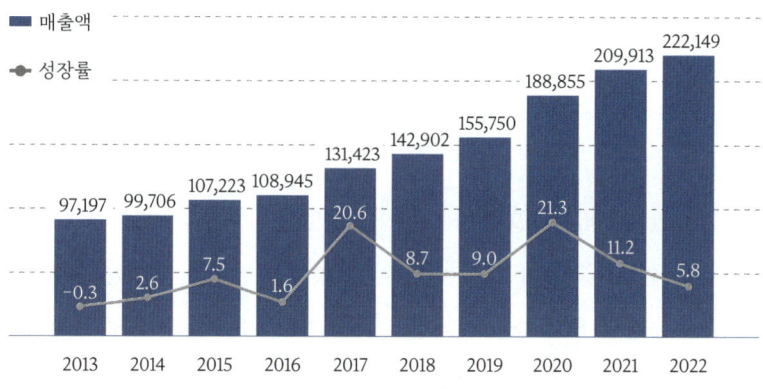

* 출처 : 한국콘텐츠진흥원 (2024b). 「2023 대한민국 게임백서」, 28쪽.

표 1 | 한국 게임 시장의 매출액 및 성장률(2019~2022년) (단위 : 억원, %)

구분		2019년		2020년		2021년		2022년	
		매출액	성장률	매출액	성장률	매출액	성장률	매출액	성장률
게임 제작 및 배급업	모바일게임	77,399	16.3	108,311	39.9	121,483	12.2	130,720	7.6
	PC게임	48,058	-4.3	49,012	2.0	56,373	15.0	58,053	3.0
	콘솔게임	6,945	31.4	10,925	57.3	10,520	-3.7	11,196	6.4
	아케이드게임	2,236	20.6	2,272	1.6	2,733	20.3	2,976	8.9
게임 유통업	PC방	20,409	11.6	17,970	-11.9	18,408	2.4	18,766	1.9
	아케이드게임장	703	2.4	365	-48.1	396	8.6	438	10.4
계		155,750	9.0	188,855	21.3	209,913	11.2	222,149	5.8

* 출처 : 한국콘텐츠진흥원 (2024b). 「2023 대한민국 게임백서」, 30쪽.

않은 아케이드게임과 게임장은 특별한 전기 없이 아케이드게임을 즐기는 세대들의 엔터테인먼트 트렌드에 영향을 받지 않을까 싶다. 마지막으로 가정 보유 PC의 고사양화가 상당히 진행되고 PC방을 찾을 유인이 낮은 상황에서 PC방의 인기는 갈수록 성장하기 어려울 것으로 예상된다(한국콘텐츠진흥원, 2024b).

2) 수출 3.6% 증가에 그쳤지만, 세계 점유율 7.8%로 여전히 4위

2022년 한국 게임 수출액은 89억 8,175만 달러(약 11조 6,040억원)로 집계됐다. 전년(86억 7,287만 달러)과 비교했을 때 3.6% 증가한 수치다. 2017년 증가율 80.7%를 기록한 이후 2018년 8.2%, 2019년 3.8%로 수출 성장세가 둔화되다가, 2020년만 23.1%로 반짝 높은 수치를 보이고 2021년 5.8%, 2022년 3.6%로 다시 이전 증가율 수준이 된 셈이다. 플랫폼별로는 역시 모바일게임의 수출 규모가 55억 6,300만 달러(2021년 53억 3,030만 달러)로 가장 컸고, PC게임이 31억 9,467만 달러(2021년 31억 4,562만 달러)로 뒤를 이었다. 콘솔게임 수출 규모는 1억 8,651만 달러(2021년 1억 5,674만 달러), 아케이드게임 수출 규모는 3,757만 달러(2021년 4,021만 달러)로 나타났다. 전년 대비 수출 규모를 비교하면, 대부분 플랫폼에서 증가세를 보인 가운데 아케이드게임만이 전년 대비 6.6% 감소한 것을 확인할 수 있다.

표 2 한국 게임 수출·입 현황(2016~2022년) (단위: 천 달러, %)

구분		2016년	2017년	2018년	2019년	2020년	2021년	2022년
수출	수출액	3,277,346	5,922,998	6,411,491	6,657,777	8,193,562	8,672,865	8,981,751
	증감률	2.0	80.7	8.2	3.8	23.1	5.8	3.6
수입	수출액	147,362	262,911	305,781	298,129	270,794	312,332	260,163
	증감률	-17.0	78.4	16.3	-2.5	-9.2	15.3	-16.7

* 출처: 한국콘텐츠진흥원(2024b). 「2023 대한민국 게임백서」, 31쪽의 표를 재구성.

수입은 전년 대비 16.7% 감소한 2억 6,016만 달러(약 3,361억 원)를 기록했다. 2017년 이후 계속 감소해 왔던 수입 증가율이 4년 만인 2021년 잠깐 반등했다가 다시 큰 폭으로 감소한 것이다. 2016년부터 7년간 수입액 증가율이 수출액보다 높았던 건 2018년과 2021년뿐이었고, 나머지 해에는 수출액 증가율이 수입액 증가율보다 높게 나타났다. 다른 모든 플랫폼의 수입액 규모에서 감소세가 나타나는 가운데(아케이드게임 -66.3%, 콘솔게임 -48.3%, 모바일게임 -13.4%), PC게임만이 5.4% 증가했다. 2021년 완전히 반대로 모든 플랫폼 수입액이 전년 대비 크게 증가하고 PC게임만이 감소했던 것을 감안하면 특기할 변화라 할 수 있다.

표 3 　한국 게임 플랫폼별 수출입 규모 비교(2021~2022년) 　　(단위: 천 달러, %)

구분		전체		모바일게임		PC게임		콘솔게임		아케이드게임	
		2021년	2022년	2021년	2022년	2021년	2022년	2021년	2022년	2021년	2022년
수출	수출액	8,672,865	8,981,751	5,330,298	5,563,002	3,145,623	3,194,667	156,736	186,509	40,208	37,573
	증감률		3.6		4.4		1.6		19.0		-6.6
수입	수입액	312,332	260,163	225,753	195,416	40,651	42,831	35,664	18,456	10,264	3,460
	증감률		-16.7		-13.4		5.4		-48.3		-66.3

* 출처: 한국콘텐츠진흥원(2024b). 「2023 대한민국 게임백서」, 32쪽의 그림을 재구성.

　　2022년 세계 게임 시장에서 한국이 차지하는 비중은 7.8%다. 2019년 점유율이 6.2%, 2020년이 6.9%, 2021년 7.6%였음을 감안하면 비슷한 수준으로 비중이 아주 조금씩 늘고 있다고 볼 수 있다. 순위도 2020년 5위에서 2021년 4위로 한 단계 올라선 후, 2022년에도 마찬가지로 4위를 유지했다. 2020년 0.8%p, 2021년 1.4%p 차이였던

5위 영국과의 거리도 2.2%p로 더 크게 벌렸다. 3위인 일본과의 차이는 1.8%p로 영국과의 차이보다 적다. 2021년 2.7%p 차이에서 0.9%p나 좁힌 것을 감안하면, 향후 몇 년간 한국이 일본을 앞지를 수 있을지 귀추가 주목된다. 1위인 미국(22.8%)과 2위 중국(22.4%)의 차이도 0.4%p밖에 나지 않아, 둘의 순위가 바뀔 수 있을지도 관건이다.

표 4 세계 게임 시장에서 한국의 점유율과 위상(2022년)

순위	국가	시장규모(백만 달러)	비중
1	미국	47,415	22.8%
2	중국	46,677	22.4%
3	일본	19,951	9.6%
4	한국	16,227	7.8%
5	영국	11,615	5.6%
6	독일	8,127	3.9%
7	프랑스	7,814	3.8%
8	이탈리아	4,578	2.2%
9	캐나다	4,217	2.%
10	대만	3,126	1.5%
이하	이외	38,502	18.5%
합계		208,249	

* 출처 : 한국콘텐츠진흥원(2024b), 「2023 대한민국 게임백서」, 767쪽에서 재인용.

2. 게임 한류 이슈

1) '2022 항저우 아시안게임'부터 '롤드컵'까지… 세계 최고의 e스포츠 강국 재확인

한국 〈리그 오브 레전드(LoL: League of Legends)〉 대표팀이 2022 항저우

아시안게임에서 〈LoL〉 종목 우승을 차지했다. 페이커(이상혁), 제우스(최우제), 카나비(서진혁), 쵸비(정지훈), 룰러(박재혁), 케리아(류민석) 등으로 구성된 〈LoL〉 대표팀은 2023년 9월 29일 중국 항저우 e스포츠 센터 주경기장에서 열린 결승에서 대만에 2-0으로 승리했다. e스포츠가 첫 정식 종목이 된 아시안게임에서 획득한 금메달이기에 의미가 컸다. e스포츠가 시범종목이었던 2018 자카르타-팔렘방 아시안게임에서 아쉽게 은메달을 땄던 것을 감안하면 더욱 그렇다.

 〈LoL〉 종목만이 아니다. e스포츠 한국 대표팀은 전 종목 메달을 달성하고 금의환향했다. 대표팀이 출전한 종목은 〈LoL〉, 〈FC 온라인〉(FC Online by EA SPORTS)〉, 〈스트리트 파이터 5(Street Fighter V)〉, 〈배틀그라운드 모바일(Player Unknown's Battlegrounds Mobile)〉로, 〈FC 온라인〉에서 곽준혁 선수가 동메달을, 〈스트리트 파이터 5〉에서 김관우 선수가 금메달을, 〈배틀그라운드 모바일〉에서는 대표팀이 은메달을 획득했다. 특히 〈스트리트 파이터 5〉 종목의 김관우 선수는 개발자로 일하면서 선수 생활을 병행한 데다, 44세의 나이에도 불구하고 금메달의 주인공이 되면서 화제가 되기도 했다(조학동, 2023. 12. 28.).

 한편 아시안게임 〈LoL〉 종목 우승의 흐름은 세계 최대 e스포츠 대회인 '2023 LoL 월드 챔피언십(이하 '롤드컵')'으로도 이어졌다. 2023년 11월 19일 서울 고척 스카이돔에서 열린 롤드컵 결승전에서 페이커를 중심으로 뭉친 SKT T1이 중국 리그 LPL(League of Legends Pro League)의 웨이보 게이밍(WBG)을 세트 스코어 3:0으로 꺾었다. 이로써 T1은 2013년, 2015년, 2016년에 이어 통산 네 번째 우승을 거두며 롤드컵 역사를 새로 썼고, 페이커는 세계 최초로 롤드컵 4회 우승을 달성한 선수로 기록됐다. 한국 리그 LCK(League of Legends Champions

Korea)는 2022년 DRX의 우승 이후 롤드컵에서 2연속 정상을 차지한 셈이 됐다.

　롤드컵 결승이 열린 서울은 그야말로 축제 분위기였다. 서울 중구 하이커 그라운드는 롤드컵 기간 동안 전 층을 〈LoL〉 e스포츠 테마로 꾸며 팬들을 불러 모았고, 잠실 롯데월드몰에는 '2023 월즈 라이엇 팝업 스토어'가 열렸다. 뚝섬한강공원 수변무대 일대에서는 드론쇼도 진행됐다. 광화문 광장에 꾸려진 롤드컵 팬 페스타에는 8만 1,400여 명이 방문했다. 특히 롤드컵 결승전 당일에는 e스포츠 사상 처음으로 광화문 광장에서 거리응원이 진행됐으며, 약 1만 5,000여 명이 응원에 몰린 것으로 알려졌다(김은태, 2023. 12. 26.).

　코로나19의 엔데믹 전환으로 오프라인 이벤트들이 본격 재개되고, e스포츠에 대한 '글로벌 빅 이벤트'에 대한 관심이 높아지는 상황에서 한국 e스포츠 팀들이 거둔 좋은 성적의 의미는 매우 크다. 그럼에도 e스포츠에 대해 여전히 긍정적이라고는 보기 어려운 사회적 시선, 비인기 종목에 대한 정부와 e스포츠계의 관심 및 지원 부족, 관련 인프라의 수도권 편중, e스포츠 구단의 수익성과 자생성 문제 등 e스포츠 생태계를 보다 안정적이면서 지속 가능한 것으로 만들기 위해 아직 채워가야 할 부분들이 많다. e스포츠 종주국이라는 이름에 매달릴 시기는 오래전에 지났다. 산업 주도국으로서 영향력을 가질 수 있어야 한다. 한국 e스포츠에 대한 전 세계의 관심이 점증하는 가운데 대회에서 좋은 성적을 내는 것만이 아니라, 정부와 업계의 관심과 지원, 그리고 팬들의 응원 확대를 통해 더욱 내실 있는 e스포츠 강국이 될 수 있기를 기대한다.

2) 'K-게임'의 다장르·다플랫폼화

2023년은 한국 게임사들의 수작 출시가 이어지면서 세계 시장에서의 장르 및 플랫폼 확장이 특히 돋보였던 한 해였다. 특히 두드러진 성과를 낸 작품으로 네오위즈의 〈P의 거짓(Lies of P)〉과 넥슨의 〈데이브 더 다이버(Dave the Diver)〉를 꼽을 수 있다. 〈P의 거짓〉은 2023 대한민국 게임대상에서 대상을 받았다. 콘솔게임이 대상을 받은 것은 2004년 이후 거의 20년 만이다. 2023년 9월 XBoX, PS(PlayStation)와 같은 콘솔, 그리고 스팀(Steam)[1]을 통한 PC용으로 출시된 〈P의 거짓〉은, 소울라이크(souls-like)[2] 싱글 플레이 액션 롤플레잉 게임(RPG: role-playing game)으로, 19세기 말 벨에포크 시대를 배경으로 한 그래픽과 고전동화 〈피노키오〉를 차용해 성인 잔혹극으로 표현한 독특한 세계관, 시원한 타격감과 뛰어난 액션성 등으로 플레이어들에게 호평을 받았다.

〈P의 거짓〉이 지닌 작품성에 먼저 주목한 것은 해외였다. 2022년 8월 24일부터 27일까지 독일 쾰른에서 열린 글로벌 게임쇼 '게임스컴(Gamescom)'에서 한국 게임 최초로 3관왕(최고의 액션 어드벤처 게임, 최고의 롤플레잉 게임, 가장 기대되는 플레이스테이션 게임)을 달성했다. 출시 첫

---

1   스팀은 밸브 코퍼레이션(Valve Corporation)에서 개발·운영 중인 글로벌 온라인게임 플랫폼이다. 스팀은 단순히 게임 유통채널의 역할만이 아니라, 전 세계 게임 시장에서의 성공 가능성을 확인하는 시험대로서의 기능까지 한다.
2   〈소울(Souls)〉시리즈와 비슷하거나 영향을 받은 게임을 '소울 같은 게임', 줄여서 '소울라이크'라 부른다. 소울 시리즈는 프롬 소프트웨어에서 만든 〈데몬즈 소울(Demon's Souls)〉을 시작으로 게임 진행 방식과 조작을 계승한 3인칭 액션 RPG 시리즈를 말한다. 소울 시리즈의 대표적인 특징으로 다크 판타지 세계관, 3D 액션 RPG, 극악의 난이도 등을 꼽을 수 있다.

주인 2022년 9월 18일부터 24일에는 영국과 프랑스에서 비디오게임 박스 차트 3위에 진입했고, PS5 독일 차트 1위, 일본 차트 3위에 이름을 올렸다. 미국과 캐나다에서도 차트에 포함됐다. 출시 1개월여 만에는 전 세계 누적 판매량 100만 장을 돌파했다. 북미, 유럽, 일본 등 해외 판매량이 전체 판매량의 90% 이상을 차지했다(진명갑, 2023. 12. 22.). 전 세계 스팀 이용자 중 90% 이상이 〈P의 거짓〉에 '추천'을 표했음을 물론이고, 콘텐츠 비평 사이트 '메타크리틱(Metacritic)'에서는 PS5 버전이 81점, PC 버전이 82점, XBoX 버전이 84점을 기록했다. 애플의 '올해의 맥 게임'에 꼽히고, 한 해 최고의 게임을 가리는 전 세계 게임계의 대표 시상식 '더 게임 어워즈'에서는 '최고의 예술 감독', '최고의 RPG' 등 2개 부문에 후보로 선정되기도 했다(김은태, 2023. 12. 26.).

〈데이브 더 다이버〉는 넥슨 게임의 서브 브랜드 민트로켓에서 개발한 하이브리드 해양 어드벤처 게임으로, 2023년 6월 28일 스팀을 통해 먼저 출시됐다. 출시 이후에는 독보적인 게임성과 높은 완성도로 플레이어뿐 아니라 평단의 긍정적인 평가를 받았다. 출시 직후 스팀 유가게임 기준 글로벌 판매 1위를 차지했으며, 7월 8일 기준 누적 판매량 100만 장을 돌파했다(김은태, 2023. 12. 26.). 특히 스팀에서 97%의 비율로 '압도적으로 긍정적(Overwhelmingly Positive)' 평가를 유지하고 있으며. '메타크리틱'에서는 평점 90점을 확보하며 한국 게임 중엔 최초로 'Must Play' 배지를 획득했다(이학범, 2023. 12. 28.). 〈앨런 웨이크 2(Alan Wake 2)〉, 〈발더스 게이트 3(Baldur's Gate 3)〉, 〈젤다의 전설: 왕국의 눈물(The Legend of Zelda: Tears of the Kingdom)〉 등과 함께 《뉴욕타임스》가 선정한 '2023년 최고의 게임 10선'에 포함된 것도 빼놓을 수 없다. 그 밖에도 〈데이브 더 다이버〉는 '더 게임 어워즈', '골든 조이스틱 어워즈(Golden Joystick Awards)' 등 여러 유명 게임 시상식에 후보로 이름을 올렸다(안규현, 2023. 12. 28.).

 그 밖에도 다양한 작품이 이미 세계를 대상으로 서비스를 하고 있거나 준비 중이다. 2023년 12월 넥슨이 스팀에 정식 출시한 1인칭 슈팅 게임(FPS: first person shooter) 〈더 파이널스(The Finals)〉는 출시 2주 만에 누적 이용자 1,000만 명을 기록했다. 이 게임은 PS5, XBoX 시리즈 XlS용으로도 출시될 예정이다. 넥슨은 〈더 파이널스〉뿐 아니라 〈퍼스트 디센던트(The First Descendant)〉와, 〈던전 앤 파이터(Dungeon & Fighter)〉 IP를 활용한 〈퍼스트 버서커: 카잔(The First Berserker: Khazan, 이하 '카잔')〉 같은 주요 신작을 PC와 XBoX, PS용으로 2024년 출시할 예정이다. 이 중에서도 루트슈터(Looter-Shooter)[3] 〈퍼스트 디센턴드〉는 스팀 오픈베타 진행 첫날 동시 접속자 수 77,000여 명을 기록한 바 있다(김은태, 2023. 12. 26.).

 엔씨소프트는 〈쓰론 앤 리버티(TL: Throne and Liberty)〉, 〈LLL〉 등의 콘솔 신작 출시에 주력하고 있다. 2023년 12월 7일 한국 출시를 마친 대규모 다중 사용자 온라인 롤플레잉 게임(MMORPG: Massively Multiplayer Online Role-Playing Game) 〈TL〉은 날씨와 환경에 따라 변화하는 심리스(seamless) 월드와 던전, 이용자의 선택에 따라 역할이 달라지는 프리 클래스, 선택 가능한 PvP 시스템 등이 특징이다. 2024년 중 출시를 목표로 하는 〈LLL〉은 오픈월드 MMORPG에 3인칭 슈팅

---

[3] 슈팅 게임에 파밍 요소가 적용된 게임류를 말한다. 대개 슈팅 게임과 액션 RPG가 결합되는 경우가 많다. 주된 특징으로는 경험치 및 전리품 획득, 총기류가 주된 무기로 등장, 플레이어의 직접 조준 및 사격 등이 있다.

(TPS: Third-Person Shooter) 요소를 결합했다. 최근 유행하는 배틀로얄이나 루트슈터(Looter-Shooter) 등의 장르를 따라가지 않고, 새로운 혼합 장르 개척에 중점을 둔 점이 특기할 만하다.

라인게임즈는 1990년대 한국 패키지 게임 시장에서 큰 인기를 얻었던 소프트맥스의 〈창세기전〉과 〈창세기전 2〉를 리메이크한 〈창세기전: 회색의 잔영〉을 2023년 12월 닌텐도 스위치용 게임으로 출시했다. 카카오게임즈는 인기 MMORPG 〈아키에이지(ArcheAge)〉의 후속작 〈아키에이지 2(ArcheAge Ⅱ)〉를 PC와 콘솔용으로 개발 중이며, 2024년 내 클로즈드 베타 테스트(CBT)를 진행한다는 계획이다. 크래프톤은 오픈월드 익스트랙션 슈터 〈프로젝트 블랙버짓(Project BlackBudget)〉과 인생 시뮬레이션 〈inZOI〉를 2024년 출시할 예정이다 (김은태, 2023. 12. 26.).

이상에서 살펴본 내용을 정리하면, 가장 먼저 'K-게임'이 FPS나 MMORPG 중심에서 소울라이크, 루트슈터, 인생 시뮬레이션 등 다양한 장르로 확장되고 있음을 꼽을 수 있다. PC게임과 모바일게임 개발 일변도에서 벗어나, 콘솔을 중심으로 하되 멀티 플랫폼 형식을 취하는 것도 중요한 흐름 중 하나다. 이는 고품질 그래픽, 사실적 묘사, 액션 손맛 등을 구현하는 데 있어 콘솔이 최적의 플랫폼이고, 바로 그러한 점이 게임 개발 및 출시 과정에 반영돼 있음을 의미한다. 거기에다 멀티 플랫포밍 전략은 최근 글로벌 게임 비즈니스의 추세이기도 하다. 일부지만 기존 인기 IP 활용작(《카잔》, 《창세기전: 회색의 잔영》)과 후속작(《아키에이지 2》)도 눈에 띈다. 이처럼 한두 가지로 규정되지 않는 다양함을 취하는 방식으로 'K-게임'들이 변화 중이고, 그런 변화가 실제 세계 시장에서 받아들여지고 있다. 새로운 전성기로의 진입을 목전에 두고 있는 상황에서, 당분간 'K-게임'들의 변화에 관심을 집중할 필요가 있다.

3) 새 시대를 맞이하는 글로벌 게임쇼

1995년부터 시작돼 게임스컴, 도쿄게임쇼와 함께 세계 3대 게임쇼로 불렸던 E3가 역사 속으로 사라진다. E3를 주관하는 엔터테인먼트 소프트웨어 협회(ESA: Entertainment Software Association)는 2023년 12월 12일 E3를 더 이상 개최하지 않는다고 발표했다. 기대되는 신작, 새로운 기술과 콘솔 기종 등의 발표가 이뤄졌던 게임쇼지만, 닌텐도(Nintendo Co.), 소니(SIE: Sony Interactive Entertainment), 마이크로소프트(Microsoft) 등 3대 콘솔 기업이 꽤 오래전부터 E3 대신 자체 쇼케이스를 통해 신작 정보를 공개하면서 그 위상이 전과 같지 않다는 지적이 있어 왔다. 코로나19 시기 동안 오프라인 게임쇼가 전반적으로 쇠퇴한 것도 컸다. 이에 E3는 2023년 B2B 중심 행사를 B2C 포함 행사로 바꾸겠다고 약속했지만, 얼마 지나지 않아 행사를 취소하기도 했다(김승준, 2023. 12. 13.; 안규현, 2023. 7. 5.).

하지만 오프라인 게임쇼 전부가 E3와 같은 상황에 처한 것은 아니다. 엔데믹 이후 게임스컴, 도쿄게임쇼, 그리고 한국의 지스타(G-Star)는 오프라인 행사에 온라인 행사까지 더해 가며 그 규모와 활기를 되찾고 있다. '게임스컴 2023'에는 전년 대비 약 6만 명 증가한 32만 명의 관람객이 모였고, 온라인 전시는 오프라인 전시 전날 진행되는 행사 '오프닝 나이트 라이브(ONL)'를 포함해 총 2억 이상의 시청자 수를 달성했다. 이는 역대 가장 많은 시청자 수다. '도쿄게임쇼

2023'은 게이밍 PC, 주변 기기, 게이밍 가구 등을 전시하는 코너를 신설하고, 가족 단위로 즐길 수 있는 패밀리 키즈존을 부활시켜 참가 업체와 관람객의 범위를 확대하고자 했다. 그 결과 전년 대비 참가 업체가 28%, 관람객이 76% 늘었다. 오프라인 관람객 24만 명, 온라인 관람객 2,200만 명이 도쿄게임쇼를 찾았고, VR을 이용한 전시 역시 32만 명이 참여했다(안규현, 2023. 12. 28.).

'지스타 2023' 역시 역대 최대 규모(3,328부스)로 개최됐다. 2023년 11월 16일부터 나흘간 열린 지스타 2023에는 100% 사전 예매로 방문객을 맞았음에도 19만 7,000여 명이 방문했다. 전년 대비 7% 증가한 수치다. B2B관을 방문한 유료 바이어 수도 전년보다 소폭 증가한 2,317명으로 집계됐다. 높은 관심에도 불구하고 현장 발권이 불가했던 만큼 온라인 참관은 대폭 증가했다. 지스타 조직위가 집계한 바에 따르면 '지스타TV' 온라인 방송은 16일 20만 7,762명의 고유시청자(UV)를 시작으로 17일 25만 4,699명, 18일 24만 5,563명, 폐막일인 19일 23만 6,013명이 시청한 것으로 집계됐으며, 약 94만 4,000여 명이 온라인으로도 4일간 지스타를 함께 했다. 또 행사 기간 동안 지스타 컨퍼런스, 인디 쇼케이스 및 인디 어워즈, 서브컬처 페스티벌, 코스프레 어워즈 등이 함께 진행됐으며, 벡스코 오디토리움에서는 넥슨코리아와 EA(Electronics Arts)의 'FC PRO 페스티벌'이 개최되는 등 전시 외 다양한 참여할 거리를 제공했다(김은태, 2023. 12. 26.).

E3 폐지와 나머지 게임쇼들의 약진은 게임쇼가 더 이상 게임업체들의 쇼케이스를 위한 장이 아니라는 점을 시사한다. 이제 게임업체들은 개별 쇼케이스를 포함한 다양한 수단을 통해 소비자에게 직접 다가가고자 한다(이학범, 2023. 12. 28). 그렇기에 게임쇼에서는 새로

운 기종이나 기술, 작품 발표 이상의 무언가를 보여줄 수 있어야 한다. 성과를 올리고 있는 여러 게임쇼에서 공통적으로 발견되는 그 무언가는, 참가 업체와 관람객 범위를 확대하려는 노력이다. 게임 기기, 가구 등 관련 업체의 참여를 확대하고, 관람객이 직접 체험할 수 있는 컨퍼런스, 어워즈, 페스티벌 등의 온오프라인 행사를 마련하는 것이다. 그런 점에서 앞으로의 글로벌 게임쇼는 그야말로 총체적인 참여 문화의 장으로서 기능할 것으로 보인다.

4) 더 강력한 게임 규제안 내놓은 중국 정부

2023년 12월 22일 중국 국가신문출판서가 다시금 게임에 대한 강력한 규제안을 발표했다. 중국의 미디어 정책을 총괄하는 국가신문출판서는 게임 퍼블리시 사업자 관련 규정, 강제 대전 금지, 유도성 보상(매일 로그인, 최초 충전 등) 제한, 미성년자 대상 게임 지도 강화 등의 내용을 담은 〈온라인게임 관리 방안〉을 발표했다.

　이 방안이 업계에 파장이 큰 이유는 구체적인 행정규제 내용을 담고 있기 때문이다. 중국 내에서 게임 퍼블리시 사업을 영위하기 위해서는 필요한 제반 시설을 갖추고 있어야 하며, 서버 또한 중국 영토 내에 둬야 한다. 전문기술을 갖춘 인원도 갖춰야 한다. 온라인게임 플레이어들로 하여금 강제로 싸울 수 없게 하는 강제 대전 규제의 경우, PvP 자체를 금지하는 것인지, 서로의 동의하에만 PvP가 가능한 것인지 등 해석을 둘러싸고 플레이어들 사이에 논쟁이 펼쳐지고 있는 것으로 알려졌다. 아울러 관리 방안에는 사이버보안법에 따라서 실명 등록 없이 게임이 가능하도록 방치하는 회사에 시정명령과

벌금을 부과할 수 있다는 내용도 포함돼 있다. 일일 로그인 보상과 충전에 대한 귀납 보상 또한 불가능하다. 미성년자 게임 플레이에 대한 규제와 감독 또한 강화됐다.

〈온라인게임 관리 방안〉 발표는 기존의 출판번호 발급 형태의 판호 감독 시스템에서 나아가 라이브 서비스 단에서의 구체적인 행동 지침까지 규제하려는 시도로 해석된다. 이번 행정조치에 따르면 앞으로는 온라인게임 승인 제도가 운영되며, 게임 라이브 중에서도 지속적인 감독이 이루어질 것이라는 점이 시사되고 있다. 라이브 서비스의 변화하는 특성을 규제에도 반영한 것이다(김재석, 2023. 12. 22.).

해당 규제안은 업계 및 이용자 의견을 수렴하는 과정을 거쳐 적용될 예정이지만, 시장에는 즉각적인 충격이 발생했다. 규제안 발표 직후 텐센트(12.3%), 넷이즈(24.6%) 등 주요 게임사의 주식이 일제히 하락 마감했고, 한국에서도 데브시스터즈(14.88%), 크래프톤(13.77%), 위메이드(13.34%) 등 중국에서 서비스하고 있는 게임사들의 주가가 하락했다(안규현, 2023. 12. 28.). 중국의 사회관계망서비스(SNS: Social Network Service) 시나 웨이보(Xīnlàng Wēibó)에선 비판적인 의견이 쏟아졌다(김재석, 2023. 12. 22.). 이후 국가신문출판서는 보도자료를 통해 업계에 타격을 줄 것으로 보이는 일부 항목을 특정하며 "당사자의 의견을 계속 경청할 예정"이라고 밝혀 규제 완화를 시사하기도 했다. 당분간 한국 정부나 업계 차원에서도 중국 정부의 게임 규제 입장과 함께 세부안 발표에 지속적으로 관심을 갖고 추적할 필요가 있다.

5) 차세대 e스포츠 종목 〈발로란트〉의 공격적 변화

2023년은 〈발로란트(Valorant)〉 e스포츠의 전환점에 해당하는 해였다. 〈발로란트〉는 〈LoL〉의 개발사인 라이엇 게임즈가 2020년 세상에 내놓은 FPS다. FPS치고 진입장벽이 비교적 낮아 남녀노소 모두에게 인기를 끌고 있는 데다, 전략적이면서 광범위한 국제 리그와 세계 대회를 개최해 출시 2년 만에 차세대 e스포츠 종목으로 주목받고 있다.

2022년까지 〈발로란트〉 e스포츠는 라이엇 게임즈가 주관하는 각종 대회에서 포인트를 쌓아 챔피언스에 진출하는, 타 스포츠로 치면 '투어'에 가까운 방식을 취했다. 하지만 2023년부터 새롭게 확립된 발로란트 챔피언스 리그는 기본적으로 '프랜차이즈' 방식을 따른다. 리그별로 정해진 팀들이 경쟁을 통해 순위를 정하고, 순위가 높은 팀이 리그 간 경쟁 무대인 마스터즈와 챔피언스에 진출한다. 기본적으로 정규시즌에 해당하는 리그는 '발로란트 챔피언스 투어(VCT)'라 불린다. 해당 투어는 VCT 아메리카스(미주), EMEA(유럽, 중동, 아프리카), 퍼시픽(아시아태평양), CN(중국, 2024년 추가)과 같이 권역별로 이뤄진다. 대륙별 리그 참가 팀들은 마스터스, 그리고 스플릿 및 마스터스 종합 성적을 바탕으로 발로란트 챔피언스 진출권을 두고 경쟁하게 된다.

VCT 퍼시픽은 한국 상암에서 개최됐다. 리그 운영에 있어 초기에는 삐걱거리기도 했지만, 기술적 문제를 해결하고 운영시간도 변경하는 등 팬들의 의견을 수용해가면서 시즌을 마쳤다. e스포츠에 대한 다양한 지표를 제공하는 'e스포츠 차트'에 따르면, VCT 퍼시픽은 평균 14만 명, 결승전에서는 40만 명에 달하는 시청자를 모았다. 한국 팀들도 활약했다. DRX의 경우 퍼시픽 리그에서 시즌 내내 좋은 모습을 보이며 결승에 진출했고, 결승전에서 싱가포르의 페이퍼 렉스를 상대로 아쉬운 2:3 패배를 당하며 VCT 첫 시즌을 준우승으로 마쳤다. VCT 퍼시픽에 합류하면서 국내 팬들에게 다시 돌아온 T1의 경우, 초반 경기력은 한국 팀 세 팀(DRX, 젠지, T1) 중 가장 좋지 않다는 평가를 받기도 했으나 점차 성장하는 모습을 보여 DRX에 이은 3위를 기록하기도 했다. 반면 한국팀들은 세계무대에서는 기대에 못 미치는 성적을 거뒀다. DRX는 마스터즈에서 7-8위, 챔피언스에선 5-6위를 기록했고 T1은 마스터즈 9-10위, 챔피언스 조별리그 탈락이라는 아쉬운 성적에 그쳤다.

한국 팀의 성적이 기대에 못 미쳤던 것과 별개로, 국제무대의 진행은 팬들 사이에서 호평을 받았다. 도쿄에서 펼쳐진 마스터즈와 로스앤젤레스에서 진행된 챔피언스는 모두 진행 규모와 부대행사 등에서 팬들에게 만족스럽다는 평가를 받았다. 또한, 퍼시픽, 아메리카스, EMEA라는 세 개 지역을 대표하는 팀들이 챔피언스 4강에 모두 오르면서 마지막까지 전 세계 팬들을 열광케 했다는 것도 긍정적인 요소였다. 아쉬운 점도 존재한다. 이를테면 원래 VCT 포맷에서는 두 번의 정규시즌이 치러져야 하지만, 새로운 포맷으로 변경하는 과정에서 2023년 시즌에는 단 한 번의 VCT 정규 시즌만이 진행됐다. 그러다 보니 국제무대인 챔피언스까지 한 해의 일정이, 4분기가 채 되기도 전인 8월에 모두 막을 내렸다. 특히 리그의 포맷이 초기 팬들의 관심을 모으고 유지하는 데 매우 중요한 요소임을 감안하면, 아쉬울 수밖에 없는 일정 구성이다. 그럼에도 2024년에는 국제 대회인 킥오프, 두 차례의 마스터즈, 두 번의 VCT 시즌 등이 준비돼 있기에,

2023년보다 안정되고 풍성한 대회가 이뤄질 것으로 기대된다(허탁, 2023. 12. 27.).

3. 주요 수출국: 중국 〉일본 〉동남아 〉대만 〉북미 〉유럽

2022년 주요 국가별 수출 비중을 살펴본 결과, 중국이 30.1%로 가장 높았다. 일본(14.4%), 동남아(14.2%), 대만(12.0%), 북미(11.5%), 유럽(9.8%) 등이 뒤를 이었다. 2021년은 중국(34.1%), 동남아(17.0%), 북미(12.6%), 유럽(12.6%), 일본(10.5%), 대만(6.4%) 순이었다. 1년간 중국 비중은 4.0%p 줄었지만 여전히 가장 큰 수출국임에는 변함이 없었다. 반면 일본은 비중을 3.9%p 늘리며 5위에서 2위로 올라섰다. 대만(5.6%p), 일본이 비중이 증가한 국가라면, 중국, 동남아(-2.8%p), 유럽(-2.8%p), 북미(-1.1%p)는 비중이 감소한 국가 또는 지역이라 할 수 있다. 비중은 달라질지언정 대체로 순위에는 아주 큰 변화가 없었는데, 1년간 중국을 제외한 모든 국가가 순위를 달리한 것은 이례적인 일이다.

가장 많이 수출되는 두 플랫폼인 모바일게임과 PC게임으로 구분해 수출국 비중을 살펴보면 다음과 같다. 모바일게임 수출국의 경우도 중국이 18.8%로 가장 높은 비중을 차지했다. 이는 게임 전체 비중에서 중국이 차지한 30.1%에 비하면 낮은 수치로, 상대적으로 모바일게임의 국가별 수출 비중이 다른 플랫폼들의 그것에 비해 고르게 퍼져 있음을 나타낸다. 그다음으로는 게임 전체 비중과는 달리 3위였던 동남아(17.7%)가 2위를 차지하고, 2위였던 일본(17.6%)이 근소한 차이로 3위를 차지했다. 다음은 전체 게임 수출 비중 순위와 마

> **그림 2** 한국 게임의 수출국별 비중(2022년) (단위 : %)

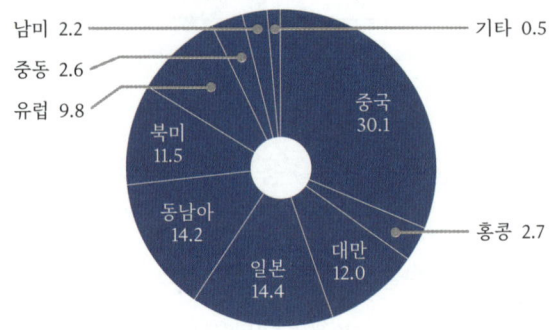

* 출처 : 한국콘텐츠진흥원(2024b). 「2023 대한민국 게임백서」, 79쪽.

> **그림 3** 한국 게임의 수출국별 비중 비교(2021~2022년) (단위 : %)

* 출처 : 한국콘텐츠진흥원(2024b). 「2023 대한민국 게임백서」, 80쪽.

찬가지로 대만(17.1%), 북미(12.3%), 유럽(7.9%)이 뒤를 이었다. 그 밖에는 홍콩이 3.0%, 중동이 2.8%, 남미가 2.3%의 비중을 기록했다. 전년 대비 가장 큰 폭으로 수출액이 증가한 것은 대만(+8.8%p), 감소한 것은 중국(-10.4%p)이었다.

그림 4　한국 모바일게임의 수출국별 비중 비교(2021~2022년)　　(단위 : %)

* 출처 : 한국콘텐츠진흥원 (2024b), 「2023 대한민국 게임백서」, 81쪽.

    PC게임에서는 중국이 차지하는 비중이 48.6%로 압도적이었다. 전년 비중(44.0%)도 높았지만 그보다 4.6%p나 더 높아졌다. PC게임에서의 높은 비중이 전체 게임 수출 비중 내 중국 비중을 크게 높이는 데 기여했다. 전체 및 모바일게임에서와 달리, PC게임에서는 그동안 유럽이 두 번째로 높은 비중을 차지해 왔는데, 2022년엔 그 수치가 13.5%로 전년(20.5%)보다는 줄었다. 대체로 2021년과 아주 큰 차이를 보이지 않는 가운데 유럽이 전년 대비 7.0%p 감소하고, 동남아가 8.3%로 전년(5.3%) 대비 3.0%p 증가했다. 다만 모바일게임에서 중국, 동남아, 일본, 대만이 비슷한 수치를 보이며 71.2%의 비중을 차지했다면, PC게임의 경우는 중국이 절반에 가까운 비중을 보인 가운데 유럽과 북미만이 두 자릿수 비중을 겨우 기록해 상대적으로 중국에 대한 집중이 높았음을 확인할 수 있다. 전년 대비 가장 큰 폭으로 수출액이 증가한 것은 중국, 감소한 것은 유럽이었다.

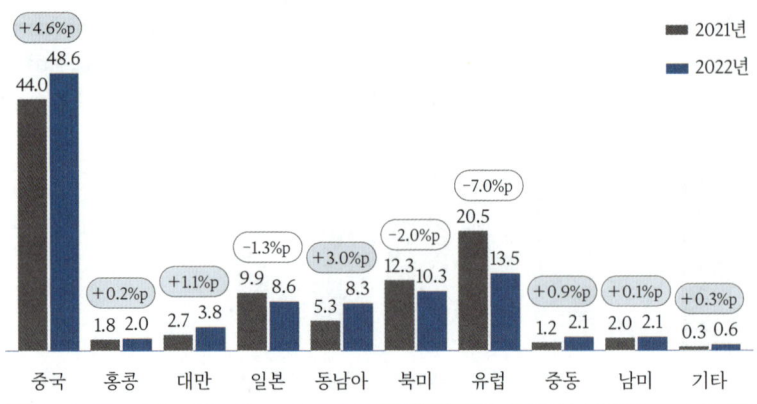

그림 5 한국 PC게임의 수출국별 비중 비교(2021~2022년)

* 출처 : 한국콘텐츠진흥원(2024b). 「2023 대한민국 게임백서」, 80쪽.

4. 2024 게임 한류 전망

2022년에서 2023년에 걸친 게임 한류 현황, 게임 한류 관련 세부 이슈, 게임 수출 현황 등을 살펴보았다. 이를 토대로 2024년 게임 한류의 방향을 전망하자면 다음과 같다.

    첫째, 게임업계가 새로운 성장 동력을 계속 발굴하고 있음을 감안하면, 장르·플랫폼 다변화 흐름이 계속될 것으로 보인다. 장르의 경우 FPS, MMORPG 중심에서 탈피해 소울라이크, 루트슈터, 인생 시뮬레이션 등으로, 플랫폼의 경우 PC, 모바일 일변도에서 벗어나 콘솔을 중심으로 한 멀티 플랫폼으로 확장하고 있다. 콘솔게임의 경우 현세대 콘솔기기가 수명주기의 후반부에 접어든 데다 독점작 판매량도 감소하면서 회의론이 대두되고 있기도 하지만, 멀티 플랫폼

게임의 강세에는 별다른 이견이 없는 듯하다. 뉴주(Newzoo, 2023)에 따르면, 전 세계 게임 이용자의 72%는 두 개 이상의 플랫폼에서 게임을 즐기는 것으로 나타났다. 구글의 조사에서도 현재 이용하고 있는 게임이 다른 플랫폼으로 출시됐을 때 다운로드하거나 구매하겠다는 비율이 70% 이상으로 집계됐다(한국콘텐츠진흥원, 2024a).

앞에서는 주로 대형 프로젝트 사례 위주로 살펴봤지만, 한국 인디게임의 글로벌 인기도 점증하고 있다. 스팀에서 최고 등급인 '압도적으로 긍정적' 평가를 받은 네오위즈의 〈산나비〉와 키위웍스의 〈마녀의샘R〉 등이 대표적이다(한국콘텐츠진흥원, 2024a). 한국 서브컬처 게임에 대한 글로벌 차원의 관심 역시 커지는 중이다. 서브컬처 게임이란 대체로 일본 애니메이션 스타일에 가까운 그래픽, 규칙보다는 캐릭터 중심의 플레이 메커니즘을 특징으로 하는 게임류를 가리킨다. 대표작이라 할 수 있는 시프트업 〈승리의 여신: 니케〉의 글로벌 매출은 2023년 9월 기준 5억 달러, 넥슨의 〈블루 아카이브〉는 2023년 5월 기준 3억 2,000만 달러에 달한다(홍수민, 2024. 1. 5.). 서브컬처 게임의 상당수가 일본 애니메이션 IP에 의존하고 있어 자체 IP 성공이 어렵다는 회의론이 존재함에도, 이미 마니아가 형성돼 있는 IP 기반 서브컬처 게임의 출시는 갈수록 늘어날 것으로 보인다.

첫째와의 연장선에서 둘째, 해외 진출 방식이 더욱 다양해질 것이다. 다양한 장르의 신규 IP 개발 및 시리즈화는 물론이고 기존의 핵심 IP를 바탕으로 한 확장, 외부 개발사 게임 퍼블리싱 등이 대표적이다. 예를 들어 그라비티는 〈라그나로크(Ragnarok)〉 IP 기반 모바일게임을, 방치형 RPG 〈라그나로크 아이들 어드벤처〉, 레트로 턴제 RPG 〈라그나로크 20 히어로즈〉 등 다양한 유사 장르로 변주해 출시해 왔다. 적극적인 퍼블리싱 전략을 병행하는 모습 또한 보이고 있다. 2023년 열렸던 '지스타 2023'에서 그라비티는 수집형 RPG 〈뮈렌: 천년의 여정〉, 과학 조사 시뮬레이션 게임 〈사이코데믹 ~특수 수사 사건부 X-FILE~〉 등 총 26종의 게임을 선보였다. 국내에서 이미 어느 정도 성공한 게임을 해외에 공급하는 것이 아니라, 애초에 해외 시장을 목표로 설정하고 게임을 개발하는 전략도 부상하고 있다. 일례로 컴투스는 실적 발표를 앞둔 2024년 1월 글로벌 퍼블리셔로 거듭나겠다고 선언한 바 있다. 많은 국내 게임업체가 자체 개발 및 퍼블리싱 타이틀을 통해 해외에 진출하고 수익 파이프라인을 다각화하기 위해 나서는 모습인데, 전 세계 게임 시장을 덮친 한파 속에서 이들의 전략이 2024년 한 해 동안 얼마나 성공할 수 있을지가 주목된다(안규현, 2024. 2. 20.).

셋째, 전 세계적으로 확률형 아이템 규제가 강화되는 흐름 하에서 새로운 비즈니스 모델 발굴이 시급하다. 한국도 2023년 11월 문화체육관광부가 발표한 확률형 아이템 정보공개 의무화에 대한 시행령 일부 개정안이 2024년 3월 시행을 앞두고 있다. 그 밖에 게임 서비스 종료 시 이미 사용한 유료 아이템도 환불할 수 있게 하는 내용 등이 담긴 모바일게임 표준약관 개정도 추진되고 있는 것으로 알려졌다. 확률형 아이템 확률 조작에 따른 처벌 사례도 나왔다. 2024년 1월 공정거래위원회는 넥슨에 〈메이플스토리〉와 〈버블 파이터〉에서 확률형 아이템을 판매하며 이용자에게 불리한 구조로 확률을 변경하고 이를 허위로 공지했다며 과징금 116억원을 부과하고 시정명령을 내렸다. 확률형 아이템 규제 강화가 한국만의 특수한 상황은 아니다. 유럽연합(EU), 중국 등에서도 확률형 아이템에 대한 규제안을 적극적으로 발표함에 따라, 확률형 아이템을 악용한 수익 창출은 쉽지 않아질 듯하다(한국콘텐츠진흥원, 2024a). 개발사로서는 새로운 규제 하에서 확률 조정과 수익모델 사이의 적절한 조화점을 찾고, 동시에 새로운 수익모델을 발굴하는 일은 이제 선택이 아닌 필수가 돼가고 있다.

넷째, 글로벌 콘솔게임 시장의 변화가 한국 게임과 e스포츠 시장에 어떤 영향을 미칠지 주의 깊게 살펴볼 필요가 있다. 한국 게임 업계가 콘솔게임으로 실적 반등의 돌파구를 마련하고자 하는 가운데, 글로벌 콘솔게임 시장의 성장이 한계에 다다랐다는 전망이 나오고 있기 때문이다. 2024년 2월 17일 영국 파이낸셜 타임스(Financial Times)에 따르면 소니는 2023년 4월부터 2024년 3월까지의 PS5 판매 전망치를 2,500만 대에서 2,100만 대로 줄여 발표했다. PS5가 수명 주기 후반부에 접어들었다는 판단에서다. 기기 판매 부진은 경영 실적 악화로 이어졌다. 콘솔기기 판매 부진이 소니만의 문제는 아니다. 마이크로소프트도 2020년 이후 선보인 새로운 콘솔이 없다. 인력 감축을 통한 비용 절감도 시작됐다. XBoX 사업부만이 아니라 액티비전 블리자드까지 함께 묶여 있긴 하나, 마이크로소프트 게임사업 부문은 2023년 12월 직원 2만 2,000명 중 1,900명을 해고했다(임유진, 2024. 2. 20.).

현세대 콘솔의 수명 주기가 끝나가고 있지만, 준비 중인 차세대 콘솔이라 해서 부담이 없는 것은 아니다. 핵심 타이틀 공백이 생기고 있고, 반도체 생산 단가 증가 역시 이익에 악영향을 끼친다. 반도체 공정의 혁신적 효율화가 쉽지 않아지면서 차세대 콘솔은 더 높은 가격, (이전 세대보다) 더 적은 성능 향상을 예고하고 있다. 게임 개발비도 꾸준히 증가하고 있다. 〈마블 스파이더맨 2(Marvel's Spider-Man 2)〉의 개발비는 3억 달러, 〈호라이즌: 포비든 웨스트(Horizon: Forbidden West)〉는 2억 1,200만 달러로 알려져 있는데, 2023년 전 세계 영화 제작비 1위였던 〈분노의 질주: 라이드 오어 다이(Fast X)〉 제작비가 3억 4,000만 달러였음을 감안하면, 게임 개발비가 얼마나 많이 드는지를 실감할 수 있다. 다시 성능과 가격을 잡은 칩 제조 혁신이 찾아오기 전까지는 기기 판매 수익이 줄어들 수밖에 없기에, 멀티 플랫포밍, 콘텐츠 기간 독점, 게임 패스 콘솔 독점, 라이브 서비스, 퍼블리싱 병행 등을 통한 새로운 비즈니스 전략이 떠오르고 있는 상황이다(강승진, 2024. 2. 22.). 한국 게임업계에도 콘솔게임으로의 쏠림보다는 다양하고 현명하면서도 유동화하는 비즈니스 전략이 요구된다.

마지막으로, 그리고 여전히 세계보건기구(WHO: World Health Organization)의 결정이 게임산업과 문화에 미칠 영향을 한국적 맥락에서 진지하게 검토해야 한다. WHO가 2019년 5월 통과시켰던 국제질병분류(International Classification of Diseases) 제11차 개정안(ICD-11)이 2022년부터 적용돼, 게임이용 장애(gaming disorder)가 질병에 포함됐다. 물론 한국표준질병사인코드(KCD: Korean Standard Classification of Disease and Cause of Death)에 반영되는 것은 2025년(5년 주기 개정)으로 아직 시간이 남아 있지만, WHO의 결정은 한국 게임산업과 플레이어/어를 규율하는 중요한 틀로 작용하고 있다는 점에서 문제적이다. 2022년 9월 7일 문화예술진흥법 일부개정법률안 통과로 게임이 법적 문화예술로 인정된 상황에서, 뜨거운 토론을 다시 시작할 필요가 있다.

해외에서 한국의 게임들이 유의미한 성과를 거두고 전 세계 게임 시장에서 한국 게임 시장이 차지하는 비중도 커지고 있지만, 시장 규모가 갈수록 축소될 것이라는 전망이 나오고 있다. 엔데믹과 함께 실외 활동이 본격화되면서 게임 유통업은 예년 수준의 매출 규모를 회복할 것으로 보이지만 금액 자체가 절대적으로 크지는 않다. 실내 플레이 중심인 PC와 콘솔게임은 다른 여러 엔터테인먼트의 인기와 야외 활동 증가와 함께 조금씩 쇠퇴할 확률이 높다. 모바일게임 시장의 경우 더 성장할 부분이 남았다 해도 슬슬 안정세에 접어들고 있다. 인건비, 개발비, 간접비 등 제반 비용의 상승은 게임업계의 영업 이익에 긍정적이지 않은 영향을 미칠 수 있다. 무엇보다 불경기가 심화되고 사람들의 전반적인 가처분소득도 감소 중이다. 전 세계 게임 시장도 마찬가지지만, 한국 게임 시장은 그 어느 때보다도 예측이 어려운 상황에 처해 있다. 시장 규모의 축소가 예상된다면 그 규모는 얼마나 될지, 또 얼마나 계속될지, 그것에 정부, 업계, 그리고 플레이어는 어떻게 대비해야 할지 구체적이면서도 다양한 논의가 본격화돼야 한다.

(6
만화·웹툰 한류)

(웹툰 한류의 성장과
'K-웹툰'을 둘러싼 고민)

이수엽
미디어미래연구소 연구위원

1. 만화·웹툰 한류 현황

지난 몇 년간 웹툰은 한국의 문화적 역량을 입증하는 담론의 첨병에 자리했다. 주요 웹툰 플랫폼이 전 세계의 도서·만화 앱 시장에서 올린 성과와 웹툰을 원작으로 하는 영상 작품의 국제적인 흥행 소식이 때마다 언론 지면을 장식했다. 만화·웹툰의 수출 규모, 해외에서의 소비도 매해 최고점을 경신했다.

웹툰이 세계 시장에서 커다란 성공을 거둠에 따라 해외 이용자가 웹툰을 적극적으로 소비하고 해외 기업이 웹툰의 비즈니스 모델을 적극적으로 차용하면서, 웹툰의 성장과 변화는 한국 웹툰의 성장과 변화와는 조금씩 영역을 달리하는 중이다. 이에 따라 웹툰 한류에 대한 논의의 필요성도 커졌다. 관련 논의를 위해서는 산업적인 측면과 문화적인 측면을, 그리고 콘텐츠와 플랫폼을 함께 이야기해야 한다. 먼저 웹툰이 세계 만화 시장에서 어떠한 비중을 차지하고 있는지 또 어떻게 소비되고 있는지부터 논의하도록 하자.

1) 세계 만화 시장 및 디지털 만화 시장 현황

2021년 기준 세계 만화 시장은 전년 대비 15.4% 성장한 약 113억 7,000만 달러(약 15조원) 규모로 추정된다. 2026년까지 5년간 연평균 10.8% 성장률을 유지해 2026년에는 190억 120만 달러(약 25조원) 규모에 이를 것으로 전망된다.

만화 시장의 성장을 이끄는 것은 디지털 만화 부문이다. 디지털 만화와 웹툰은 범주가 일치하지 않는다. 전자는 처음부터 온라인 형식으로 제작된 웹툰과 인쇄 만화를 디지털화한 콘텐츠를 모두 포함하기 때문이다. 네이버·카카오 등 웹툰 플랫폼이 세계 각지에 성공적으로 확장되면서 이용자들의 디지털 수요가 증가했다. 이에 전통적인 만화 출판사들이 온라인 서비스를 강화하는 한편 새로운 디지털 유통 플랫폼도 웹툰 제작에 뛰어들고 있다. 그 결과 2021년 기준으로 전체 만화 시장의 42.0%를 차지하는 디지털 만화 시장은, 향후 5년 동안 만화산업 연평균 성장률의 약 2배에 달하는 21.2%의 성장률을 유지하며 2026년에는 전체 만화 시장의 약 65.8%를 차지할 것으로 예측된다(소프트웨어정책연구소, 2023).

표1 세계 만화 시장 및 디지털 만화 시장 규모와 전망(2017~2026)[1] (단위: 백만 달러, %)

구분	2017	2018	2019	2020	2021	2022	2023	2024	2025	2026	2021-2026 CAGR
만화	8,243	8,379	8,895	9,854	11,370	12,473	13,565	15,040	16,791	19,012	10.8%
디지털 만화	2,286	2,599	3,179	4,087	4,774	5,840	7,000	8,492	10,277	12,502	21.2%
디지털 비중	27.7%	31.0%	35.7%	41.5%	42.0%	46.8%	51.6%	56.5%	61.2%	65.8%	

* 출처: 소프트웨어정책연구소(2023), 「2022 국외 디지털콘텐츠 시장조사」, 46쪽.

[1] 소프트웨어정책연구소에 따르면 해당 데이터는 "PwC Global Entertainment & Media Outlook 2022-2026", "ICv2-Comichron", 公益社団法人全国出版協会: 出版月報 2022", "中国新闻出版研究院: 中国数字出版产业年度报告 2020-2021" 자료를 활용해 산출했다.

2) 수출 측면에서의 만화·웹툰 한류 현황

세계 만화 시장 및 디지털 만화 시장이 빠르게 성장하면서 한국 만화·웹툰의 수출 규모도 급격히 확대되고 있다. 특히 코로나19로 홈·모바일 엔터테인먼트의 수요가 높아진 2020년부터 급증하기 시작했다. 2022년 기준 수출액은 약 1억 714만 달러(한화 약 1,440억원)에 달하는데 이는 전년 대비 31.3% 성장한 수치다(문화체육관광부, 2024).

그림 1 한국 만화·웹툰산업 수출액 추이 (2017~2022)   (단위 : 천 달러, %)

* 출처 : 문화체육관광부(2024). 「2022년 기준 콘텐츠 산업조사」 자료 재구성.

표 2 2021년 상반기~2023년 상반기 만화·웹툰산업 수출액 규모   (단위 : 천 달러, %)

구분	2021		2022		2023	2022 2H 대비 증감률	2022 1H 대비 증감률
	1H	2H	1H	2H	1H		
만화	41,010	40,970	52,450	54,697	89,853	64.3	71.3
콘텐츠산업 전체	5,309,778	7,143,119	5,317,138	7,990,839	5,385,973	-32.6	1.3

* 출처 : 한국콘텐츠진흥원(2024a). 「2023년 상반기 콘텐츠산업 동향분석」, 10쪽 자료 재구성.

수출 급증 추세는 2023년에도 이어졌다. 2023년 상반기 만화·웹툰 수출액은 8,985만 달러(약 1,200억 원) 규모로 추정되는데 이는 전년 동기 대비 약 71.3% 증가한 수치다. 콘텐츠산업 전체 수출액의 전년 동기 대비 성장률이 1.3%에 그치는 것과 비교해 보면 한국의 만화·웹툰이 해외에서 얼마나 폭발적인 성공을 거두고 있는지 확인할 수 있다(한국콘텐츠진흥원, 2024a).

3) 소비·이용 측면에서의 웹툰 한류 현황

웹툰 한류의 성장세는 이용자들의 소비 행태를 통해서도 확인된다. 한국국제문화교류진흥원이 2022년 26개국 25,000명을 대상으로 한 조사에 따르면, 한국 문화콘텐츠 소비 비중에서 웹툰은 조사 대상 11개 한류 콘텐츠 가운데 28.6%로 1위를 차지했다. 2021년도에는 6위였으나 한 해 만에 1위로 올라 가장 큰 순위 변동을 보였다. 호감도에서도 73.6%로 전체 평균(72.5%)을 상회했으며, 평균 소비 시간도 16.1시간으로 평균(15.2시간)을 웃돌았다(한국국제문화교류진흥원, 2023a).

그림 2 한국 문화콘텐츠 소비 비중(2022년 기준) (단위 : %)

* 출처 : 한국국제문화교류진흥원(2023a). 「2023 해외한류실태조사」

해외 이용자에게서 코로나19 발생 이전 내비 한국 웹툰의 소비량이 증가했다는 응답은 50%에 달했다. 월평균 이용 시간은 2020년 11시간에서 2021년에는 15.2시간으로, 그리고 2022년에는 16.1시간으로 해마다 증가했다. 그 과정에서 네이버웹툰은 해외 이용자들이 한국 웹툰을 접하는 경로 1순위로 지목됐다(한국국제문화교류진흥원, 2023c).

반면에 브랜드 파워 지수에서 웹툰은 53.3점으로 조사 대상 11개 콘텐츠 가운데 10위로 최하위권에 머물렀다. 2021년도에도 55.7점으로 최하위권이었다.

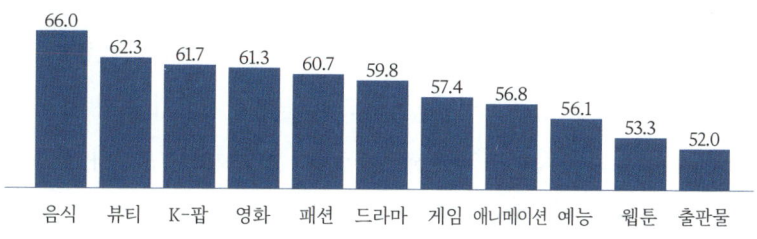

그림 3 한국 문화콘텐츠 브랜드 파워 지수(2022년 기준)   (단위 : 점)

* 출처 : 한국국제문화교류진흥원(2023a). 「2023 해외한류실태조사」

브랜드 파워 지수 조사 결과는 앞선 소비 비중 조사 결과와 일견 모순된 것처럼 보인다. 여기에는 다양한 해석이 가능하다. 그중 하나는 케이팝, 뷰티, 음식의 경우 한국 스타를 매개로 하기 때문에 한류 콘텐츠라는 인식이 강한 데 비해 웹툰은 그러한 인식이 형성되기 어렵다는 해석이다(한국콘텐츠진흥원, 2023). 한류 스타를 매개하지 않는 게임, 애니메이션, 웹툰, 출판물이 공통적으로 하위권을 형성하고 있다는 점이 이를 방증한다.[2] 다시 말해 웹툰은 '한국' 콘텐츠이기 때문이 아니라 우수한 '콘텐츠'로서 받아들여지고 있다는 것이다(박소정, 2022). 다른 하나는 웹툰의 경우 플랫폼과 콘텐츠가 함께 해외에 진출함으로써 생산과 유통과 소비를 아우르는 생태계를 현지에서 형성하고 있다는 해석이다. 이를 통해 현지에서 새롭게 제작되고 소비되는 웹툰의 흐름과 그것이 만들어 내는 수용의 양상은 한국의 콘텐츠가 해외에 전파되는 양상으로서의 한류와는 완전히 일치하지 않는다. 아래에서 이를 좀 더 자세히 설명하도록 하겠다.

4) 수용과 교류 측면에서의 만화·웹툰 한류 현황

일반적으로 한류는 한국의 미디어 콘텐츠와 대중문화를 포함한 한국적인 것들이 한국 외의 나라에서 인기를 얻는 현상을 가리킨다. 이러한 인기는 해당 콘텐츠의 수출 규모 혹은 현지에서의 소비 및 인식 등을 조사해 가시적으로 확인할 수 있다. 문화체육관광부와 한국국제문화교류진흥원, 한국콘텐츠진흥원에서는 해마다 관련 조사를 진행해 결과를 공개한다.

    그런데 광의의 맥락에서 한류는 한국적인 것들이 인기를 얻는 현상을 통해 국가와 국가 간, 문화와 문화 간, 그리고 다양한 개인 간의 상호 교류가 확장하고 이해가 깊어지며 함께 성장하고 변화하는 현상을 의미한다(류웅재, 2020). 이 맥락에서 웹툰 플랫폼은 차

---

2   예능의 경우 한류 스타가 등장하더라도 문화권마다 웃음의 코드가 달라 문화적 할인율이 높다는 점이 영향을 미쳤을 것으로 추측할 수 있다.

별적인 역할을 수행한다. 플랫폼은 한국 창작자와 작품의 현지 진출을 견인하고 팬을 형성할 뿐만 아니라, 현지의 창작자와 작품을 육성하고 이를 다시 세계에 소개하는 역할도 수행한다. 레이첼 스마이스(Rachel Smythe) 작가의 〈로어 올림푸스(Lore Olympus)〉가 대표적인 사례다. 각 국가와 문화권에서 다양한 팬과 창작자와 작품이 등장하고 이것이 다시 다른 국가와 문화권에 소개되면서 웹툰이 만들어 내는 문화적 생태계는 더욱 풍성해진다. 국경과 산업을 넘나드는 교류와 협력도 확장된다. 예를 들어 한국 웹툰인 〈나 혼자만 레벨업〉은 북미 독자에게 크게 인기를 얻어 2021년 미국 온라인 청원 사이트 체인지에 '애니메이션 제작 청원'이 등장해 21만 명이 동참했고, 이후 일본 애니메이션 제작사인 A-1픽처스를 통해 한·미·일 합작으로 제작돼 2024년 글로벌 OTT를 통해 전 세계에 방영됐다(씨제이이엔엠 피디, 2024. 1. 27.). 반대로 해외 IP를 발굴해 한국에서 제작하려는 사례도 늘고 있다. 2023년 한국의 와이낫미디어는 일본 소설을 한국 기업과 함께 영상화·웹툰화하기 위해 일본 출판사인 코분샤(光文社)와 업무 협약을 맺었다(서희원, 2023. 6. 1.).

　이러한 수용과 교류는 웹툰 한류가 수출과 소비 규모로만 파악할 수 있는 것 이상임을 시사한다. 그 과정에서 더욱 확장된 문화·산업으로서의 웹툰은 성장하고 있다. 하지만 한국 콘텐츠라는 의미에서의 'K웹툰'이라는 브랜드는 다소 약화되고 있는지도 모른다. 2023년은 이와 관련된 이슈가 본격적으로 대두한 해라고 할 수 있다.

2. 만화·웹툰 한류 주요 이슈

1) 만화·웹툰 시장의 경쟁 강화와 한국 웹툰에 대한 고민

웹툰은 해외 디지털 만화 시장을 변화·확장시키고 있다. 북미와 유럽에서는 웹툰의 가능성을 확인한 만화 출판사들이 잇달아 웹툰 서비스를 선보였다. 마블의 마블 언리미티드(Marvel Unlimited), 벨기에 출판사 듀퓨이(Dupuis)의 웹툰 팩토리(Webtoon Factory), 프랑스 출판사 델코트(Delcourt)의 베리툰(Verytoon)이 그 사례다. 북미와 유럽에 뒤이어 2023년에는 일본의 웹툰 시장에서 강력한 경쟁자들이 등장했다.

일본 시장은 북미, 유럽 시장과 성격이 다르다. 후자가 웹툰 도입기라면 일본은 웹툰 성장기라고 할 수 있다. 일본 전국출판협회 출판과학연구소에 따르면 일본 디지털 만화의 시장 규모는 2018년 1,965억 엔(한화 약 1조 7,400억원) 규모에서 2022년 약 4,479억 엔(약 4조원)으로 급증했다. 그리고 만화 출판사인 슈에이샤(集英社)에 따르면 일본 디지털 만화 시장 4,479억 엔 가운데 웹툰 시장 규모는 500~600억 엔 규모에 달한다. 디지털 만화의 주 소비층은 30~40대, 웹툰의 주 소비층은 10~20대이다. 시간이 지날수록 웹툰 소비가 확대돼 시장은 더욱 커질 것으로 예측되는 까닭이다.

이 같은 일본 시장에서 가장 높은 점유율을 차지하고 있는 것은 카카오픽코마, 라인망가 등 한국에서 시작한 플랫폼 서비스다. 각각은 2023년 연간 거래액 1,000억 엔을 돌파하며 일본 진출 이래 최대의 실적을 거뒀다(네이버웹툰, 2023; 카카오, 2024).[3] 하지만 최근에는 새로운 경쟁 구도가 형성되기 시작했다. 글로벌 플랫폼 기업과 현지의 전통적인 만화 출판사들이 웹툰 플랫폼 론칭을 본격화했기 때문이다. 2023년 3월에는 아마존 재팬이 자체 웹툰 서비스인 아마존 플립툰(Amazon Fliptoon) 서비스를 시작했다. 4월에는 애플이 모바일 앱인 애플북스(Apple Books)에 웹툰 서비스 카테고리를 추가했다. 애플은 이를 전 세계 51개국에 순차로 도입할 계획이다. 일본의 전통적인 만화 출판사인 슈에이샤도 5월부터 웹툰 서비스 '점프 TOON'을 시작한다고 발표했다. 해당 서비스는 2024년 중 출시할 예정이다.

그런데 여기에는 몇 가지 흥미로운 지점이 있다. 첫째, 이들은 세로 스크롤, 플랫폼을 통한 연재라는 웹툰 고유의 콘텐츠 형식과 유통방식뿐만 아니라 수익 모델도 차용한다. 예를 들어 플립툰은 한국 플랫폼의 수익 모델인 '기다리면 무료', 흔히 줄여서 '기다무'라고 부르는 서비스를 제공한다. 기다무는 일정 주기마다 작품을 무료로 제공하는 서비스인데 기다리지 않고 연재분을 바로 보기 위해서는 이용권을 결제해야 하기 때문에 이용자와 수익을 효과적으로 늘릴 수 있다. 카카오픽코마는 기다무를 통해 일본 시장에서 큰 성공을 거둔 후(전자신문, 2017. 12. 22.), 북미, 프랑스 등 해외 서비스 출시 과정에서 적극적인 수익 모델로 활용했다. 이를 아마존 플립툰도 도입한 것이다.

둘째, 애플, 아마존 등은 콘텐츠 공급을 위해 한국 MCP(Master CP)와 협력하고 있다. 따라서 당장은 한국 창작자와 제작사에 보다

---

3   카카오픽코마는 단일 플랫폼 기준, 라인망가는 이북재팬(eBookJapan)과의 합산 거래액 기준.

많은 기회가 열렸다고 할 수 있다. 국제교류와 협력이 더욱 증가하고 웹툰 시장도 그만큼 확장될 개연성이 높다. 하지만 중장기적으로 콘텐츠 제작 요령이 평준화되면 해당 플랫폼 서비스들이 현지 창작자와 제작사로 한국을 대체하려 시도할 가능성도 간과할 수 없다.

셋째, 북미와 일본의 서비스는 웹툰이라는 명칭 대신 세로로 읽는 만화를 가리키는 버티컬 코믹스(vertical comics) 혹은 다테요미망가(縦読み漫画)라는 용어를 주로 사용한다. 해당 서비스들이 성공을 거둔다면 웹툰은 플랫폼에 연재되는 세로 스크롤 형태의 디지털 만화를 지칭하는 하나의 고유한 개념이 아니라, 그것을 의미하는 다양한 개념 중 하나가 될 가능성을 배제할 수 없다. 웹툰의 하위 장르로 일본 웹툰이 있는 것이 아니라, 디지털 만화의 하위 장르로 웹툰과 다테미요망가가 병존하는 셈이다.

그동안 웹툰 한류는 한국의 콘텐츠와 함께 네이버·카카오 등 주요 플랫폼이 자사의 비즈니스 모델로 해외 진출에 성공함으로써 활성화된 측면이 있다. 하지만 이를 해외 플랫폼이 적극적으로 차용하고 향후 콘텐츠 공급까지 해외에서 자체적으로 이루어질 수 있는 미래를 고려할 때, 그럼으로써 한국이 원산지인 웹툰을 해외에서 성공적으로 전유했을 때, 웹툰 한류는 어떠한 모습이 될 것이고 또 어떠한 모습이어야 하는가에 대해서는 지금부터 고민을 시작해야 한다. 이러한 상황이 새로운 것은 아니다. 이미 대중음악에서는 한국인 없는 케이팝 그룹, 한국이 아니라 해외에서 만들어지고 해외 시장에서 시작하는 케이팝 그룹이 등장하면서 'K 없는 K팝'에 대한 논의가 진행되고 있다(서정민, 2023. 12. 4.).

2) 웹툰에서 영상으로, 웹툰에서 만화로

2023년에도 웹툰을 원작으로 활용한 다양한 영상 작품이 제작돼 전 세계 팬과 만났다. 다음은 2023년 공개된 웹툰 원작 드라마와 영화, 애니메이션 주요 작품을 정리한 것이다.

표 3 **2023년 영상화된 웹툰 원작 작품**

구분	제목	작가	채널
드라마	오늘도 사랑스럽개	이혜	MBC, 웨이브, 넷플릭스, U-NEXT, friDayVideo, TV360, 라쿠텐 비키, Viu
	조선변호사	정작가, 심군	MBC, 웨이브, 코코아, Viu
	모범택시 시즌2	까를로스, 크크재진	SBS, 웨이브, 쿠팡플레이, 코코와플러스, 라쿠텐 비키, 아마존프라임비디오, Viu
	국민사형투표	엄세윤, 정이품	SBS, 웨이브, 넷플릭스, 아마존 프라임 비디오
	신성한 이혼	강태경	JTBC, 티빙, 넷플릭스
	남과 여	혁노	채널A, 티빙, 웨이브, 넷플릭스
	경이로운 소문2: 카운터 펀치	장이	tvN, OCN, 티빙, 넷플릭스
	이번생도 잘 부탁해	이혜	tvN, 티빙, 넷플릭스
	운수 오진날	아포리아	tvN, 티빙, 파라마운트플러스
	낮에 뜨는 달	혜윰	ENA, 지니TV, 티빙, U-NEXT, 라쿠텐 비키, Viu
	방과 후 전쟁활동	하일권	티빙, 라쿠텐 비키, Viu
	비의도적 연애담	피비	티빙, 아이치이, 라쿠텐 티비
	이제 곧 죽습니다	이원식, 꿀찬	티빙, 아마존 프라임 비디오
	D.P. 시즌 2	김보통	넷플릭스
	마스크걸	매미, 희세	넷플릭스
	이두나!	민송아	넷플릭스
	사냥개들	정찬	넷플릭스
	스위트홈 시즌2	김칸비	넷플릭스

구분	제목	작가	채널
드라마	정신병동에도 아침이 와요	이라하	넷플릭스
	비질란테	김규삼	디즈니플러스, 훌루, STAR+
	무빙	강풀	디즈니플러스, 훌루, STAR+
영화	콘크리트 유토피아	김숭늉	영화관, 넷플릭스
	옥수역 귀신	호랑	영화관, 넷플릭스, 티빙, 웨이브, 왓챠
	용감한 시민	김정현	영화관, 웨이브
	너클걸	전상영, 유상진	아마존프라임
애니메이션	이두나!	민송아	빌리빌리, 애니플러스, 라프텔, 네이버 시리즈온, 티빙, 왓챠, 웨이브
	귀환자의 마법은 특별해야 합니다	육소난, 육작가	도쿄MX, 애니플러스, 라프텔, 네이버시리즈온
	그녀가 공작저로 가야했던 사정	밀차, 고래	AT-X, 애니플러스, 라프텔, 웨이브, 네이버시리즈온
	마왕님은 죽고싶어	릴리	라프텔
	마귀	비첸치, 한흔, FUKI Choco	라프텔
	일리나 에보이 관찰일지	명초	라프텔

* 출처 : 언론보도자료 종합

　웹툰에 기반을 둔 영상 작품의 세계적인 성공은 원작 웹툰의 인기로 되돌아왔다. 예를 들어 넷플릭스 오리지널로 제작된 〈마스크걸〉은 넷플릭스의 '글로벌 톱 10 비영어 TV 부문' 1위를 기록했다. 한국 외에도 일본, 홍콩, 싱가포르, 대만, 베트남, 태국, 인도네시아, 말레이시아, 필리핀, 사우디아라비아에서 1위에 올랐다. 드라마의 인기에 힘입어 원작 웹툰의 인기도 급상승했다. 방영일 한 달 전 10일과 방영 이후 10일을 비교했을 때 국내 기준으로 웹툰 거래액은 166배, 조회 수는 121배 증가했으며, 일본 라인망가에서는 거래액이 112배 증가했다(최은수, 2023. 9. 2.). 영상 작품의 인기가 원작의 인기로

환류되는 것은 애니메이션도 마찬가지다. 일본에서 애니메이션 〈귀환자의 마법은 특별해야 합니다〉가 방영된 이후 카카오픽코마 원작 웹툰의 트래픽이 증가했다(카카오, 2023. 11. 9.).

한국 웹툰을 기반으로 해외에서 영상을 제작한 사례도 있다. 일본과 대만에서 높은 인기를 끈 웹툰 〈너클걸〉은 2023년 일본에서 영화로 제작돼 아마존 프라임을 통해 전 세계에 공개됐다. 한국의 감독과 작가, 일본의 배우와 현지 스태프가 힘을 합친 국제 협력 프로젝트다. 〈귀환자의 마법은 특별해야 합니다〉, 〈그녀가 공작저로 가야했던 사정〉 역시 일본에서 제작됐다.

그런데 웹툰 원작 영상콘텐츠의 인기와 성과를 지나치게 강조하는 것은 자칫 웹툰을 고유한 한류 콘텐츠로서 주목받게 하기보다는 'K-콘텐츠'의 원재료로 더 부각되도록 만들 수 있다(박소정, 2022). 비록 언론에서는 덜 포착되는 경향이 있지만 웹툰의 문화적 영향력은 해외에서 가시화되고 있다. 특히 해외에서의 웹툰 단행본 출간은 최근 몇 년간 눈에 띄게 활성화됐다.

네이버는 2021년부터 독립 브랜드(imprint)인 웹툰 언스크롤드(Webtoon Unscrolled)를 통해 출판에 뛰어들었다. 독립 브랜드란 출판사에서 별도의 하위 브랜드를 차려 기획, 제작, 판매 등을 독자적으로 운영하도록 하는 방식이다. 웹툰 언스크롤드에서는 지금까지 〈여신강림〉, 〈신의 탑〉, 그리고 〈저주받은 공주 클럽(Cursed Princess Club)〉 등의 작품이 출간됐으며, 이 중 〈여신강림〉와 〈신의 탑〉은 아마존 신간 '10대 및 청소년 만화(Teen & Young Adult Manga)' 부문 베스트 1, 2위에 올랐다. 해당 브랜드를 통해 간행된 단행본은 20만 부 이상 판매된 것으로 알려져 있다(Salkowitz, 2023. 6. 9.).

2023년에는 해외 출판사와의 협업도 늘어났다. 미국의 출판사인 펭귄 랜덤 하우스(PBH: Penguin Random House)는 2023년 만화·웹툰 중심의 새로운 독립 브랜드인 '잉크로어(Inklore)'를 발표했다. 앞서 PBH는 별도의 독립 브랜드인 '델 레이 북스(Del Rey Books)'를 통해 〈로어 올림푸스〉를 단행본으로 출간했다. 잉크로어는 일본의 망가, 한국의 웹툰, 유럽·중국 등의 만화 등 전 세계의 만화에 초점을 맞춘 브랜드로, 미국의 슈퍼히어로 코믹스 독자층보다 더 젊고, 인구통계학적으로 다양하며, 성별이 균형 잡힌 독자층에 소구하는 것을 목적으로 한다. 여기에는 북미에 진출한 리디의 '만타'에서 서비스되는 웹툰 출간 목록에 포함돼 있는데 김수지 작가의 〈상수리나무 아래〉, 밤우 작가의 〈겨울 지나 벚꽃〉이 그 사례다(Salkowitz, 2023. 6. 9.). DC 역시 네이버웹툰과 협업해 연재 중인 〈배트맨: 웨인 패밀리 어드벤처(Batman: Wayne Family Adventures)〉와 〈빅슨: NYC(Vixen: NYC)〉, 〈자타나 앤 더 리퍼(Zatanna & the Ripper)〉를 출간했다. 한편 네이버웹툰은 프랑스에서 〈입학용병〉, 〈내 남편과 결혼해줘〉 등을 단행본으로 출간하기 위해 독립 출판사인 미셸 라퐁(Michel Lafon)과 파트너십을 체결했다(최우영, 2023. 7. 16.).

　드라마와 애니메이션, 인쇄 단행본은 모두 새로운 이용자와의 접촉면을 넓혀 원작 웹툰이 다양한 사람들과 만날 수 있도록 만든다. 하지만 매체에 따라 몇 가지 차이도 나타났다. 드라마의 경우 주로 한국에서 제작해 한국과 전 세계 이용자를 대상으로 하는 경향을 보였다. 이에 비해 애니메이션은 좀 더 특정 국가의 이용자를 대상으로 하는 모습을 보여줬다. 애니메이션 〈이두나!〉의 경우 제작은 한국, 투자와 배급은 중국이 맡아 중국 시장을 겨냥해 제작됐다. 〈귀환자의 마법은 특별해야 합니다〉의 경우 일본 시장을 목적으로 일본 제작사에 의해 제작됐다.

인쇄 매체에서 웹툰은 주로 독립 브랜드 혹은 독립 출판사와 협업을 맺었다. 특정한 취향을 가진 이용자 계층을 통해 출판 시장의 정체를 뚫어내고자 하는 현지 출판사의 필요와 단행본 독자층이 웹툰으로 재유입되는 선순환 효과를 기대하는 웹툰 업계의 필요가 일치하며 단행본 출판은 활성화되고 있다. 그 과정에서 어떤 웹툰이 현지의 독자에게 선택돼 수용되는지 주의 깊게 관찰할 필요가 있다. 〈자타나 앤 더 리퍼〉, 〈빅슨: NYC〉, 〈저주받은 공주 클럽〉은 모두 여성을 주인공으로 삼는다. 〈저주받은 공주 클럽〉은 자신의 신체를 긍정하고 자신을 사랑하자는 메시지를 담고 있다. 네이버웹툰에 따르면 2022년 2분기 기준 네이버웹툰의 전 세계 월간 활성화 이용자 중 절반 이상은 여성이다. 웹툰에 대한 이들의 소비와 지지는 웹툰 한류가 맞이하게 될 앞으로의 국면을 미리 보여주는 것일 수 있다.

3) 인공지능 도입과 웹툰 한류의 미래

인공지능(AI: Artificial Intelligence), 특히 생성형 AI의 상용화는 2023년 내내 커다란 화제였다. 웹툰에서도 예외는 아니었는데, 웹툰의 발달이 매체 및 기술의 발달과 함께였다는 점을 고려한다면 이는 당연한 현상일지도 모른다. AI는 웹툰의 영역 전반에서 이미 활발하게 사용되고 있다. 네이버와 카카오 등 주요 플랫폼은 AI를 개인화된 추천, 콘텐츠 불법 복제물 모니터링 등 다방면에 이용한다.

여기에서는 다양한 AI 기술의 적용 사례 가운데 두 가지에 주목한다. 하나는 AI가 번역에 활용된 사례이고, 다른 하나는 AI가 놀이와 즐거움을 위해 활용된 사례이다. 2022년 12월 한국문화번역원은 22명의 번역상 수상자를 발표했다. 그중 웹툰 〈미래의 골동품 가게〉를 일본어로 번역해 번역 신인상을 수상한 마쓰스에 유키코가 화제가 됐다. 한글을 겨우 읽을 수 있는 수준인데, 작업을 진행할 때 AI 번역기를 활용해 대사의 의미를 파악하고 그 내용을 바탕으로 포스트에디팅을 거쳐 일본어 번역을 완성했다는 것이 뒤늦게 알려졌기 때문이다. 특히 〈미래의 골동품 가게〉는 한국의 무속 신앙에 대한 깊이 있는 이해가 필요한 작품으로 생생한 대사 처리 등에서 높은 점수를 받았다는 점이 알려져 놀라움을 더했다(장민진, 2023).

한편 네이버웹툰은 2023년 5월 '툰필터(Toon Filter)' 베타 서비스를 진행했다. 툰필터는 사진을 입력하면 특정 웹툰 그림체로 이를 변환하는 생성형 AI 기반의 서비스다. 개발 과정에서 창작자의 동의를 받아 저작권 문제를 해결했다. 베타 서비스 출시 일주일 만에 2천만 장 이상의 변환된 이미지를 생성했는데, 초기에는 한국어로만 서비스가 제공돼 별도의 해외 마케팅을 하지 않았음에도 전체 사용자의 80%가 해외에서 유입됐을 정도로 해외에서 인기를 얻었다(김승권, 2023). 이후 한국과 함께 태국·인도네시아·프랑스·북미 등에서 시즌제로 운영됐으며 2023년 10월 기준으로는 약 8천만 장 이상의 변환된 이미지를 생성했다.

툰필터는 다양한 해외 이용자의 특징과 수요에 맞춘 서비스를 제공했다. 북미에서는 〈저주받은 공주 클럽〉, 인도네시아에서는 〈Wee!!!〉, 태국에서는 〈보이즈 스쿨〉, 프랑스에서는 〈블러드 인 러브〉 등 현지 인기작을 이미지 전환을 위한 그림체로 활용했다(한순천, 2023.

9. 3.). 또 이용자의 인종과 문화를 고려한 차이를 서비스에 반영했다. 예를 들어 다양한 피부 톤을 제공하는 한편, 이슬람 문화권 이용자에게는 작품의 그림체 및 특성을 유지하면서 이슬람권 여성이 착용하는 고유한 복장을 표현할 수 있도록 했다. 안전한 사용을 위해 부적절한 이미지를 차단하는 자체 필터링 기술도 적용했다(김승권, 2023).

그림 4 툰필터에서 제공한 피부 톤 예시

* 출처 : 《서울경제》/네이버웹툰

두 소식은 AI의 활용이 웹툰을 활용한 문화 교류에 어떠한 영향을 미칠지에 대해 생각할 거리를 제공한다. 전자는 AI의 적용으로 웹툰의 문화적 수용과 교류가 앞으로 더욱 활발해질 수 있음을 시사한다. 후자는 AI 혁신이 문화적 다양성을 어떻게 고려할 수 있는지, 그리고 다양성을 고려한 혁신이 새로운 교류를 어떻게 촉진할 수 있는지를 보여준다. 활발한 교류를 통해 해당 지역의 다양한 이용자가 웹툰을 더 많이 향유하고 웹툰과 관련된 문화에 참여하며 재생산하는 것은 웹툰 한류의 성장과 확장뿐만 아니라 다양성과 창의성을 더하기 위해서도 필요하다. 다양성과 창의성이야말로 웹툰 한류가 지금까지 성공할 수 있었던 주요한 차별점 중 하나이기 때문이다. 이 맥락에서 AI의 활용에 대한 지속적인 고민이 뒷받침돼야 한다.

3. 주요 진출국 및 진출 경로

1) 만화·웹툰 해외 진출 일반 현황

한국 만화·웹툰의 해외 진출 일반 현황은 문화체육관광부에서 발행한 「2022년 기준 콘텐츠 산업조사」를 통해 확인할 수 있다. 이 조사는 웹툰과 인쇄 만화를 망라한 만화산업 전반의 수출 조사 결과를 공개한다. 이에 따르면 한국 만화·웹툰의 최대 수출지는 일본이다. 수출액은 3,279만 달러(한화 재계산)이며 전체 수출에서 차지하는 비중은 30.5%에 달한다. 동남아시아(18.4%), 중화권(18.0%), 유럽(14.4%), 북미(13.1%)가 뒤를 잇는다(문화체육관광부, 2024).

표 4 한국 만화·웹툰산업 수출액 규모(2022년 기준) (단위: 천 달러, %)

구분	북미	중화권	일본	동남아시아	유럽	기타
수출액	14,051	19,367	32,791	19,835	15,463	6,128
비중	13.1	18.0	30.5	18.4	14.4	5.7

* 중화권: 중국, 홍콩, 대만
* 출처: 문화체육관광부(2023). 「2022년 기준 콘텐츠 산업조사」.

2) 웹툰 해외 진출 국가별 현황

한편 해외 주요국 이용자들의 한국 웹툰 경험률, 인기도, 월별 지출액 등은 한국국제문화교류진흥원에서 발간한 「2023 해외한류실태조사」를 통해 확인할 수 있다. 조사 시점을 기준으로 2022년도 11월에 이뤄진 해당 조사는 26개국 25,000명을 대상으로 진행됐는데 그중 주요 18개국의 현황은 다음과 같다.

표 5 주요 국가별 한국 웹툰 경험률·인기도·월별 지출액(2022년 기준) (단위 : %, 달러)

구분	미국	캐나다	멕시코	중국	대만	일본
경험률	24.5	23.7	50.4	51.8	52.3	11.5
대중적 인기	24.7	23.0	39.5	34.8	32.9	11.0
접촉경로 (2순위)	네이버 52.8 투믹스 27.6	네이버 50.3 카카오 29.7	네이버 43.0 자국 32.5	자국 47.1 글로벌 43.5	네이버 61.7 자국 27.6	네이버 59.0 카카오 34.1
지출액	20.4	24.7	8.0	14.2	6.2	6.3

구분	인도네시아	태국	말레이시아	베트남	인도	호주
경험률	60.0	62.9	42.2	40.4	41.0	24.4
대중적 인기	37.7	37.9	31.9	37.0	41.3	23.7
접촉경로 (2순위)	네이버 65.5 카카오 45.2	네이버 71.5 카카오 41.5	네이버 65.5 글로벌 45.2	네이버 69.1 글로벌 35.2	네이버 53.5 글로벌 51.0	카카오 41.7 네이버 35.2 레진 31.0
지출액	3.4	8.4	10.2	6.1	9.3	26.9

구분	영국	프랑스	독일	러시아	UAE	브라질
경험률	21.1	24.3	21.0	9.9	43.3	22.4
대중적 인기	25.1	26.4	25.6	15.6	49.3	31.3
접촉경로 (2순위)	네이버 40.7 카카오 34.6	네이버 56.8 투믹스 31.7	네이버 44.4 카카오 30.3	자국 39.3 네이버 36.4	네이버 40.1 글로벌 40.1	네이버 53.5 글로벌 48.2
지출액	56.9	14.9	18.9	5.2	39.3	14.0

* 출처 : 한국국제문화교류진흥원(2023a). 「2023 해외한류실태조사」 자료 재구성.

(1) 북미

북미 지역은 세계에서 가장 큰 콘텐츠 시장으로서 만화·웹툰 시장의 규모도 크다. 네이버와 카카오가 2021년 대규모 인수 합병을 통해 북미 웹툰·웹소설 시장에서 우위를 확보한 것에서 알 수 있듯이 한국 웹툰의 전략적 진출 거점이기도 하다. 현재 네이버의 웹툰(WEBTOON), 카카오엔터의 타파스(Tapas), 리디의 만타(Manta), 콘텐츠퍼스트의 태피툰(TappyToon) 등 다양한 한국 플랫폼이 진출해 있으며 그중 네이버와 투믹스는 현지 이용자가 한국 웹툰을 이용하는 가장 주요한 경로로 꼽혔다. 〈나 혼자만 레벨업〉, 〈로어 올림푸스〉 등의 작품이 높은 인기를 얻고 있다.

북미 지역은 상대적으로 웹툰 경험률과 대중적 인기도가 낮은 반면 지출액은 높게 나타나는 경향을 보인다. 따라서 웹툰의 브랜드를 강화하고 홍보함으로써 이용자의 참여를 더욱 활성화하기 위한 고민이 필요하다. 이 점에서 2023년 10월 한국만화영상진흥원과 워싱턴한국문화원이 함께 진행한 'Beyond the Scene: K웹툰, 새로운 시선을 만들다' 웹툰 전시는 짚어볼 만하다. 해당 전시에서는 〈옷소매 붉은 끝동〉, 〈정년이〉를 소개했는데, 여성 주인공을 통해 한국의 역사와 전통을 전달하며 소통과 교류의 의미를 강조했다(김윤미, 2023. 10. 4.).

(2) 중국

중국은 세계에서 두 번째로 인구가 많은 국가로 시장 규모와 향후 성장률이 모두 높은 편이다. 한국 만화의 수출에서 차지하는 비중은 18.8%인데 이는 일본에 이어 두 번째로 높은 수치다. 상대적으로 한국 웹툰의 경험률이 높으며 지출액도 적지 않은 편이다. 다만 자국 콘텐츠·플랫폼 우대 기조로 인해 한국 플랫폼은 현지에 직접 진출하지 못하고, 현지 기업과 협업하거나 콘텐츠 제공 등의 방식으로 진출해 있다. 그럼에도 한국 웹툰의 인기는 적지 않은 편인데 〈나 혼자만 레벨업〉은 2022년 5월 중국 최대 플랫폼인 콰이칸에서 전체 1위를 차지하기도 했다(한국콘텐츠진흥원, 2023).

(3) 일본

일본은 세계 최대의 만화 강국이자 한국 최대의 수출국이기도 하다. 전체 만화 수출에서 일본이 차지하는 비중은 27.8%에 달한다. 또 앞서 설명한 바와 같이 라인망가와 카카오픽코마가 2023년 일본에서 연간 거래액 1,000억 엔을 돌파하며 해마다 최대 수익을 경신하고 있기도 하다. 특히 픽코마의 경우 단일 플랫폼으로서 연간 거래액 1,000억 엔을 넘어섰는데 이는 전 세계 디지털 만화 플랫폼 가운데 최초이다. 라인망가와 픽코마 외에 일본 현지 플랫폼으로는 코단샤가 운영하는 마가포케(マガポケ), 슈에이샤가 운영하는 소년점프 플러스(少年ジャンプ+) 등이 있지만 이용자 수는 한국 플랫폼의 절반 수준이다(한국콘텐츠진흥원, 2023).

그런데 한국국제문화교류진흥원의 조사에 따르면 일본에서 한국 웹툰의 경험률과 대중적 인기, 지출액은 모두 낮게 나타났다. 이에 대해서는 해서이 필요한데, 조사 응답자들이 현지화 등으로 인해 한국 웹툰임을 인식하지 못하고 한류 콘텐츠를 이용하고 있을 가능성도 있다. 일본 웹툰 시장을 둘러싼 글로벌 플랫폼과 현지 플랫폼의 각축전이 격화될 것으로 예측되는 만큼 현지 이용자들의 이용

행태와 동향을 주의 깊게 관찰할 필요가 있다(한국국제문화교류진흥원, 2023a).

(4) 동남아시아

동남아시아는 드라마와 케이팝 등 한국 콘텐츠에 대한 수요가 높은 지역이다. 이는 웹툰에서도 예외가 아니다. 한국 만화·웹툰 수출에서 동남아시아 지역이 차지하는 비중은 18.5%에 달한다. 젊은 인구의 비중이 높고 모바일기기가 빠르게 보급되고 있기 때문에 네이버, 카카오 등 한국 기업들도 현지에 적극적으로 진출하고 있다. 〈나 혼자만 레벨업〉, 〈사내맞선〉, 〈내 남편과 결혼해줘〉 등의 작품이 높은 인기를 끌고 있으며, 인도네시아 작가 아니사 니시하니(Annisa Nisfihani)의 〈파스트리가제(Pasutri Gaje)〉, 태국 작가 테테르(theterm)의 〈틴맘(Teen Mom)〉 등 현지 창작자와 작품도 지속적으로 발굴되고 있다.

다만 동남아시아 지역은 한국 웹툰의 높은 경험률과 인기에도 불구하고 지출액이 낮은 편이다. 상대적으로 번역 인프라가 미흡하고 불법 유통도 활발하다. 누적되는 적자에 NHN코미코가 2022년 베트남 시장에서 철수한 데 이어 2023년에는 태국 법인을 매각했다.

동남아시아 지역의 웹툰 한류를 위해서는 불법 유통에 적극적으로 대응하고 서비스를 다양화함으로써 수익을 끌어올리기 위한 고민이 필요하다. 여기에 AI를 활용한 번역과 서비스 다각화하는 하나의 실마리가 될 수 있다. 인도네시아에서는 툰필터를 통해 본인 얼굴을 웹툰 그림체로 변환한 결과를 틱톡에 공유하는 것이 인기를 끌며 틱톡 검색어 1위를 기록했다. 또 툰필터를 사용하기 위해 네이버 웹툰 앱을 설치하면서 툰필터가 플랫폼의 이용을 끌어올리는 데에도 기여했다(김승권, 2023).

(5) 유럽

유럽은 북미나 일본, 중국 등에 비해 상대적으로 만화의 디지털 전환 수준이 낮고 인쇄 만화의 비중이 높은 편이다. 하지만 한국 만화·웹툰에 대한 관심은 크다. 전체 만화·웹툰의 수출에서 유럽 지역이 차지하는 비중은 18.2%에 달한다.

유럽 만화 시장에서는 프랑스의 비중이 절반 이상으로 가장 크며, 그 뒤를 독일, 영국이 잇는다. 그래서 국내 플랫폼도 프랑스를 기점으로 유럽 시장 내 영향력을 확대하고 있다(한국콘텐츠진흥원, 2023). 프랑스에서는 네이버의 웹툰, 키다리스튜디오의 델리툰(delitoon), 카카오픽코마의 픽코마(piccoma), NHN코미코의 포켓코믹스(Pocket Comics), 콘텐츠퍼스트의 태피툰, 리디의 만타, 투믹스(Toomics) 등 한국 플랫폼이 진출해 인기를 끌고 있다.

전반적으로 유럽은 북미와 마찬가지로 웹툰 경험률과 대중적 인기도가 낮은 반면 지출액은 높게 나타나는 경향을 보인다. 아직은 한국 웹툰의 향유가 마니아층을 중심으로 이루어지고 있다는 신호다. 따라서 웹툰의 브랜드를 강화하고 홍보함으로써 이용자의 인식을 제고하고 상호 교류를 활성화하기 위한 고민이 필요하다.

이를 위한 단초는 충분히 마련돼 있다. 유럽 만화 시장이 다양화를 시도하면서 한국 웹툰에 주목하고 있기 때문이다. 최근 몇 년간 유럽지역에서는 한국 만화·웹툰과 관련된 전시가 많이 개최됐다. 브뤼셀에 있는 벨기에만화박물관(Belgisch Stripmuseum)에서는 2021년 상반기부터 2022년 상반기까지 1년간 '한국 만화의 위상: 만화, 웹툰

(Manhwa & Webtoon, de vlucht van het Koreaanse stripverhaal)' 전시를 개최했다. 2023년에는 9월부터 12월까지 한국문화원에서 한-EU 수교 60주년 기념 '만화 교류 특별전'이 열렸다. 또 2023년 9월 브뤼셀에 위치한 전시장 투어 앤 택시스(Tour & Taxis)에서 열린 '브뤼셀 세계 국제만화축제'에 한국 만화가가 초청돼 작품을 전시하고 현지 팬들과 소통하는 기회를 가졌다(고소영, 2024). 이탈리아에서는 2023년 4월에는 나폴리 코믹콘의 부대 행사 중 하나로 '웹툰 마니아! 세계적으로 성공을 거두고 있는 한국의 만화(Webtoon Mania! Fumetti dalla Corea del Sud: Le tendenze di un successo global)'가 열렸다. 여기에서는 대중적인 스토리, 스마트폰으로 읽을 수 있는 접근성, 케이팝이나 드라마 등 시청각 콘텐츠와 교차하는 한국 웹툰의 특징이 논의됐다(백현주, 2023).

4. 만화·웹툰 한류 전망

한류로서의 웹툰은 다른 한류 콘텐츠와 많은 차별점을 갖고 있다. 예를 들어 케이팝이 팝의 하위 장르로서 원산지가 서구인 것을 한국이 성공적으로 전유한 사례라면 웹툰은 한국을 원산지로 한다. 또 웹툰은 한국의 플랫폼과 비즈니스 모델이 해외 콘텐츠 시장을 선도하는 유일한 사례다. 한편 웹툰은 세계적으로 성공을 거두고 있는 한국 드라마·영화의 주요 원작으로서 한국 콘텐츠의 성공을 견인한다. 국제적인 시장 경쟁에서 한국적인 것이 통용될 뿐 아니라 우위를 점하고 선도한다는 자부심은 국내에서 유통되는 웹툰 한류 담론에서 어렵지 않게 발견할 수 있다.

그런데 이와 같은 성공과 함께 웹툰은 점점 더 복합적인 국면을 맞이하는 것처럼 보인다. 해외에서 웹툰을, 그리고 웹툰 플랫폼 서비스를 전유하기 위한 노력이 가시화됐다. 웹툰 플랫폼이 만들어 내는 현지의 다양한 생태계는 웹툰 한류가 국가적·문화적인 범주를 넘어선 교류와 협력 속에 다양한 의미를 포괄하도록 요구한다. 웹툰 시장이 향후에도 지속적으로 팽창할 것임은 분명하다. 하지만 그 안에서 웹툰 한류가 어떠한 모습을 갖게 될 것인가 혹은 어떠한 모습을 가져야 하는가에 대한 고민은 상대적으로 빈약한 실정이다.

이러한 고민은 웹툰이 세계 각지의 이용자에게 어떻게 수용되고 왜 인기를 얻는지 이해하는 일에서 시작돼야 한다. 기본적으로 한류는 한국적인 것이 해외의 이용자에게 인기를 얻는 현상을 가리키기 때문이다. 웹툰 독자를 대상으로 한 연구에 따르면 웹툰의 매력은 접근 용이성, 일관성, 다양성에 있다. 스마트폰을 통해 언제 어디서나 쉽게 웹툰을 읽을 수 있고, 매주 정기적으로 업데이트되기 때문에 일관성 있게 웹툰을 읽을 수 있으며, 작가, 캐릭터, 주제, 문화 등에서 다양성을 담고 있다는 것이 독자에게 매력적으로 다가온다는 것이다(Cho, Adkins & Pham, 2022). 다양한 문화적 배경을 지닌 창작자의 독특한 관점에서 나온 스토리텔링이 웹툰의 성공 비결이라는 것은 해외 언론에서도 지목하는 바다(McDonald, 2023. 9. 14.). 또한 다양한 아마추어 창작자가 웹툰 생태계에 진입하는 것은 그만큼 독자들의 반응을 즉각적으로 확인할 수 있고, 적절한 대가를 받고 작가가 IP 권리에 대한 지분을 획득하기 때문이다(Chan, 2023. 4. 4.). 창작자 친화적인 생태계의 형성이 웹툰 생태계의 다양성과 창의성을 뒷받침하는 것이다.

창작 생태계의 다양성과 함께 향후 웹툰 한류는 이에 대한 문화적 수용과 참여를 얼마나 이끌어 낼 수 있는가, 그 안에서 다양성과 혁신을 어떻게 고려하고 반영할 것인가에 일정 정도 달려 있다. 2023년의 웹툰 한류 현황을 통해 우리는 해외 웹툰 독자의 다양성을 수용하고 소통과 협력을 활성화하려는 사업적 노력, 국제적인 협력, 기술적 시도, 문화적 교류를 살펴봤다. 이것은 거래액과 매출액이라는 지표로 쉽게 가시화되지 않지만 현재의 성공을 지지하는, 또 앞으로의 모습을 점쳐보게 하는 주요한 요소들이다.

이와 함께 현재 국내 웹툰 작품들에 반영된 문화적 다양성이 충분한지 돌아보고 이를 증진하려는 노력도 필요하다. 한국국제문화교류진흥원이 2023년 1,000명의 국민을 대상으로 한 인식 조사에 따르면 웹툰/웹소설이 문화 다양성 인식 증진에 긍정적인 영향을 미친다고 응답한 비율은 43.1%였다. 이는 조사 대상 7개 대중문화 콘텐츠 중 두 번째로 낮은 순위다(한국국제문화교류진흥원, 2023b).

표 6 대중문화 콘텐츠가 문화 다양성 증진에 미치는 영향

구분	매우 부정적 ①	부정적 ②	보통 ③	긍정적 ④	매우 긍정적 ⑤	부정적 ①+②	긍정적 ④+⑤
드라마/영화	2.2	9.4	41.4	40.2	6.8	11.6	47.0
유튜브/온라인 영상	3.2	11.2	42.1	36.6	6.9	14.4	43.5
웹툰/웹소설	3.2	11.0	42.7	36.1	7.0	14.2	43.1
게임	4.0	15.5	46.4	27.6	6.5	19.5	34.1
외국인 멤버가 포함된 아이돌 그룹	1.1	6.9	34.5	44.6	12.9	8.0	57.5
대중음악, 뮤직비디오	0.9	3.3	31.9	50.5	13.4	4.2	63.9
종교 소재 제작물	2.4	6.5	44.3	38.5	8.3	8.9	46.8

* 출처 : 한국국제문화교류진흥원 (2023b). 「한류와 문화다양성에 대한 국민 인식 조사」, 7쪽.

더 많은 다양성을 확보할수록 더 많은 교류와 협력이 가능하다. 그리고 더 많은 교류와 협력은 더 많은 창의성과 혁신을 낳는다. 웹툰 한류가 지속 가능성을 획득하기 위해, 그리고 글로벌 각축전 속에서도 중추적인 역할을 수행하기 위해서는 이에 대한 폭넓은 고민과 노력이 필요하다. 웹툰 한류가 어떠한 국면을 맞이하게 될 것인가는 이러한 고민과 노력의 치열함에 달려 있을 것이다.

(7
음식 한류)

(스스로 찾는 질문에서 시작되는
유동성 시대의 음식 한류)

(강보라
연세대학교 커뮤니케이션연구소 전문연구원)

상찬을 멀리하는 것은 여간 어려운 일이 아니다. 한국 음식의 선전과 관련된 낭보가 쏟아지는 와중에 초연한 마음을 유지하는 것처럼 말이다. 오랜 노력이 외부로부터 인정받을 때 비로소 결실을 거둔 듯 보이지만, 여기서 마침표가 아닌 또 다른 시작을 이야기해야 한다. 동서양의 지혜가 입을 모아 말하듯 '칭찬을 멀리하고 비판을 가까이'할 때 지금보다 한 걸음 나아간 내일을 기대할 수 있기 때문이다.

이처럼 냉정한 자기 성찰을 요청하는 배경은 바로 시대의 유동성(fluidity)과 관련이 있다. 많은 이가 예견한 바와 같이 엔데믹의 세계는 이전으로 회귀하지 않고 새로운 방향을 찾아가는 중이다. 우크라이나-러시아 전쟁은 여전히 끝나지 않았고, 팔레스타인과 이스라엘 간의 무력 충돌도 긴 기간 이어지고 있다. 매해 기후 위기의 징후는 한층 심각한 수준으로 치닫고, 사회 집단 간 갈등 양상 또한 분열을 거듭하는 양상이다. 언뜻 한류와 동떨어진 거시적인 흐름처럼 보이지만, 이 모든 요소가 직간접적으로 연결돼 사회문화적 비용을 청구할 것이다. 그렇기에 복합적인 상황 안에서 한류가 어떤 얼굴로 인식되고 있는지, 또 변화한 조건 속에서 한류가 할 수 있는 것과 할 수 없는 것이 무엇인지 질문할 필요가 있다.

2023년 한 해 동안 한국 음식이 전반적으로 사랑받았다는 사실은 의심할 여지가 없다. 다만 그 사랑의 조건과 범위를 자세히 따져봐야 한다. 이제 우리 앞에 놓인 선택지는 두 가지다. 사랑받았다는 사실에 안주하거나 사랑에 대한 질문을 지속하는 것이다. 이 글은 후자의 위치에서 시작된다.

1. 음식 한류 현황

2015년부터 2023년에 이르기까지 한국 농식품 수출액은 점진적으로 증가해 약 1.5배 성장했다. 주요 연도별 농식품 수출액을 살펴보면 2015년 61.0억 달러(8조 1,343억 원)에서 2019년 70.3달러(9조 3,745억 원)로 늘었고, 2023년에는 91.6억 달러(12조 2,148억 원)에 이르렀다. 2023년은 세계적으로 경기가 둔화, 전반적인 공급망이 재편되는 한 해였다. 그 가운데 전쟁 및 지역 분쟁과 같은 지정학적 위기가 잇따르면서 수출 감소세가 예견됐으나 2023년 하반기부터 회복세로 돌아섰다(농림축산식품부, 2024a).

　품목별로 살펴보면 농식품 부문 전체의 수출액 증감률은 3.0%, 가공식품 부문의 전체 수출액 증감률은 4.6%다. 농식품 분야에서 가장 높은 수출액 증감률은 보인 품목은 포도로 2022년 3,400만 달러(453억 원)에서 2023년 4,600만 달러로 약 34.6%p 증가했다. 그 뒤를 이어 딸기가 전년 대비 21.2%, 김치가 10.5%의 증감률을 기록했다. 신선식품 중 김치의 증감률이 가장 높은 것은 아니나 2023년 전체 수출액이 1억 5,500만 달러에 이르러 전체 신선식품 수출액의 10%에 달하는 등 큰 비중을 차지하고 있다. 가공식품 분야 수출액 중 라면은 9.5억 달러(1조 2,673억 원)로 가장 많은 비중을 차지하는 품목일 뿐 아니라, 2022년 대비 가장 높은 증감률(24.4%)을 기록한 품목이기도 하다. 쌀 가공식품은 전년 대비 18.9%, 음료는 11.5%, 과자류는 6.0%의 증감률을 보였다(농림축산식품부, 2024a).

표 1 2022~2023년 신선 및 가공식품 품목별 수출액 및 증감률 (단위 : 백만 달러, %)

구분	2022년	2023년	증감률
농식품 전체	8,892.9	9,162.7	3.0
· 신선(수출액순)	1,620.3	1,557.9	-3.9
- 김치	140.8	155.6	10.5
- 딸기	58.6	71.1	21.2
- 포도	34.3	46.1	34.6
· 가공(수출액순)	7,272.6	7,604.8	4.6
- 라면	765.4	952.4	24.4
- 과자류	621.7	659.1	6.0
- 음료	513.3	572.4	11.5
- 쌀 가공식품	181.8	216.3	18.9

* 출처 : 농림축산식품부(2024b) 자료 재구성.

    쌀 가공식품 중에서는 가공밥의 선전이 눈에 띈다. 2023년 1~10월 동안 한국의 가공밥은 미국, 호주, 중국을 포함한 87개국에 수출돼 총 7,900만 달러(1,053억 원)의 수출액을 달성했다. 전년 동기 대비 29.9% 상승한 수치로 최대 수출 기록이다. 관세청에 따르면 코로나19 팬데믹을 겪으며 저장이 쉽고 조리가 간편한 즉석밥이 각광을 받고 있는 것으로 분석된다. 가공밥만큼 김의 수출 성장세도 눈여겨볼 만하다. 2023년 10월을 기준으로 한국의 김은 세계 120개국에 수출되고 있으며, 2023년 1월부터 10월까지 총수출액 6억 7,000만 달러(8,937억 원)를 달성해 전년 동기 대비 20.4% 증가했다. 그중에서도 조미김이 반찬뿐 아니라 간식으로 인기가 있는 것으로 조사됐고, 김 과자나 김밥 등의 원재료인 건조김 수출 또한 2023년 들어 큰 폭으로 늘어났다(관세청, 2023b). 복수의 시장조사 전문기관에 따르면 향후 미국 김 시장의 성장률은 연평균 약 10%에 달하는 것으로 전망되는데,

그에 따라 소비자들이 주목할 만한 다양한 풍미와 식감에 대한 연구가 필요할 것으로 보인다.[1] 특히 미국 내수시장에서 글로벌 유통업체들의 자체 상품(PB)이 늘어나는 추세여서 한국 기업과 현지 브랜드와의 경쟁도 한층 치열해질 전망이다(정지혜, 2022).

그림 1 해외에서 판매 중인 한국 및 현지 가공밥과 김

CJ Instant Rice: Cooked White Hetbahn, Gluten-Free & Vegan, Instant & Microwaveable, No…	Minute Ready to Serve White Rice, Gluten Free, Non-GMO, No Preservatives, 8.8-Ounce (Pack of 2…		
미국에서 판매 중인 한국 즉석밥	미국에서 판매 중인 미국 즉석밥	미국과 유럽 등지에서 판매 중인 한국 김과자	미국에서 판매 중인 미국 조미김

* 출처 : Amazon/CJ, Amazon/Kraft, K-Ramen/CJ, Amazon/Kirkland Signiture

2023년을 기준으로 한국 라면은 전 세계 128개국으로 수출되는데, 9년 연속 수출액이 오름세를 기록했다. 2015년 2.1억 달러(2,801억 원)였던 라면 수출액은 2019년 들어 4.6억 달러(6,136억 원), 2020년에 6.3억 달러(8,404억 원)로 가파른 성장세를 보였다(관세청, 2023a). 국내

---

1   호주의 젊은 소비자를 대상으로 김 등 해조류 소비를 조사한 결과, 이를 가정식(30.7%)보다는 간식(87.7%)으로 섭취한다는 응답이 훨씬 많은 것으로 나타났다. 또한 맛(응답자의 89.1%)과 건강(44.6%) 때문에 김 등의 해조류를 섭취하지만, 해조류 식품에 대한 전반적인 접근성이 부족하거나(59.5%) 가격이 부담된다(46.5%)는 의견도 있었다(Young, Paul, Birch & Swanepoel, 2022). 이처럼 실질적인 개별 품목 소비자를 대상으로 하는 조사 결과가 체계적으로 관리될 필요가 있다.

라면 대표 기업인 농심, 오뚜기, 삼양식품이 생산하는 상품은 중국, 동남아, 미국 등지에서 판매가 활발하게 이루어졌다. 이들 기업 모두 해외 판매 확대로 수익성이 좋아져 2023년 들어 2021년 대비 영업 이익률이 늘어난 것으로 나타났다. 수출 지역도 다채로워져 라면 주요 수출국인 중국, 미국, 일본 외에도 필리핀, 네덜란드, 말레이시아, 대만, 태국 등 국가로의 수출액이 성장하는 추세다(최은경, 2023. 11. 20.).[2]

그림 2 한국 라면 브랜드와 일본 라면 브랜드 비교(미국 아마존 베스트셀러 품목 기준)

* 출처 : Amazon/Samyang, Amazon/Nongshim, Amazon/Maruchan

2023년 주요 시장별 농식품 수출액을 살펴보면 베트남, 태국, 말레이시아 등이 속해 있는 아세안(ASEAN) 국가로의 수출액이 총 18.3억 달러(2조 4,412억 원)로 가장 많은 비중을 차지했고, 그다음으로 일본 14.4억 달러(1조 9,209억 원), 중국 14.0억 달러(1조 8,676억 원), 미국

2 언론 보도에 따르면 2023년 네덜란드로의 라면 및 김치 수출 호조세를 띤 이유는 네덜란드가 다른 유럽 국가로 무역을 중계하기 때문이다. 중계 무역은 물품을 수입하되 자국 내에 반입하지 않고, 가공하지 않은 원형 그대로 제3국으로 수출하거나 가공 후 재수출하는 형태의 무역 거래를 지칭한다(김기환, 2023. 12. 12.).

13.1억 달러(1조 7,475억 원)를 기록했다(그림 3 참고). 그 외에 EU 및 영국으로의 총수출액이 5.4억 달러(7,203억 원)였고, 러시아로의 수출액은 2.0억 달러(2,668억 원)를 기록했다. 단일 국가로의 수출액 증감률을 따져 보면 미국으로의 수출액이 전년 대비 8.7%p 상승해 가장 높았고, 중국 8.2%, 일본 6.4%로 여전히 미국, 중국, 일본이 한국 농식품의 주요 수입국임을 확인할 수 있다(농림축산식품부, 2024a).

그림 3 2022~2023년 주요 시장별 농식품 수출액 및 증감률

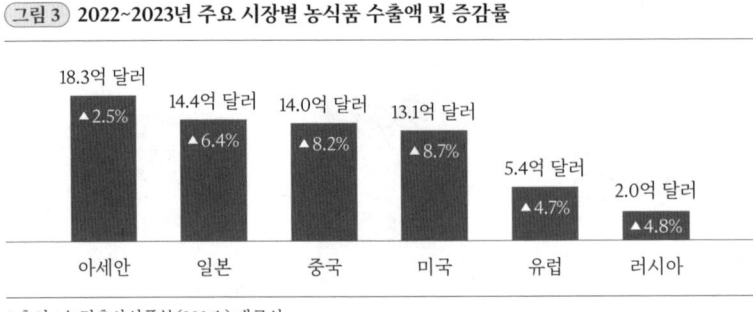

* 출처 : 농림축산식품부(2024b) 재구성.

2. 음식 한류 이슈

해외 미디어 동향과 한국을 방문한 해외 여행객 추이를 통해 음식 한류 이슈는 두 가지로 정리할 수 있다. 우선 미국 뉴욕과 같은 대도시를 중심으로 한식 파인 다이닝(fine dining)이 부상함에 따라 미식 담론에서도 한식이 중요한 위치를 차지하게 됐다. 두 번째로 서구의 식문화와 비교해 한식에 내재한 공동체 문화로서의 가치가 집중적으로 조명됐다.

1) 한식 파인 다이닝의 부상

지난해 《뉴욕타임스(The New York Times)》와 같은 해외 유수 언론은 한식의 부상에 주목했다. 그중에서도 뉴욕과 같은 미식 격전지에서 한식 파인 다이닝을 표방하는 고급 레스토랑이 줄지어 오픈하는 최근의 흐름을 비중 있게 다뤘다(Fortney, 2023. 2. 7.). "한국 레스토랑은 어떻게 뉴욕의 파인 다이닝을 새롭게 바꾸었나?(How Korean restaurants remade fine dining in New York)"에 따르면 한식당 정식(Jungsik)을 선두로 최근 5년 이내 뉴욕에서 아토믹스(Atomix), 주아(Jua), 꽃(Cote), 오이지 미(Oiji Mi), 나로(Naro), 녹수(Nōksu) 등 한식 고급 레스토랑이 문을 열며 미식업계에서 두각을 나타내고 있다고 한다(Wells, 2023. 8. 29.). 뉴욕의 파인 다이닝 역사는 1941년 맨해튼 미드타운에 프랑스 레스토랑 르 파비용(Le Pavillon)이 들어서면서부터 시작됐다. 통상적으로 파인 다이닝은 세심한 서비스, 독창적이고 수준 높은 요리, 그리고 엄격하게 관리되는 환경 등이 주요한 요건이 되는데, 미국 기준 음료를 제외한 식사만으로 100~125달러 혹은 그 이상을 지불하는 곳을 지칭한다.[3]

한식 파인 다이닝의 선전은 권위 있는 미식 가이드인 미쉐린 가이드(Michelin Guide)에서도 드러났다. 미쉐린 가이드의 한식 카테고리

---

[3] 다른 한편 미식 차원에서 한식에 대한 관심은 파인 다이닝이 아닌 다른 분야로도 확장해 가는 추세다. 대표적인 예로 2023년 말 《뉴욕타임스》는 "2023년 최고의 미국 음식 23가지(23 of the Best American Dishes of 2023)"에 로스앤젤레스 양반(Yangban)의 '황금 새우 토스트'와 샌프란시스코 반상(Bansang)의 '물회국수'를 꼽았다. 또한 《뉴욕타임스》는 '2023년 뉴욕 음식 Top 8(Top 8 New York City Dishes of 2023)'에 2022년 뉴욕에 문을 연 옥동식(Okdongsik)의 '돼지 곰탕'을 꼽기도 하는 등 한층 다양한 한식 메뉴를 부각했다(The New York Times, 2023. 12. 12.).

에 이름을 올린 식당은 60여 곳에 달하며, 아래의 표 2에서도 확인할 수 있듯 미국 뉴욕을 중심으로 방콕, 도쿄, 부에노스아이레스에 이르기까지 다양한 지역에 위치한다.

표 2 미쉐린 가이드에 소개된 해외 한국 식당 리스트

	식당 이름	도시, 국가	특이사항
1	Juksunchae	방콕, 태국	
2	hibi	로스앤젤레스, 미국	한식 영향 모던 일식
3	HASUO	도쿄, 일본	
4	Na Num	부에노스아이레스, 아르헨티나	
5	Gainn	로마, 이탈리아	
6	Anju	워싱턴 DC, 미국	
7	Mandu	워싱턴 DC, 미국	2023년 기준 폐업
8	Naro	뉴욕, 미국	Atomix 셰프 운영
9	Seoul Salon	뉴욕, 미국	Atomix 셰프 운영
10	8282	뉴욕, 미국	빕 구르망
11	Oiji Mi	뉴욕, 미국	미쉐린 1스타 레스토랑
12	Jua	뉴욕, 미국	미쉐린 1스타 레스토랑
13	bōm	뉴욕, 미국	미쉐린 1스타 레스토랑
14	Haenyeo	뉴욕, 미국	빕 구르망
15	Meju	뉴욕, 미국	미쉐린 1스타 레스토랑
16	Ariari	뉴욕, 미국	
17	Genesis House Restaurant	뉴욕, 미국	
18	Mari	뉴욕, 미국	미쉐린 1스타 레스토랑
19	Cho Dang Gol	뉴욕, 미국	빕 구르망
20	Atomix	뉴욕, 미국	미쉐린 2스타 레스토랑
21	Atoboy	뉴욕, 미국	Atomix 셰프 운영
22	Dons Bogam	뉴욕, 미국	
23	Hyun	뉴욕, 미국	
24	Kochi	뉴욕, 미국	미쉐린 1스타 레스토랑
25	Tong Sam Gyup Goo Yi	뉴욕, 미국	빕 구르망
26	Jeju Noodle Bar	뉴욕, 미국	미쉐린 1스타 레스토랑
27	Cote	뉴욕, 미국	미쉐린 1스타 레스토랑 뉴욕에 2지점, 마이애미와 싱가포르에 각각 1개 지점
28	HanGawi	뉴욕, 미국	빕 구르망

	식당 이름	도시, 국가	특이사항
29	Jungsik	뉴욕, 미국	미쉐린 2스타 레스토랑
30	Perilla	시카고, 미국	빕 구르망
31	Jeong	시카고, 미국	
32	Parachute	시카고, 미국	
33	Han Il Kwan	애틀랜타, 미국	
34	156 Cumberland	토론토, 캐나다	
35	Ssal	샌프란시스코, 미국	미쉐린 1스타 레스토랑
36	Soowon Galbi	로스앤젤레스, 미국	
37	Parks BBQ	로스앤젤레스, 미국	
38	Chosun Galbee	로스앤젤레스, 미국	
39	Yond Su San	로스앤젤레스, 미국	
40	Quaters BBQ	로스앤젤레스, 미국	
41	Dha Rae Oak	로스앤젤레스, 미국	빕 구르망
42	Jeong Yuk Jeom	로스앤젤레스, 미국	
43	Animo	소노마, 미국	
44	San Ho Won	샌프란시스코, 미국	미쉐린 1스타 레스토랑
45	Bansang	샌프란시스코, 미국	빕 구르망
46	Namu	말뫼, 스웨덴	빕 구르망
47	Doshi	올랜도, 미국	
48	Cote Miami	마이애미, 미국	미쉐린 1스타 레스토랑
49	Shin Jung	올랜도, 미국	
50	Hansik Goo	홍콩	
51	Kochu Karu	베를린, 독일	
52	Maru	익셀, 벨기에	빕 구르망
53	Kqon	파리, 프랑스	빕 구르망
54	Umami-La cinquième saveur	몽펠리에, 프랑스	
55	La Table de Mee	파리, 프랑스	빕 구르망
56	Mandoobar	파리, 프랑스	
57	JanTchi	파리, 프랑스	
58	Yido	파리, 프랑스	
59	Sinabro	리옹, 프랑스	
60	Komah	상파울로, 브라질	빕 구르망

* 미쉐린 가이드는 별 개수에 따라 레스토랑을 다음과 같이 분류하고 있다. 1스타는 '요리가 훌륭한 레스토랑', 2스타는 '요리가 훌륭하여 멀리 찾아갈 만한 레스토랑', 3스타는 '요리가 매우 훌륭하여 맛을 보기 위하여 특별한 여행을 떠날 가치가 있는 곳'을 뜻한다. 미쉐린 가이드에서 '빕 구르망(Bib gourmand)'은 1~3스타 레스토랑보다 '합리적인 가격대에서 좋은 음식을 선보이는 레스토랑'을 일컫는다.

* 출처 : 미쉐린 가이드(Michelin Guide) 웹사이트에서 재구성.

표 2의 해외 한국 식당 리스트를 미쉐린 2스타, 1스타, 빕 구르망 등 등급에 따라 도시 분포로 다시 나누어 보면 아래 그림 4와 같다. 여기에서 가장 높은 등급과 그 아래 등급 할 것 없이 미국 뉴욕이 압도적으로 많다는 사실을 알 수 있다. 그 외에 미국 샌프란시스코, 프랑스 파리 정도가 눈에 띌 뿐, 집약적인 형태로 파인 다이닝의 지형을 일구어 가고 있는 것은 뉴욕이 유일하다. 한식당의 수나 역사로 보면 미국 로스앤젤레스를 능가할 수 없겠지만, 뉴욕에서 한식 파인 다이닝의 저변이 넓어져 가는 추세는 한식이 창의적인 요리와 미식의 측면에서 새로운 가능성을 발견하고 있다는 점에서 의미가 있다.

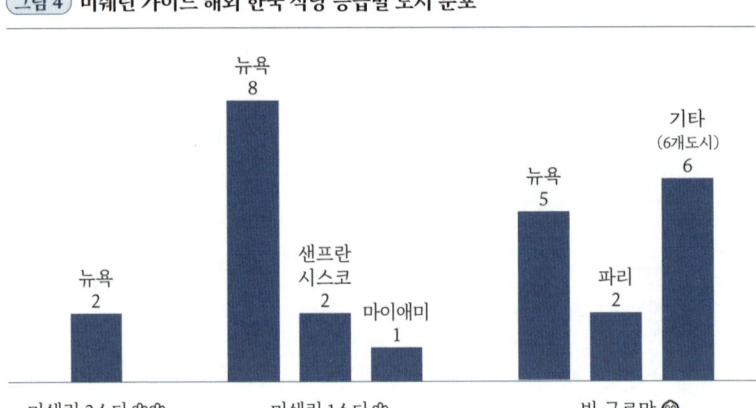

그림 4 미쉐린 가이드 해외 한국 식당 등급별 도시 분포

* 출처 : 미쉐린 가이드 해외 한국 식당 리스트 재구성.

2) 함께 만들고 나눠 먹는 한국 식문화의 재가치화

팬데믹 이후 한국 식문화를 바라보는 서구의 시각에도 변화가 감지

된다. 음식 자체에 초점을 맞춰 한식을 바라보는 경우도 있지만, 음식을 통해 한국의 전통 문화나 관습을 이해하려는 경향도 엿보인다. 특히 한국에 비해 역사적으로 개인주의가 뚜렷이 나타나는 문화권일수록 한국 사회가 함께 밥을 먹으며 공동체를 꾸려 왔던 방식이나 식재료를 활용하는 방식에 깊은 관심을 나타내는 것으로 보인다.

일례로 《워싱턴포스트(The Washington Post)》의 "한국 음식 철학이 우리를 다시 연결하는 방법(How Korean food philosophy can help us reconnect)"이라는 제목의 기사는 한식의 중요한 철학으로 자연과 시간, 약식동원(藥食同源, 약과 음식의 근원이 같음), 그리고 균형을 꼽았다. 그러면서 설과 같은 명절 때 함께 만두를 빚는 풍습을 소개하며 가족 구성원이 음식을 만들며 함께 소통하는 시간이 필요함을 역설한다. 또 다른 로스앤젤레스에 새로 문을 연 반찬 가게를 소개하며 로스앤젤레스 코리아타운을 중심으로 구할 수 있는 전형적인 반찬과 새로운 세대에 의해 재해석되는 반찬을 함께 다루기도 했다(Addison, 2023. 9. 21.). 한식에서 밥과 반찬이 주요 구성 요소이지만, 반찬을 단독 메뉴로 선보일 가능성도 함께 제시했다(WP Creative Group, 2021. 1. 1.). 조금 다른 관점에서 《뉴욕타임스》는 2023년 연말을 맞아 '한인 교회의 크리스마스 런치'를 조명했다(Kim, 2023. 12. 15.). 해당 기사는 미국의 한인 교회가 한인 이민 1세대가 공동체를 이루며 살 수 있는 중요한 구심점 역할을 했음에 주목하며, 특히 함께 점심을 먹는 시간을 통해 공동체 의식을 키워 나갈 수 있었다고 말한다. 오늘날 공동체로서 한인 교회의 영향력은 이전보다 약화됐고 젊은 이민 세대의 참여도 저조하지만, 여전히 함께 모여 밥을 먹는다는 감각만큼은 많은 이들의 기억 속에 남아 있다고 지적한다(그림 5 참고).

그림 5 한국의 다양한 식문화를 소개하는 미국 언론 보도

* 출처 : *Los Angeles Times*/Mariah Tauger, *The New York Times*/Janice Chung

그림 6 2011년~2023년 해외에 방송된 한국 식문화 관련 대표 프로그램 사례

《PBS》〈김치연대기〉 　　　　《CNN》〈앤소니 보댕: 알려지지 않은 부분들〉

넷플릭스〈셰프의 테이블 시즌 3〉 　　〈국물의 나라〉

* 출처 :《PBS》〈김치 연대기〉,《CNN》〈앤소니 보댕: 알려지지 않은 부분들〉, Netflix〈셰프의 테이블 시즌 3〉, 〈국물의 나라〉

　　한국 식문화의 공동체주의적 성격은 영상 미디어를 통해서도 지속적으로 강조되어 왔다. 2011년《PBS》에서 방영된〈김치 연대기 (Kimchi Chronicle)〉에서는 한국의 김장 문화가, 2015년《CNN》의〈앤

소니 보댕: 알려지지 않은 부분들〈Anthony Bourdain: Parts Unknown〉〉에서는 한국의 회식 문화가 소개됐다. 2017년 넷플릭스 〈셰프의 테이블〈Chef's Table〉〉 시즌 3에서는 사찰 음식을, 2023년 〈국물의 나라〈The Nation of Broth〉〉에서는 다양한 국물 요리를 선보이며 일상적으로 함께 나눠 먹는 한식 문화가 재현됐다.

오늘날 한국 사회 안에서 여전히 강력한 공동체적 성격의 식문화가 유지되고 있는냐는 문제의식과는 별개로, 해외에서 바라보는 한국 식문화에 대한 이미지가 어떠한지에 대한 인식이 필요해 보인다. 무엇보다 각각의 사회와 문화가 처해 있는 현실에서 결핍되거나 존재한 적 없는 가치를 한식의 형태나 전통 안에서 찾으려고 하는 시도가 어떤 방식으로 발현되는지 추적할 때, 한식에 대한 입체적인 인식이 가능해질 것이다.

3. 주요 진출국 및 진출 경로

외국인에게 한국 하면 가장 먼저 떠오르는 대표적인 상은 무엇일까? 「2023 해외한류실태조사」에 따르면 한국 연상 이미지 중 한국 음식은 2020년부터 2022년까지 케이팝에 이어 3년 연속 2위를 차지했다. 한국 음식은 문화콘텐츠 인기도에서 뷰티(46.5%), 음악(45.9%), 패션(42.6%), 영화(39.4%), 게임(36.9%), 드라마(36.1%) 등을 제치고 1위(49.1%)를 차지했다. 한국 문화콘텐츠 브랜드 파워 지수(BPI: Brand Power Index)에서도 음식은 66.0%를 차지해 전 부문에서 가장 강력한 브랜드 파워를 가진 것으로 나타났다. 해당 조사로부터 두 가지 시사점을 도출할 수 있다. 하나는 한국 문화콘텐츠 인기가 특정 팬 중심에서 일반 대중으로 확대되고 있다는 점이다. 음식(76.2%)은 '보통 인기' 및 '대중적 인기' 비율이 70%를 넘는 것으로 확인됐다. 일본은 한국 문화콘텐츠 인기도가 상대적으로 낮은 국가에 속하는데, 이번 조사에서는 한국 음식에 대한 인기도에서 26개 국가 중 2위를 기록한 점도 눈여겨볼 만하다. 또 다른 시사점은 한국 문화콘텐츠 미경험자 조사 결과 중 '한국 콘텐츠를 경험할 채널/방법이 없어서'가 2위를 기록했다는 사실이다. 이는 접근 자체가 물리적으로 힘든 경우와 접근 방법이 존재하더라도 개별 소비자가 그 방법을 알지 못해 접근이 힘든 경우를 모두 포함한다. 따라서 국가별 인프라 특성을 고려하거나 채널 접촉 용이성을 높이는 전략이 강구돼야 할 것이다(한국국제문화교류진흥원, 2023).

농림축산식품부·한식진흥원이 발간한 「2023 해외 한식 소비자 조사」에 따르면 한식에 대한 인지도는 지난 5년간 지속적으로 상승하는 추세를 보였다. 2019년 조사에서 응답자의 54.6%가 '한식을 알고 있다'고 답변한 데 이어 2020년에는 57.7%, 2021년에는 55.9%, 2022년에는 57.6%, 그리고 2023년에는 무려 60.0.0%가 한식을 인지하고 있었다. 한식에 대한 호감도, 인기도, 관심도 또한 일정 수준으로 유지되고 있는 가운데 한식을 취식한 이후 만족도는 2019년부터 2023년에 이르기까지 평균 90% 이상을 기록했다. 다만 한식 중 선호하는 메뉴가 김치, 비빔밥, 불고기, 한국식 치킨 등으로 한정돼 있어 한식 메뉴의 다양화에 대한 고려가 요청된다.

한식의 소비 경험은 크게 외식과 집밥으로 나뉜다. 「2023 해외 한식 소비자 조사」는 해외 소비자를 대상으로 한식당 소비 경험을 조사했는데, 한식당 방문에는 전반적으로 만족했으나 방문 빈도나 재방문 의향은 소폭 하락한 것으로 나타났다. 도시별로 볼 때 두바이의 소비자들은 한식당 방문 경험이 전년 대비 6.6%p 상승했고, 자카르타에 사는 소비자들의 경우 한식당에 대해 높은 만족감과 재방문 의사를 내비쳤다. 한식당 소비와 관련해 도쿄에 사는 소비자들은 비교적 낮은 만족도와 재방문 의사를 밝혔다. 이와 관련해 실질적인 한식당 방문 경험 또한 전년 대비 9.2%p 하락한 것으로 조사됐다. 한식에 대한 인지도가 높아진 만큼 가격, 질적 차원에서 이에 상응하는 소비 경험이 뒤따라야 할 것이다.

    한식 및 한식당의 경쟁력에 대한 전반적인 고려도 필요하다. 주요 7개 외국 음식에 대한 경험 및 평가를 기반으로 조사한 브랜드 파워 지수를 살펴보면 이탈리아 음식(59.8점)과 일본 음식(59.0점)이 시장을 주도하고 있음을 알 수 있다.[4] 한국 음식의 경우 경쟁력 지수가 56.3점으로 그 뒤를 잇고 있다(농림축산식품부·한식진흥원, 2024). 여러 조사에서 한식이 다른 국가의 음식과 비교해 우위를 차지하지 못하는 이유로 접근성이 언급되기도 한다. 미국 퓨 리서치센터(Pew Research Center)의 조사에 따르면 미국 내에서 아시아 음식을 파는 식당의 71%가 중식, 일식, 태국 음식을 취급한다(그림 7 참고). 나머지 29%에 인도 음식, 베트남 음식, 그리고 한식 등이 포함된다. 미국 내에서만 한정해서 보자면 한식당 수의 지역 편차도 클 뿐 아니라, 절대적인 선상에서 한식당을 접할 가능성도 크지 않다고 할 수 있다(Shah & Widjaya, 2023).

---

4   해당 조사에서 선정한 주요 7개 외국 음식은 한국, 중국, 일본, 이탈리아, 태국, 멕시코, 프랑스 음식이다.

> 그림 7 미국 내 아시아 레스토랑 분포도

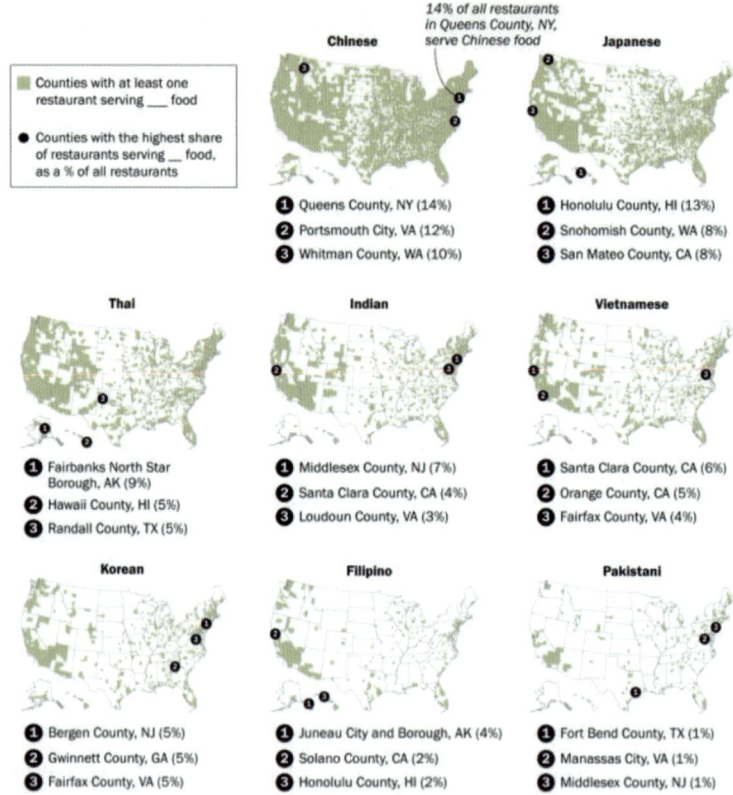

* 출처 : Pew Research Center

　이처럼 외식을 통해 한식을 접할 수 있는 경로가 한정적인 대신 집에서 한식을 경험할 가능성은 한층 커진 것으로 보인다. 미디어를 통한 간접 경험이 매해 느는 데다 한국 식재료나 '밀키트(meal kit)',

배달 음식 등을 즐길 수 있는 선택의 폭이 커진 덕이다. 「2023 해외 한류실태조사」에서도 응답자들은 한식을 접촉하는 대표적인 경로로 소셜 미디어(60.0%)와 유튜브(45.6%)를 꼽았다. 이렇게 접한 한국 음식의 인기 요인으로는 '맛(33.8%)'과 함께 '한국의 식문화를 경험(16.9%)'한다는 점이 다수 언급됐다(한국국제문화교류진흥원, 2023).

2023년 한 해 동안 한식 대중화에 있어 소셜 미디어의 영향력을 확인할 수 있었던 가장 대표적인 예는 '냉동 김밥'이다. 미국 대형 마트 체인인 트레이더 조(Trader Joe's)에서 판매된 한국 냉동 김밥은 틱톡(TikTok)을 통해 급속도로 확산돼 품귀 현상을 일으킨 바 있다(Youn, 2023. 9. 7.). 이후 미국의 한국 식료품을 취급하는 대형 체인인 H마트는 김밥 열풍에 발 빠르게 가세해 자사의 냉동 김밥을 대대적으로 홍보했고, 2024년 초 한국 이마트에서 미국에서 입소문을 탔던 냉동 김밥을 판매하기도 했다(그림 8 참고).

그림 8 냉동 김밥 관련 홍보 사례

2023년 소셜 미디어상에서 선풍적인 인기를 끌었던 냉동 김밥 틱톡 영상

미국 한국 식료품 체인 H마트의 냉동 김밥 광고

2024년 한국 이마트에서 팔기 시작한 냉동 김밥 전단

* 출처 : ahneskitchen 틱톡(@ahneskitchen), H마트 공식 인스타그램(@hmartofficial), 신세계그룹 뉴스룸

미국의 '냉동 김밥' 유행은 오늘날 미디어 환경에서 입소문, 주목의 흐름과 같은 요소가 한식 대중화를 견인할 수 있다는 점을 시사한다. 현대 사회의 유동적인 속성을 감안하더라도 공급자 중심의 관점에서 잠재적 수요를 예측하기보다 대중-수요자의 관점에서 어떤 소재가 어떤 방식으로 전파되는지 면밀히 관찰하는 편이 유연한 대응 전략을 수립하기에 유리할 것이다(강보라, 2023, 41쪽). 한식을 전파하려는 공공이든 민간이든 공급의 형태를 주문하기보다 수요자가 무엇을 원하는지를 묻는 태도가 필요한 이유가 여기에 있다.

4. 음식 한류 전망

1) 한국 음식 유행에 관한 입체적 해석 적용

2021년 농림축산식품부·한식진흥원이 발간한 「해외 한식 문화·산업 빅데이터 분석 보고서」는 케이팝 가수나 한국 영화가 특정 한식 메뉴의 유행에 일조했다고 지적한다(농림축산식품부·한식진흥원, 2021). 대표적인 예로 2020년 12월 BTS가 소셜 미디어에 호떡을 인증한 이후 관련 언급량과 호떡 상품 리뷰가 늘어났고, 2020년 초 영화 〈기생충〉이 미국 아카데미상을 받은 이후 '짜파구리'와 관련된 라면 상품의 구매 후기가 이전보다 2배 이상 증가했다고 한다.

이와 같은 분석 방식에는 나름의 효용이 있지만, 지나치게 단선적인 인과 관계에 집중하는 것은 아닌지 성찰할 필요도 있다. 오늘날의 디지털 미디어 환경이 복잡해졌고 현대인의 일상적인 선택에 영향을 끼치는 요소가 다양해졌다는 점도 기존의 접근 방식에 변화를 요구한다. 이런 맥락에서 2023년 12월에 구글이 발표한 '올해의 검색어' 레시피 부문에 '비빔밥(bibimbap)'이 1위 검색어로 선정된 사례를 살펴보자. 구글이 매년 발표하는 '올해의 검색어'는 전년 대비 높은 검색량 증가가 나타나 대중의 많은 관심을 받은 검색어를 나타내는 순위로, 절대적인 검색량에 따른 것은 아니다. 즉 해외에서 '비빔밥' 레시피가 1위 검색어에 오른 것은 검색량이 2022년에 비해 급격하게 상승하고 또 그것이 어느 정도 지속되었기 때문일 테지만, 그렇다고 해서 '비빔밥'을 구글에서 가장 많이 검색된 레시피라고 보긴 어렵다.

구글의 '올해의 검색어'가 발표되고 난 이후, 일부 국내 언론은 케이팝이나 드라마와 같은 콘텐츠의 유행이 비빔밥에 대한 관심을 끌어 낸 것으로 보았다(이해인, 2023. 12. 14.; 최서인, 2023. 12. 12.). 이 같은 설명에는 일리가 있지만, 한층 다면적인 분석이 더해져야 할 것이다. 미디어를 통한 간접 경험 이외에도 여행이나 외식 등의 경험이 '비빔밥' 등 한식에 관한 궁금증을 불러일으켰을 가능성도 배제하기 어렵기 때문이다. 아래의 그림 9에서 보는 바와 같이 현재 온라인과 오프라인에서 비빔밥을 접할 수 있는 경로는 다양하다. 한국 드라마나 소셜 미디어를 보고 비빔밥에 관심을 가질 수 있는 한편, 일상적으로 이용하는 마트나 배달 앱을 통해서 비빔밥을 접한 후 상세한 레시피를 알고 싶어질 수도 있다. 따라서 구글의 '올해의 검색어'에 오른 비빔밥과 같이 음식 한류와 관련한 현상에 대해 사후적으로 접근할 때 인과적인 설명을 벗어나 다층적인 요소를 종합적으로 고려해야 할 것이다.

[그림 9] 온라인 및 오프라인에서 비빔밥을 접할 수 있는 경로

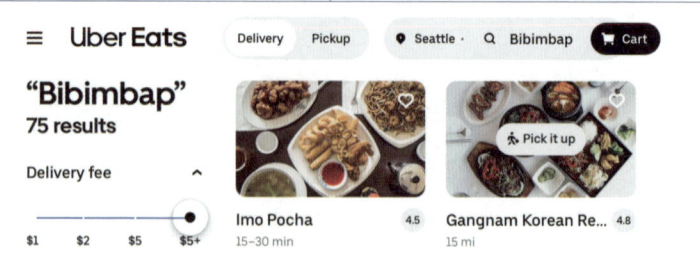

| 틱톡의 비빔밥 관련 영상 | 미국 아마존에서 판매 중인 레토르트 비빔밥 |

미국 시애틀 지역 우버 잇츠(Uber Eats)에서 주문 가능한 비빔밥 판매 식당

* 출처 : stellanspice, matchagweentea 틱톡(@stellanspice, @matchagweentea 계정), Amazon/Easybab, Uber Eats/Imo Pocha, Gangnam Korean Restaurant

2) 생성형 인공지능 환경 내 한식 용어 정립 필요성 대두

2023년 마이크로소프트(Microsoft)는 자사의 검색 엔진과 소프트웨어에 인공지능을 적용할 예정이라고 발표했다. 기존의 검색 체계에서 사용자는 검색을 통해 링크를 제공받고 각 정보에 대한 판단을 스스로 내려야 했으며, 파워포인트와 같은 소프트웨어를 사용할 때도 사용자의 세세한 선택이 요구됐다. 그러나 생성형 인공지능 기술이 적

용된 미디어 환경에서 사용자는 스스로 일일이 작업하는 대신 요청을 보내면 완성된 결과를 받아보기만 하면 되는 방식으로 정보 처리 과정의 변화를 경험하게 될 것이다. 생성형 인공지능이 일상적인 수준으로 도입됐을 때 우려되는 바가 전혀 없는 것은 아니다. 대표적으로 이전부터 존재했던 데이터 편향과 데이터 공백의 문제가 한층 심화될 수 있다. 본격적인 인공지능 시대를 앞둔 지금, 한국 음식 데이터의 편향과 관련 데이터의 공백을 검토해야 하는 이유도 여기에 있다.

한식 데이터의 편향과 공백은 2021년 「음식 한류」에서 논의했던 '한식 세계화에 대한 문화적 도전'과 연관이 있다(강보라, 2022). 특히 한국과 인접한 중국과 일본 등지에서 한국 음식의 연원이 자국에 있다고 주장하거나 영미권에 자국의 언어 표현을 선점해 한국어 표현이 '아류화'되게끔 하는 등의 문제가 존재한다. 생성형 인공지능이 수집하고 처리하는 정보도 결국 현실 세계의 데이터에 기반하기 때문에 문제가 반복될 가능성은 남아 있다. 이런 상황에서 인접 국가의 문화적 도전에 대응하기 위한 우선적인 과제로 한식 관련 용어를 일원화해야 한다.

앞서 살펴보았던 김밥의 경우 'kimbap', 'gimbap'과 같이 로마자 표기가 혼용된다는 문제가 있다. 트레이더 조, H마트 등 미국의 대형 마트에서 유통되는 냉동 김밥은 'kimbap'으로 표기되는 반면, 한국문학원, 한식진흥원 등 공공기관에서는 'gimbap'을 올바른 표기로 보고 있다(그림 10 참고). 2024년 1월 말을 기준으로 인스타그램에서 로마자로 '김밥' 해시태그를 검색해 보면 '#kimbap'이 41.2만 개, '#gimbap'이 16.2만 개 'kimbap'이 훨씬 많이 사용되고 있음을 알 수 있다.[5] 다른 예로 고추장의 경우 미국 아마존에서 판매하고 있는 동일 브랜드의 상품 표기가 'gochujang'과 'gotchu'로 각기 다르게 돼 있다. 두 제품이 비록 다른 제형을 지닌 제품이라 하더라도 고추장에서 파생됐다면 'gochujang'이라는 로마자 표기로 일원화해야 해외 소비자들에게 혼동을 주지 않을 것이다.[6]

그림 10 김밥 및 고추장 로마자 표기 사례

| 공공 기관의 로마자 표기 | 비비고 브랜드의 상이한 고추장 로마자 표기 |

* 출처 : 한국문화원, Amazon/CJ FOODS USA INC., Bibigo

    이상의 사례를 통해 한국 음식 데이터를 전반적으로 재정립할 필요를 확인할 수 있었다. 우선 여러 가지 표기 가능성을 제기하기보다 현시점에서 가장 대중적으로 통용되는 용어가 무엇인지 살피고 일원화 가능성을 검토해야 한다. 또한 인접 국가의 유사한 음식을 지

---

5   구글 검색량 추이를 보여주는 '구글 트렌드'에서도 결과는 비슷하게 나타난다. 로마자로 김밥을 검색하는 경우 'kimbap'이 'gimbap'보다 월등히 많이 검색됨을 알 수 있다.

6   두 제품의 제조사는 각각 'CJ FOODS USA INC'와 'Bibigo'로 다르지만, 비비고 브랜드로 출시됐다는 점에서는 동일한 것으로 간주될 수 있다. 이를 브랜딩의 일환으로 볼 수 있겠지만, 해외시장에서 '고추장' 자체에 대한 인식이 아직 제한적이라는 점을 감안할 때, 소비자에게 혼란을 야기할 가능성이 존재한다.

칭하는 한국어식 표기를 어떻게 확장시켜 나갈 것인지에 대한 고민도 필요하다. 해외에서 죽이나 김 등을 지칭하는 한국식 표현이 중국어와 일본어 표기에 비해 양적으로 적기 때문에 한국 음식의 독자성 확립을 위한 구체적인 방안 마련이 요청된다.

3) 문화콘텐츠와 한식의 무한한 접합가능성

한국 음식이 한국의 대표적인 문화콘텐츠로 인식되는 경향을 어떻게 받아들여야 할지 난감해하는 경우가 종종 있다. 통상적으로 음식은 대중문화 영역에 속하는 음악, 드라마, 게임과는 다른 속성을 지닌다고 간주되기 때문이다. 하지만 음식 자체가 가지고 있는 복합적인 성격을 고려한다면 한식을 문화콘텐츠 영역으로 포섭할 필요가 있다. 단적으로 음식 한류와 관련된 현황은 문화와 산업이 뒤섞여 있다는 특징이 있다. 음식은 다른 문화콘텐츠에 비해 관습으로서 그 역사가 긴 까닭에 산업보다는 문화로 치부된다. 하지만 오늘날 문화콘텐츠 시장에서 전통적인 문화와 산업의 구분은 적용되기 어려우며, 한국 음식은 문화와 산업으로서의 속성을 동시에 지니고 있다. 이 점은 한국 음식의 산업적 발전 역량이 문화적 속성을 발판으로 확대될 수 있음을 시사한다. 현대 사회의 특징 중 하나는 액체와 같이 어떤 경계든 자유롭게 넘나들고 변화가 쉬우며 기존의 경계 사이에 틈입할 수 있다는 점이다. 이런 관점에서 한국 음식은 액체와 같이 유연하게 어디든 흘러 들어갈 수 있는 대표적인 문화콘텐츠 중 하나다. 아울러 음식이 다른 문화콘텐츠와 자유자재로 결합 가능하다는 점도 들 수 있다. 한국 음식이 뮤직비디오나 게임, 영화 등 그 어디에 등장하더라도 전혀 어색함이 없다. 다른 문화콘텐츠의 소재이자 주제로 활용되는 동시에 그 자체로도 콘텐츠의 속성을 띠고 있음을 방증하는 셈이다.

문화콘텐츠로서 한국 음식이 다른 분야와 쉽게 접점을 마련할 수 있다는 점은 문화 유동성(cultural fluidity)을 강조하는 현대의 시대정신과 맞물린다. 말하자면 기존의 틀에 갇히지 않고 계속 실험하며 새로운 가치를 발견하고자 하는 현시대의 흐름 안에 음식 한류가 안착할 가능성이 크다는 것이다. 그 가능성을 극대화하기 위해 우리 스스로 질문을 찾고 해결 방식을 모색할 시간이 도래했다.

양적인 측면에서 지난 5년간 음식 한류의 성장세는 상당했다. 앞서 살펴본 바와 같이 2023년의 음식 한류 현황도 낙관적이다. 가공식품의 선전과 아세안 국가로의 수출량 증대가 대표적이다. 세계 미식 산업의 중심지 뉴욕에서 한식 파인 다이닝이 급부상하며 미쉐린 가이드와 같은 미식 지표의 인정을 받고 있는 상황도 고무적이다. 한국식 치킨이나 '달고나 커피' 등 일상적인 한국 음식이 각광받았던 것과는 다른 의미에서 한식에 대한 창의적 재해석과 고급화 가능성이 증명된 셈이다. 한식의 고유한 전통과 관습을 재가치화하려는 해외의 시각도 눈여겨볼 필요가 있다. 국내의 식문화가 점차 간편화 및 간소화되는 가운데 오히려 해외에서는 한식으로부터 함께 만들고 나눠 먹는 공동체 문화의 가치를 발견한다. 한편 전방위에 걸쳐 한국 음식에 대한 인지도가 점차 늘어나는 데에 비해 한식 소비 경험의 다양한 경로와 평가에 대한 분석이 부족하다는 점은 문제로 지적된다. 2023년 한 해 동안 온라인에서 화제를 모았던 냉동 김밥과 비빔밥 레시피 사례에 관해 일시적이고 단선적으로 접근했던 사례가 대표적이다. 생성형 인공지능 기술이 세계인의 일상을 빠르게 잠식해 나가는 상황도 현시점에서 음식 한류의 전망을 불안정하게 만드는 요소다. 중국, 일본 등 인접 국가와 유사한 음식을 둘러싼 문화 헤게모니 투쟁이 지속되고 있는 데다 한식과 관련된 인터넷상의 정보는 양과 질적인 측면에서 일부 편향돼 있다. 현대인이 일상적으로 사용하는 미디어와 기술의 상호작용 아래 음식 한류의 향방도 변화할 가능성이 크다. 문화적 유동성을 전제로 변화에 대비하고 유연하게 적응하기 위해 스스로 질문을 찾는 시도는 바로 지금 시작돼야 한다.

(8
뷰티 한류)

(K-뷰티, 되살아난 희망…
미·일 한류 인기 발판 성장)

(나원식
비즈워치 기자)

1. 뷰티 한류 현황

1) 우려했던 중국 시장 위축에 뒷걸음질

"2010년대 이후 초고속 성장을 해오던 한국의 뷰티산업은 2022년 전년 대비 마이너스 수출을 기록하더니 2023년 들어서도 전반기 6개월 동안 전년 대비 0.3% 성장을 하는 등 위기가 지속되고 있다."(피부기반기술개발사업단, 2023).

2022년 한국 뷰티산업은 위기를 맞았다. 1년 전인 2021년에는 연간 수출 실적이 10조원을 넘어서며 역대 최대 기록을 달성하는 쾌거를 이뤘는데 1년 만에 분위기가 확연하게 바뀌었다.

지난 2023년 초 국내 뷰티산업 경쟁력 강화를 위해 보건복지부 지원으로 출범한 피부기반기술개발사업단은 지난 7월 「한국 화장품 수출 경쟁국 분석」이라는 보고서를 냈다. 보고서에는 한국 뷰티산업에 대한 깊은 우려의 목소리가 담겼다. 2022년 나타난 수출 실적 악화가 2023년 상반기까지 지속하고 있었기 때문이다. 보고서는 "현 상황에서 화장품 수출의 증가나 산업의 회복이 이루어질 것이라는 명확한 징조가 보이지 않고 전망 또한 불확실하다"고 지적했다(피부기반기술개발사업단, 2023).

한국은 지난 2020~2021년 화장품 수출 실적 전 세계 3위를 기록한 바 있다. 2년간 프랑스, 미국과 함께 '빅(Big) 3'로 자리매김했다. 하지만 2022년에는 독일에 다시 3위 자리를 내주며 4위를 기록했다.

표1 국가별 화장품 수출 실적 현황   (단위 : 만 달러)

순위	국가	2018년	2019년	2020년	2021년	2022년
1	프랑스	147억 7,603	171억 2,493	148억 1,268	178억 5,286	194억 4,192
2	미국	101억 202	103억 6,045	88억 1,160	95억 7,270	103억 7,642
3	독일	74억 957	83억 7,304	69억 4,703	80억 6,077	87억 3,484
4	한국	62억 6,019	65억 2,479	75억 7,210	91억 8,357	79억 5,320
5	중국	42억 9,560	46억 2,845	39억 4,314	48억 3,000	60억 2,329

* 출처 : 식품의약품안전처(2023)

식품의약품안전처(이하 식약처)가 2023년 7월에 발표한 보도자료에 따르면 2022년 국내 화장품 수출 실적은 79억 5,320만 달러(약 10조 6,135억원)로 전년 91억 8,357만 달러(약 12조 2,555억원)보다 13.4% 감소했다. 같은 해 프랑스의 수출 실적은 전년보다 8.9% 늘었고, 미국과 독일 역시 각각 8.4%씩 증가했는데 한국만 뒷걸음질 쳤다. 전년 7위에서 5위로 뛰어오른 중국의 수출 증가율은 24.7%였다.

실적 악화의 가장 큰 요인은 한국 화장품 수출에 가장 큰 비중을 차지하는 중국 시장 침체에 있었다. 국내 업체들이 중국에서 부진했던 영향도 있었다. 한국 화장품의 중국 수출액은 지난 2021년 48억 8,171만 달러(약 6조 5,146억원)에서 2022년 36억 1,175만 달러(약 4조 8,199억원)로 26% 줄었다. 전체 수출에서 중국이 차지하는 비중도 2021년 53.2%에서 2022년 45.4%로 줄었다.

식약처는 2022년 "화장품 수출 규모가 감소한 것은 최대 수출국인 중국의 코로나 확산에 따른 경기 침체, 중국 정부의 화장품 규제 강화와 자국 제품 선호 추세 등으로 인하여 중국 수출이 26.0% 감소했기 때문"이라고 분석했다. 다만 식약처는 이런 실적 부진에도 불구하고 수출국이 다변화하고 있다며 희망의 끈을 놓지 않았다. 식약처에 따르면 "한류의 영향으로 동남아시아 국가 중심으로 전년 대비 수출이 증가했고, 프랑스와 캐나다 등 선진국과 키르기스스탄과 카자흐스탄 등 중앙아시아 지역으로 수출이 전년 대비 증가했다". 실제 한국의 화장품 수출국은 지난 2021년 153개국에서 2022년 163개국으로 다변화한 것이 사실이다.

하지만 중국을 비롯한 주요 수출국에서 낸 실적이 악화했다는 점은 여전히 한국 뷰티산업의 과제로 남아 있다. 2022년 두 번째로 비중이 높은 미국으로의 수출은 0.2% 줄었고, 이어 일본(4.9%)과 홍콩(31.8%) 수출액도 감소세를 기록했다. 수출이 악화하다 보니 생산 실적도 감소했다. 지난 2022년 한국의 화장품 생산액은 13조 5,908억원으로 전년 16조 6,533억원보다 18.4% 떨어졌다(식품의약품안전처, 2023). 중국에 대한 과한 의존을 줄이고 수출국을 다변화하는 것은 한국 뷰티산업의 지속 성장을 위한 필수 과제로 여겨졌으나, 2022년까지 이런 체질 개선은 제대로 이뤄지지 않은 것으로 평가된다.

피부기반기술개발사업단은 보고서에서 이런 점을 다시 한번 지적했다. 보고서에 따르면 한국 뷰티산업의 상위 5개국에 대한 수출이 차지하는 비중은 2022년 기준으로 75%에 달했다. 반면 프랑스(46.6%)와 미국(50.7%), 독일(33.5%) 등은 이보다 한참 낮았다. 대부분 수출 강국이 수출국 다각화를 이루고 있다는 의미다. 여기에 더해 보고서는 한국이 수출 품목이 다변화에도 성공하지 못했다고 지적했다. 국내 화장품 수출액 중 상위 5개 유형의 제품이 차지하는 비중은 93.2%에 달했다. 반면 미국(74.4%)과 프랑스(87.6%), 독일(72.9%)은 이보다 낮았다. 보고서는 "한국의 화장품 산업이 고도성장하고 있는 것이 사실이지만 한편에서는 한계도 가지고 있다"며 "특정 국가와 유형에 대한 의존도가 높아 다변화가 이루어지지 못해 국지적 환경변화에도 크게 영향을 받을 수 있다"고 분석했다. 이어 "결국 수출국과 품목 다변화가 한국 화장품 수출의 시급한 과제"라고 덧붙였다(피부기반기술개발사업단, 2023).

2) 극적 부활, 중국 수출 줄었지만 성장세 눈길

침체한 흐름은 2023년 상반기까지 이어졌다. 산업통상자원부(이하 산업부)가 지난 2024년 1월 1일에 내놓은 "2023년 12월 및 연간 수출입 동향"에 따르면 지난해 1월 한국 뷰티산업 수출액은 4억 6,700만 달러(약 6,237억원)를 기록하며 전년 동기보다 17.1% 줄었다. 이후 2월과 3월에는 각각 12.6%, 9.2%의 전년 대비 수출 증가율을 기록하며 반등하는가 싶더니 4~5월에는 다시 5.4%와 8.1%의 전년 동기 대비 감소율을 보였다. 화장품 업계 안팎에서는 이제 한국 뷰티가 성장의 한계에 부딪쳤다는 자조적인 평가가 나왔다.

하지만 한국 뷰티산업은 다시 한번 반전을 이뤄냈다. 하반기부

표 2 2023년 화장품 월별 수출액 추이 (단위 : 백만 달러, %)

화장품	2020년 전체	2023년 전체	1월	2월	3월	4월	5월	6월	7월	8월	9월	10월	11월	12월
수출액	7,953	8,471	467	646	773	678	769	737	643	699	825	764	774	697
전년 동기비 증감률	-13.3	6.5	-17.1	12.6	9.2	-5.4	-8.1	12.5	4.9	12.2	11.8	11.1	21.2	17.5

* 출처 : 식품의약품안전처(2023)

터 수출 실적이 눈에 띄게 반등한 것이다. 8월부터 10월까지 10% 이상의 전년 대비 증가율을 기록했고, 11월에는 수출 증가율이 20%대를 넘어섰다. 결국 연간 화장품 수출액은 84억 7,100만 달러(약 11조 3,130억원)로 전년보다 6.5% 증가하는 저력을 보였다.

세계적인 고금리 기조로 세계 경기 침체가 지속하고 교역량이 위축하는 등 어려운 대외 여건으로 인해 한국의 2023년 전체 수출액은 전년보다 7.4% 감소한 6,327억 달러(약 844조 9,709억원)를 기록했다. 2020년 이후 3년 만에 감소세로 돌아섰다.

이런 환경에서 수출 증가세를 보였다는 점은 한국 뷰티산업의 저력을 돋보이게 한다. 화장품은 산업부가 구분한 5대 유망 소비재 중에서도 가장 높은 성장률을 기록했다. 화장품 외 농수산식품의 경우 수출액이 전년보다 3.6% 증가하는 데 그쳤고, 패션 의류는 도리어 4.5% 줄었다. 생활용품은 0%로 제자리걸음을 했고, 의약품은 25%의 높은 감소세를 보였다(산업통상자원부, 2024).

화장품 수출액이 양적으로 늘었다는 것뿐만 아니라 그간 오랜 과제로 여겨진 중국 의존도를 줄이면서도 좋은 실적을 기록했다는 점이 특히 눈에 띈다. 대한화장품산업연구원에 따르면 지난 2023년 중국으로의 수출액은 27억 8,495만 달러(약 3조 7,194억원)로 전년 36억 1,175억 달러(약 4조 8,235억원)에 비해 22.9%나 줄었다. 전체 수출에서 차지하는 비중도 2022년 45.4%에서 2023년 32.8%로 확연하게 감소했다.

그 대신 두 번째 수출국인 미국에 대한 수출액이 전년보다 45.2% 증가했다. 비중은 전년 10.6%에서 14.3%로 늘었다. 이밖에 일본 8%, 홍콩 28.8%, 베트남 32.8% 등의 증가율을 기록하며 중국을 제외한 대부분 나라에 대한 수출액이 크게 늘었다. 수출 상위 5개국이 차지하는 비중도 전년 75%에서 2023년 68.5%로 낮아졌다. 수출국 다변화가 어느 정도 이뤄진 셈이다.

특히 일본에서는 한류 인기의 영향이 지속하면서 2년째 수입 화장품 1위 자리를 지켰다. 일본수입화장품협회에 따르면 일본 수입 화장품 시장 내 한국 제품 비중은 지난 2022년 23.4%로 1위를 차지한 데 이어 지난해 상반기에도 25.6%를 기록해 2위 프랑스(22.6%)와 격차를 벌리며 1위 자리를 지켰다(대한화장품산업연구원, 2024).

중소벤처기업부도 지난해 11월 2023년 3분기 중소기업 수출 동향을 전하며 이와 유사한 분석을 내놓았다. 중소벤처기업부는 "화장품은 K뷰티의 인기로 중국을 제외한 미국·일본 등 주요국과 유럽연합(EU)·중동·독립국가연합(CIS) 등 신흥시장에서도 두 자릿수 증가율을 보였다"고 강조했다(중소벤처기업부, 2023).

2. 뷰티 한류 핫이슈

1) 엔데믹, 명동의 부활과 입술 화장품

"화장품은 엔데믹 기조 정착 후 야외활동 확대와 K뷰티 인기 등으로 하반기 (수출) 증가세가 확대했다."(산업통상자원부, 2024)

한국 뷰티산업 위축에 대한 우려의 목소리가 커지는 가운데에서도 희망의 목소리는 있었다. 코로나19로 인한 충격에서 벗어나 세계 소비 시장이 다시 살아날 수 있다는 기대였다. 특히 사람들이 마스크를 벗고 해외여행에 나선다는 점은 뷰티산업에 호재가 될 가능성이 컸다. 실제 엔데믹 기조가 정착된 지난해 하반기 이후 화장품 수출이 크게 늘면서 산업이 활기를 띠기 시작했다.

이런 분위기는 곳곳에서 나타났다. 국내에서 가장 주목받은 것은 명동의 부활이다. 명동은 한국을 방문한 외국인 관광객들이 가장 많이 찾는 지역으로 여겨진다. 과거 중국의 사드 보복에 이어 팬데믹으로 타격을 받기 전에는 수많은 화장품 브랜드 로드 숍이 명동 거리에 자리 잡았다. 여기서 많은 관광객이 한국 화장품을 구매해 가면 입소문 등을 통해 수출 확대로 이어지는 선순환이 이뤄졌다. 명동이 한류의 중심이자 한국 뷰티의 1번지로 불렸던 이유다.

외국인 관광객들이 다시 명동을 찾기 시작하면서 거리에 활기가 돌기 시작했고 국내 화장품 브랜드 로드 숍들은 새로 단장하거나 다시 입점하기 시작했다. 우선 토니모리의 경우 지난 2022년 10월 명동중앙점을 연 것을 시작으로 지난해 11월까지 약 1년여 만에 5개의 매장을 새로 열었다. 아모레퍼시픽의 가맹사업 브랜드인 에뛰드는 지난해 2월 명동2번가점과 명동중앙점을 신규 오픈해 매장을 3곳으로 늘렸다.

또한 앞서 명동에서 매장을 철수했던 아모레퍼시픽의 이니스프리는 지난해 6월 로드 숍을 다시 열었다. 이어 네이처리퍼블릭은 8월 대표 점포인 명동월드점을 재단장했고, 에이블씨엔씨가 운영하는 미샤 역시 9월 명동메가스토어점의 인테리어를 재정비했다. 헬스앤드뷰티(H&B) 스토어 CJ 올리브영은 국내 올리브영 매장 중 가장 규모가 큰 올리브영 명동타운을 첫 글로벌 특화 매장으로 재단장해 지난해 11월 다시 문을 열었다. 이 매장의 하루 평균 방문객은 약

3,000명으로 그중 90%가 외국인이었다. 올리브영에 따르면 지난해 올리브영 명동 상권 6개 점포의 외국인 매출은 전년 대비 590% 급증했다.

그림 1   CJ 올리브영 명동타운의 외국인 고객

* 출처 :《이데일리》/CJ 올리브영

    엔데믹으로 화장품 수출 확대 가능성이 보이자 정부도 관심을 두기 시작했다. 지난해 9월 4일 기획재정부는 "수출 활성화를 위한 추가 지원방안"을 내놓으면서 화장품을 수출 확대 유망 분야 중 하나로 꼽았다. 그러면서 방한 외국인과 수출 유망 국가 등을 대상으로 국내 화장품 홍보 강화를 위한 홍보관 및 해외 판매장 등을 확대 운영하겠다는 방침을 내놓았다(기획재정부, 2023).

    정부가 추가 지원방안을 내놓은 같은 날 관세청은 지난해 립스틱 등 입술 화장품 수출이 역대 최대치를 기록하고 있다고 발표했다. 관세청에 따르면 지난해 1~7월 립스틱 등 입술 화장품 수출은 1억 9,800만 달러(약 2,644억원)를 기록하며 전년 동기 대비 63.5% 증가했다. 역대 최대 실적이다. 세계 시장에서 한국의 입술 화장품 수출액 순위는 지난 2019년 10위에서 2022년 7위로 뛰어올랐다. 관세청은 "마스크 없는 일상 회복을 맞아 입술화장품을 한류 상품으로 찾으며 우리 제품 수요가 더욱 증가한 것으로" 보인다고 분석했다.

관세청은 특히 한국 문화에 대한 높은 인기가 수출 증가세를 이끌었다는 점을 강조했다. 관세청은 "세계시장에 립스틱 등 입술 화장품을 수출하고 있는 주요국 중 우리나라만 높은 수출 증가세로 순위[가] 상승"했다며 "한국문화 인기의 급성장으로 높아진 문화적 영향력에 화장품 등 한류 밀접 품목의 수출이 증가"했다고 분석했다 (관세청, 2023).

2) 중소 화장품 브랜드의 약진

지난해 한국 뷰티산업에서 주목받았던 점은 이른바 인디 화장품 브랜드의 약진이다. 국내 뷰티산업의 대표적인 기업인 LG생활건강과 아모레퍼시픽은 그간 중국에 의존해 성장했던 터라 실적 부진에 빠진 반면 일부 중소 업체 브랜드는 해외에서 눈에 띄는 성장세를 보였다. 특히 이 업체들은 중국 외에도 미국이나 일본, 동남아시아 등에 진출해 성과를 내고 있다는 점이 특징이다.

한국 뷰티의 새 주역으로 가장 많이 거론되는 업체는 바로 코스알엑스(COSRX)다. 이 기업은 지난 2013년 설립해 민감 피부를 위한 저자극 스킨케어 브랜드 제품을 주로 판매한다. 미국과 유럽 등에서 빠른 성장세를 보이면서 2022년 매출 2,043억원을 기록했고, 지난해에는 상반기에만 1,930억원의 매출을 올렸다. 매출의 90%가량이 해외에서 나오는 것으로 알려졌다(이수빈, 2023).

코스알엑스의 '어드벤스드 스네일 96 뮤신 파워 에센스' 등 주요 제품은 미국 아마존에서 베스트셀러로 자리매김했다. 지난 2022년 최대 쇼핑 행사인 아마존 블랙 프라이데이에서 전체 뷰티 카테고리 베스트셀러를 달성했고, 이어 지난해에는 '아마존 탑 브랜드 셀러 어워드'에서 챔피언 셀러를 수상하기도 했다.

대한화장품산업연구원은 지난해 8월 《글로벌 코스메틱스 포커스》 2023 특집호 1권 미국 편에서 미국 소비자를 대상으로 한 설문조사 결과를 내놓은 바 있다. 2023년 4월 28일부터 5월 5일까지 총 200명의 소비자를 대상으로 실시한 결과다. 이에 따르면 응답 중 가장 많이 언급된 브랜드는 '코스알엑스'와 '라네즈(LANEIGE)'로 나타났다. 그만큼 미국 소비자들에게는 친숙한 브랜드로 자리 잡았다는 점을 알 수 있다(대한화장품산업연구원, 2023a).

코스알엑스는 지난 2021년 9월 아모레퍼시픽이 지분 38.4%를 취득하면서 국내에서 주목받은 바 있다. 이어 아모레퍼시픽은 지난해 10월 남은 지분까지 추가 매수하면서 완전 자회사로 편입했다. 인수에 투자된 총금액은 9,351억원으로 아모레퍼시픽 사상 역대 최대 규모다. 기존 중국 의존에서 벗어나 북미 시장을 적극적으로 공략하려는 의지가 그만큼 강했다고 볼 수 있다(이수빈, 2023).

뷰티 업체 구다이글로벌이 운영하는 브랜드 조선미녀(Beauty of Joseon) 역시 지난해 국내 화장품 업계에서 가장 주목받은 브랜드로 꼽힌다. 이 브랜드는 특히 유명 인플루언서가 직접 소개하면서 인기를 얻었고 이후 매출 성장세를 기록했다는 점이 눈에 띈다. 91만 명의 팔로워를 보유한 한 인플루언서는 조선미녀의 선크림을 여행 갈

때 항상 챙긴다고 소개했고, 또 160만 명의 팔로워를 가지고 있는 인플루언서 역시 이 브랜드 제품을 사용하는 영상으로 시선을 모았다.

이에 따라 지난 2020년 1억원에 불과했던 조선미녀의 매출은 2021년 30억원, 2022년 400억원 등으로 급성장하고 있다. 지난해에도 1,400억원가량의 매출을 올린 것으로 알려졌다(Park, 2023). 이 브랜드의 대표 제품인 '맑은쌀선크림'은 지난 2022년 아마존의 블랙프라이데이 선크림 부문에서 1위를 차지하기도 했다.

그림 2 코스알엑스와 조선미녀 화장품

코스알엑스의
어드벤스드 스네일 96 뮤신 파워 에센스

조선미녀의
맑은쌀선크림

* 출처 : COSRX, 조선미녀

또 다른 뷰티 업체 크레이버(Craver)의 스킨1004(SKIN1004)도 해외에서 주목받는 브랜드다. 스킨1004는 지난 2014년 국내 회사가 새로 발표한 브랜드로 2017년 화장품 업체인 크레이버가 인수해 사업을 전개하고 있다. 얼굴에 팩을 바르면 주름이 지면서 좀비 같아진다는 의미로 이름을 만든 '좀비팩'이 대표 제품이다. 마다가스카르산

원산지를 강조한 '센텔라 앰플'도 베스트셀러로 꼽힌다. 스킨1004는 지난해 7월 진행된 아마존 할인 행사 '프라임데이'에서 선크림 부문 1위에 오르기도 했다.

업계에서는 이런 브랜드들을 일컬어 한국 뷰티 3세대로 분류하기도 한다. 아모레퍼시픽, LG생활건강 등 기존 브랜드로 대표되는 1세대와 네이처리퍼블릭, 더페이스샵, 미샤 등 중저가 브랜드가 이끈 2세대를 잇는 대표 브랜드라는 의미다.

인디 브랜드들이 해외 시장에서 성장할 수 있는 배경에는 한국콜마와 코스맥스 등 국내 화장품 제조업자개발생산(ODM)·주문자상표부착생산(OEM) 기업이 있다는 평가가 많다. 중소 뷰티 브랜드들의 제품 생산은 대부분 한국콜마와 코스맥스 등의 제조사가 맡고 있다. 이 업체들은 중소 업체들과 협업해 히트 상품을 만들고, 이를 바탕으로 지난해 대부분 좋은 실적을 내며 주목받기도 했다. 두 기업은 최근 중소 브랜드의 성장으로 연 매출 2조원 달성을 이룰 것으로 전망된다(김효혜, 2024).

3) 전문가 없이 집에서, '뷰티 디바이스' 부각

코로나19 팬데믹 이후 화장품 시장에서 두각을 나타낸 트렌드가 있다. 바로 '홈 뷰티'다. 홈 뷰티란 전문가 없이 다양한 제품을 통해 스스로 집에서 직접 미용 관리를 하는 것을 말한다. 그간 여러 업체가 이를 위한 뷰티 기기를 냈는데, 코로나19는 이런 제품의 소비를 촉진하는 역할을 했다. 시장 조사기관 데이터브릿지에 따르면 세계 뷰티 기기 시장은 이미 지난 2022년 425억 5,000만 달러 수준으로 성장했다. 앞으로도 오는 2030년이 되면 시장이 1,769억 3,000만 달러까지 성장할 것으로 점쳤다. 연평균 성장률이 19.5%에 달한다(김서현, 2023. 10. 25.).

이런 흐름은 국내에서도 나타난다. LG경영연구원에 따르면 한국의 가정용 뷰티 기기 시장 규모는 지난 2018년 5,000억원에서 지난 2022년 1조 6,000억원으로 이 기간에만 3배 이상 늘었다(오세은, 2023. 12. 13.).

국내 주요 화장품 업체 중에서는 지난해 7월 아모레퍼시픽이 미용 기기를 유통·판매하는 자회사 '퍼시픽테크'를 설립해 업계의 주목을 받았다. 아모레퍼시픽은 지난 2014년부터 뷰티 기기 브랜드 '메이크온(makeon)'을 운영해 왔는데, 이번 퍼시픽테크 설립으로 사업을 더욱 강화하려는 것으로 풀이된다. 아모레퍼시픽은 매년 국제전자제품박람회(CES: Consumer Technology Association)에 참석해 뷰티 기기 등 혁신 제품을 선보이고 있다. 올해 1월 열린 CES 2024에서도 입술 진단과 관리가 모두 가능한 '립큐어 빔(Lipcure Beam)'을 선보여 관심을 받았다. 이번 행사에서 디지털 헬스 부문 혁신상을 받기도 한 립큐어 빔은 센서로 사용자 입술 상태를 진단한 후 측정 결과를 바탕으로 가시광선을 이용해 입술을 관리하는 뷰티 테크 제품이다(박미영, 2024. 1. 4.).

경쟁사인 LG생활건강 역시 같은 행사에서 휴대용 타투 프린터 '인프린투(IMPRINTU)'를 선보였다. 이 제품은 모바일 앱에서 소비자가 원하는 도안을 고르면 이를 피부나 의류에 그려 주는 휴대용 타투 프린터다.

그림 3 CES 2024에서 선보인 뷰티 테크 제품

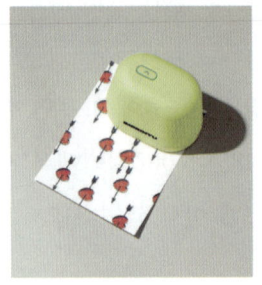

LG생활건강의
휴대용 타투 프린터 임프린투

아모레퍼시픽의
립큐어 빔

* 출처 :《헤럴드경제》/LG생활건강,《헤럴드경제》/아모레퍼시픽

    뷰티 테크 기업 에이피알(APR)도 이 분야에서 두각을 나타내고 있다. 이 기업은 지난 2021년 홈 뷰티 기기 에이지알(AGE-R)을 내놓으면서 주목받기 시작했다. 에이지알은 '김희선 미용 기기'라는 별칭으로 더욱 유명해졌다. 에이피알은 지난 2022년 매출액 3,977억원을 기록했고, 지난해의 경우 3분기까지 누적 매출 3,781억원을 올렸다. 연 환산 기준으로 하면 매출액이 전년보다 25%가량 높아진 수준이다. 이중 에이지알은 이 회사 전체 매출의 40%를 차지하는 것으로 알려졌다(김서현, 2023. 10. 25.).

    이처럼 뷰티산업에 기술을 결합한 뷰티 테크 시장은 앞으로 더욱 성장할 것이라는 전망이 많다. 올해 열린 CES 2024에서도 뷰티 테크에 대한 관심이 높아졌다는 점을 확인할 수 있었다. 프랑스 기업 로레알이 화장품 기업 중에서는 최초로 기조연설을 맡았다는 점이 이를 잘 보여준다. 로레알은 이번 행사에서 CES 2024 혁신상을 받은 차세대 헤어드라이어 '에어라이트 프로(Airlight Pro)'를 공개해 주목받았다. 또 기조연설에 나선 니콜라 이에로니무스 로레알 최고경영자는 생성형 인공지능(AI) 챗봇 '뷰티 지니어스'를 공개해 시선을 모으기도 했다. 뷰티 지니어스는 사용자 피부와 상황에 맞는 화장품을 추천해 주는 뷰티 컨설팅 앱이다(김아름, 2024. 1. 10.).

3. 뷰티 한류 주요 진출국 및 진출 경로

1) 미국·일본서 한류 인기 발판 '성장세'

지난 수년간 국내 화장품 업체들은 수출국 다각화를 위해 많은 노력을 기울였다. 그간 중국은 한국 화장품을 가장 많이 사들인 국가로서 한국 뷰티의 경쟁력을 강화하는 발판을 마련해 줬다. 하지만 과한 수출 의존도가 문제였다. 중국에서 한국 화장품의 매출이 줄면 전체 수출 규모 자체가 위축할 수 있기 때문이다.

그리고 지난 2022년에는 이런 우려가 현실이 됐다. 중국 시장 자체가 위축한 데다가 한국 화장품의 위상도 낮아진 영향이다. 한국 화장품 기업 입장에서는 생존을 위해서 중국 외 지역으로의 진출이 필수가 됐다. 물론 쉽지만은 않은 일이었다. 화장품 유통 판로를 개척해야 하는 것은 물론 해외 소비자들의 시선을 끌기 위해서는 시간이 필요했다. 조지의 규모나 인력에 한계가 있을 수밖에 없기도 했다. 실제 중국 외 국가에서 눈에 띄는 실적 성장세를 기록하지는 못하고 있었다.

하지만 지난해는 달랐다. 단순히 희망이 엿보이는 수준을 넘어서 실제 미국이나 일본 등에서 의미 있는 성과를 냈다. 이에 따라 중국 수출액이 줄었는데도 전체 수출액이 늘어나는 결과를 만들었다. 대한화장품산업연구원에 따르면 지난해 한국이 미국에 수출한 화장품은 총 12억 1,829만 달러(1조 6,258억원) 규모로 전년 8억 3,915만 달러(약 1조 1,198억원)보다 45.2% 급증했다. 전체 수출액에서 차지하는 비중은 10.6%에서 14.3%로 늘었다. 일본에 대한 수출액도 지난해 8억 605만 달러(약 1조 757억원)로 전년 대비 성장률 8%를 기록하며 높은 성장세를 이어 갔다. 일본 수출액이 차지하는 비중은 전년 9.4%에서 지난해 9.5%로 증가했다(대한화장품산업연구원, 2024).

표 3 2023년 한국 화장품 국가별 수출액 (단위 : 천 달러, %)

순위	국가명	2022년 금액	점유율	2023년 금액	점유율
1	중국	3,611,754	45.4	2,784,949	32.8
2	미국	839,151	10.6	1,218,293	14.3
3	일본	746,075	9.4	806,056	9.5
4	홍콩	394,333	5.0	508,084	6.0
5	베트남	375,105	4.7	498,227	5.9
6	러시아 연방	286,927	3.6	409,871	4.8
7	대만	199,679	2.5	230,083	2.7
8	태국	154,518	1.9	193,521	2.3
9	싱가포르	118,871	1.5	129,274	1.5
10	말레이시아	115,466	1.5	120,747	1.4

* 출처 : 대한화장품산업연구원(2024)

대한무역투자진흥공사(KOTRA: Korea Trade-Investment Promotion Agency, 이하 코트라)에 따르면 한국은 미국의 수입 화장품 시장에서 3위 자리를 유지하고 있다. 지난 2022년 미국의 화장품 수입액은 총 41억 6,721만 달러(약 5조 5,611억원)를 기록했다. 한국은 이 중 5억

5,771만 달러(약 7,443억원)를 차지하며 전년보다 6.9% 증가한 수출 실적을 기록했다. 미국 전체 화장품 수입액의 13.4% 규모다(김동그라미, 2023).

미국 수출 확대는 각 화장품 업체의 노력으로 인한 성과이기도 하지만 한류의 영향도 큰 것으로 나타났다. 대한화장품산업연구원은 지난해 8월 발간한《글로벌 코스메틱스 포커스 2023》특집호 1권 미국 편을 통해 미국 현지 전문가의 한국 뷰티에 대한 인터뷰를 실었다. 여기에서 엠마 샌들러(Emma Sandler) 글로시(Glossy) 뷰티 & 웰니스 에디터는 "한류와 K뷰티는 서로를 보완하는 비슷한 특성을 가지고 있다"며 "케이팝(K-pop)이 현대적이고, 건전하고, 다채롭고, 매력적이며 재미있다는 메시지는 K뷰티를 설명하는 데 도움을 준다"고 분석했다. 이어 "미국에서 한국 화장품의 인기와 수요가 높아진 것에는 한국 연예인의 영향력을 빼놓을 수 없다"며 "한국 연예인들은 한국 뷰티 브랜드의 홍보대사로 활동하며 광고와 소셜 미디어를 통해 제품을 홍보하고, 이는 한국 화장품에 대한 관심으로 이어진다"고 설명했다.

대한화장품산업연구원은 이 보고서에서 미국 수출액 증가 요인 중 하나로 한류 열풍이 불러온 한국 피부 미인에 대한 관심을 꼽았다. 연구원은 이 보고서에서 "카테고리별 수출 금액을 살펴보았을 때 스킨케어의 증가액이 가장 높게 나타났다"며 "스킨케어의 성장은 한국 콘텐츠와 한류 스타에 대한 관심이 그들의 피부 관리 비결과 사용 제품에 대한 구매로 이어진 것으로 보인다"고 설명했다(대한화장품산업연구원, 2023a).

일본에서는 지난 2022년 일본의 수입 화장품 시장에서 한국이

처음으로 프랑스를 제치고 1위를 기록해 주목받기도 했다. 일본수입화장품협회의 발표에 따르면 지난 2022년 일본이 들여온 한국 화장품의 수입액은 775억 엔(약 6,997억원)을 기록했다. 이 해 프랑스 화장품 수입액은 764억 엔(약 6,898억원)이었다.

대한화장품연구원이 지난해 12월 발간한《글로벌 코스메틱스 포커스》2023 특집호 2권 일본 편에는 전문가 인터뷰가 실렸다. 인터뷰에서 일본의 뷰티·퍼퓸 전문 저널리스트인 유키린(YUKIRIN)은 "2003년부터 일본에서 한류드라마 붐이 불기 시작하면서 중년층을 중심으로 세럼이나 크림 등의 한국 스킨케어 제품이 인기를 끌었고, 2015년부터는 한국의 남성 아이돌 그룹이 인기를 얻기 시작하면서 젊은 층에서 중년층까지 거의 모든 연령층이 한국 화장품과 뷰티 스타일에 관심을 갖게 되었다"고 분석했다(대한화장품산업연구원, 2023b).

미국과 일본 외에도 동남아시아와 러시아, 유럽, 중동 등 다양한 지역으로의 수출이 대부분 늘었다는 점도 주목할 만하다. 홍콩에 대한 수출은 전년보다 28.8% 증가했고, 베트남 32.8%, 러시아 연방 42.8%, 대만 15.2%, 태국 25.2% 등 주요 수출국에서 의미 있는 실적을 기록하고 있다(대한화장품산업연구원, 2024).

지난해 한국 화장품 수출국 상위 10곳 중 전년보다 수출액이 줄어든 국가는 중국이 유일하다. 화장품 브랜드의 중국 내 인기를 가늠해 볼 수 있는 광군제(光棍節)에서도 이런 흐름이 확연하게 나타났다. 광군제는 중국 최대 온라인 쇼핑 행사다. 지난해 광군제에서 한국 브랜드는 2022년 판매량 10위권 내에도 들지 못했다(무역투자연구센터, 2023).

2) 동영상·역직구 등 새 플랫폼서 성과 확인

2023년 한국 뷰티산업은 온라인 수출에서도 성과를 거뒀다. 코트라에 따르면 2023년 상반기 한국의 전체 전자 상거래(역직구) 수출 규모는 4억 7,900만 달러(약 6,392억원)다. 이중 화장품은 1억 5,200만 달러(약 2,028억원)로 전체 품목 중 1위를 기록했다. 전체의 27.7%의 비중을 차지했다.

화장품 전자 상거래 수출 규모는 지난 2017년 2,000만 달러(약 267억원) 수준에서 연평균 67%의 고성장률을 기록하고 있다. 특히 국가별 수출 비중을 보면 미국이 33.5%로 가장 크다는 점이 눈에 띈다. 미국으로의 수출액은 5,100만 달러(약 681억원)로 전년보다 48.3% 늘었다.

표 4 2023년 상반기 화장품 전자상거래 수출국별 비중 (단위 : %)

국가	비중
미국	33.5
일본	30.0
중국	7.4
키르기스스탄	7.3
기타국	21.8

* 출처 : 대한무역투자진흥공사(2023b)

뒤를 이어 일본이 4,600만 달러(약 614억원), 중국이 1,100만 달러(약 147억원)로 2, 3위를 차지했다. 두 나라가 차지한 수출 비중은 각각 30%, 7.4%다. 중국 외 국가에서의 수출 확대에 온라인 판매가 큰 기여를 하는 것으로 풀이된다(대한무역투자진흥공사, 2023b).

실제 지난해 수출 실적 개선을 이끈 중소 업체들의 경우 오프라인보다는 온라인 마케팅과 판매를 통해 좋은 실적을 낸 것으로 평가된다. 김명주 한국투자증권 연구원은 지난해 9월 "한국의 인디·중저가 화장품의 인기가 아마존을 중심으로 높아지고 있다"며 "실제로 라네즈, 이니스프리, 미샤 등 한국 화장품 브랜드들은 7월에 진행된 아마존 프라임데이에서 양호한 매출 성과를 기록했다"고 소개했다. 이어 "미국에서 한국 문화에 대한 관심이 높아지면서 조선미녀 등 특정 화장품 브랜드들이 아마존에서 높은 인기를 얻기 시작"했다고 분석했다(이효진, 2023. 9. 19.).

국내에서는 CJ 올리브영이 중소 업체들의 해외 진출을 돕고 있다. CJ 올리브영 글로벌몰은 전 세계 150여 개국 현지 소비자가 화장품을 주문하면 국내에서 발송하는 역직구 형태의 온라인 플랫폼이다. 글로벌몰의 취급 상품 수는 1만 5,000여 개로, 특히 경쟁력 있는 국내 중소 화장품 브랜드 중심으로 구성돼 있는데, 지난 2019년 6월 처음 문을 연 이후 빠른 성장세를 보여주고 있다. 2019년 12월 3만 명 수준이었던 멤버십 회원 수는 지난해 12월 기준 120만 명을 돌파한 것으로 집계됐다. CJ 올리브영에 따르면 2020~2023년 연평균 매출 신장률은 80%를 넘어선다(정슬기, 2024. 1. 23.).

동남아시아에서의 인기 역시 온라인몰이 이끌고 있다. 동남아 최대 전자 상거래 플랫폼인 쇼피(Shopee)의 한국 지사(쇼피 코리아)에 따르면 지난해 한국 화장품 제품들은 전년보다 약 40%의 성장세를 보인 것으로 나타났다. 화장품은 이 플랫폼 내 한국 제품 중 매출 비중이 가장 큰 카테고리인데도 불구하고 큰 폭의 성장을 이어가고 있다는 점이 눈에 띈다(김영준, 2024. 1. 18.).

4. 2024 뷰티 한류 전망

1) 화장품 수출 100억 달러 재도전 발판 마련

지난 2021년 말 한국 화장품 업계는 자신감에 차 있었다. 매년 빠른 성장을 거듭한 결과 그해 전체 수출액이 91억 달러(약 12조 1,440억원)를 넘어서면서다. 업계에서는 이런 성장 속도라면 다음 해인 2022년 화장품 수출액이 100억 달러(약 13조 3,450억원)를 돌파할 수 있을 것이라는 전망이 나왔다. 당시 한국보건산업진흥원은 2022년 수출 전망 발표를 통해 화장품이 단일 품목 기준 역대 최초로 100억 달러를 돌파할 수 있을 것으로 전망했다. 그간 연간 수출액 100억 달러를 넘어선 국가는 프랑스와 미국뿐이다. 한국이 2021년 이 두 나라에 이어 3위 수출국에 올라섰으니 충분히 실현할 수 있는 목표로 보였다(한국보건산업진흥원, 2023).

하지만 2022년 화장품 수출 실적이 뒷걸음질 치면서 수출 100억 달러의 목표는 이루지 못했다. 지난해에도 극적인 반등을 이루긴 했지만 2022년에는 79.5억 달러에 그쳤고, 2023년에는 85억 달러 수준을 기록했다.

표 5) 한국 화장품 연간 수출액 추이

	2018년	2019년	2020년	2021년	2022년	2023년
달러	62.8억	65.5억	75.7억	91.8억	79.5억	85억
원	8.4조	8.7조	10조	12.2조	10.6조	11.3조

* 출처 : 대한화장품산업연구원(2024)

2024년에는 2년 전에 미뤄뒀던 100억 달러 수출 목표를 이루기 위한 기반을 다지는 한 해가 될 것이라는 전망이 나온다. 우선 한국보건산업진흥원(이하 진흥원)은 2024년 화장품 수출액이 지난해보다 6% 증가한 90억 달러(약 12조 105억원)가 될 것으로 내다봤다. 중국으로의 수출이 갈수록 감소하고 있기는 하지만 온라인 플랫폼을 중심으로 중국 외 수출국 다변화가 이뤄지고 있다는 점을 긍정적으로 평가했다.

지역별로는 우선 북미 지역의 수출 성장세에 주목했다. 진흥원은 "북미 지역은 한국의 스킨케어 및 베이스 메이크업 등에 대한 관심이 증가하고 있으며 특히 국내 중소형 기업의 제품 중심으로 수요가 확대되면서 수출이 증가할 것으로 예상된다"고 설명했다. 진흥원은 특히 중소 브랜드인 조선미녀와 마녀공장, 코스알엑스 등을 거론하며 이 업체들이 가성비를 내세우거나 숏폼 등으로 소비자들의 눈길을 끄는 식의 마케팅 덕분에 영향력이 확대되며 수출 증가에 기여할 것이라고 기대했다. 아시아·태평양 지역에서는 한국 문화에 대한 지속적인 관심 증대로 한국 뷰티에 대한 선호도가 꾸준히 증가하고 있어 수출은 증가할 것으로 전망했다.

진흥원은 2024년 북미 지역은 12.4%, 아시아·태평양 3.3%, 유럽 11.4%, 중남미 14.7%, 중동·아프리카 7.4% 등 지역별로 고른 성장을 예상했다(한국보건산업진흥원, 2023). 코트라 역시 비슷한 전망을 내놓았다. 코트라는 2023년 12월 발표한 "2024년 수출전망 및 지역별 시장여건"에서 올해 화장품 수출이 10% 이상 증가할 것으로 전망했다. 한류 효과로 한국산 화장품 관심이 증가하고 있고 전자 상거래를 통한 판매 호조가 예상된다는 점을 플러스 요인으로 꼽았다(대한무역투자진흥공사, 2023a).

증권가에서도 긍정적인 전망이 이어졌다. 한국 화장품의 경우 중소 브랜드를 중심으로 한 가격 경쟁력과 전자 상거래를 활용한 마케팅 등의 강점을 바탕으로 수출이 확대할 것이라는 분석이다. 박은경 삼성증권 연구원은 지난해 12월 보고서에서 "세계적인 소비 트렌드인 trading-down(저렴한 상품을 구매하는 현상)과 이커머스 이용률 확대 등은 한국 화장품 업계에 유리하게 작용할 것"이라며 "가성비 높은 화장품을 대중화시키는 것은 K뷰티의 트레이드 마크가 됐고, 국내 화장품 브랜드의 온라인 맞춤 기획력과 마케팅 역량이 글로벌 관점에선 상당히 높은 수준이기 때문"이라고 분석했다(박은경, 2023).

하누리 메리츠증권 연구원도 지난해 12월 내놓은 "2024년 전망 시리즈" 화장품 편에서 한국 화장품의 제조 기술력과 가격 경쟁력 등을 강점으로 꼽으면서 올해 세계 시장 점유율 확대를 전망했다. 하 연구원은 우선 한국 화장품의 제조 기술력에 대해 "화장품 구매 결정 요인으로 품질력이 브랜드력에 우선할 수밖에 없다"며 "한국은 글로벌 최고 제조 기술력을 지닌 대형 ODM사를 다수 보유하고 있다"고 분석했다. 이어 가격경쟁력에 대해서는 "고가품과 저가품 간 효능이 무차별하다는 인식이 확대되었고 화장품 품질도 상향 평준화되었다"며 "일본 경기 침체 장기화와 중국 성장 둔화, 서구권 고물가 지속 등 경제 상황을 감안할 시 저가품 수요 쏠림은 지속될 것으로 보이며 한국 화장품 가격 경쟁력은 주요국 중 최고"라고 분석했다(하누리, 2023).

2) 세계 최대 화장품 수입국, 중국서 반등 기대

중국은 한국의 최대 수출국이다. 지난해에도 전체 수출의 32.8%를 차지하며 1위 자리를 지켰다. 통상 중국으로의 우회 수출로로 많이 이용되는 홍콩(6%)까지 더하면 비중은 38.8%에 이른다. 하지만 중국으로의 수출은 금액 면에서나 전체 수출에서 차지하는 비중 면에서도 눈에 띄는 하락세를 나타내고 있다. 한때 중국과 홍콩으로의 수출은 전체의 70%를 넘어서기도 했다. 지난 2019년 중국으로 30억 7,236만 달러(약 4조 1,001억원), 홍콩으로 9억 2,628만 달러(약 1조 2,361억원)를 수출하며 전체 수출에서 차지하는 비중이 70%를 찍었다(대한화장품산업연구원, 2024).

이후 중국과 홍콩이 차지하는 비중은 지속해 낮아졌지만, 금액 자체는 증가하는 흐름이었다. 한국 화장품의 총수출 규모가 커졌기 때문이다. 두 국가에 대한 수출액은 2019년 39억 9,864만 달러(약 5조 3,362억원)에서 2020년 45억 2,177만 달러(약 6조 343억원)로 늘었다. 이듬해에도 54억 6,010만 달러(약 7조 2,865억원)로 증가했다. 하지만 2020년에는 수출 금액이 40억 608만 달러(약 5조 3,461억원)로 쪼그라들었다. 지난해에도 32억 9,303만 달러(약 4조 3,945억원)로 하락세가 이어졌다(대한화장품산업연구원, 2024).

수출국이 다변화하는 것 자체는 의미 있는 일이다. 하지만 최대 수출국에 대한 실적 부진이 눈에 띄게 나타나는 것은 경계할 필요가 있다. 특히 중국은 전 세계에서 가장 큰 화장품 수입국이라는 점에서 더욱 그렇다. 피부기반기술개발사업단에 따르면 중국의 화장품 수입 규모는 지난 2022년 기준 222억 3,354만 달러(약 29조 6,707억

원)로 2위 미국의 142억 4,773만 달러(19조 136억원)를 크게 앞서 있다. 2022년 중국 내 경기 침체와 소비 위축 등으로 수입 규모가 전년(247억 158만 달러)보다 줄기는 했지만, 2023년에는 다시 시장이 회복하는 분위기다. 이런 시장에서 경쟁력을 상실하는 것은 한국 뷰티산업의 장기적인 성장을 위해서도 좋지 않은 일이다(피부기반기술개발사업단, 2023).

중국의 경우 미국이나 일본, 동남아시아와는 다르게 한류의 영향이 크지 않다는 점이 수출 실적 저하에 어느 정도 영향을 미친 것으로 보인다. 대한화장품산업연구원은 지난해 12월 내놓은《글로벌 코스메틱스 포커스》2023 특집호 2권 중국 편에서 현지 전문가들의 인터뷰를 실었다. 이 인터뷰에서 데이지 안(Daisy An) 시크맥스 차이나(CHICMAX China) 채널 개발 매니저는 "2017년 이후 중국 시장에서의 한류 붐은 급격히 감소하기 시작했으며 최근 2년간 그 감소세는 더욱 뚜렷해졌다"며 "중국 대중매체에서 한국 콘텐츠를 찾아보기 어려워지면서 한국의 뷰티나 스킨케어 트렌드를 알릴 기회가 적어졌다"고 분석했다. 2017년은 한국과 중국의 사드 갈등이 시작된 해다(대한화장품산업연구원, 2023c).

에린 루(Errin Lu) 로레알 차이나 마케팅 매니저 역시 "2017년 이후 한국 제품 사용이 급속히 감소했으며 최근 중국 내 젊은 층의 소득 수준이 상승함에 따라 유럽과 미국, 일본 등의 고급 브랜드가 인기를 끌고 있다"며 "게다가 최근 몇 년간 한국 제품의 효능이 떨어졌다는 인식이 있어 다른 제품을 사용하는 소비자가 증가하고 있다"고 말했다(대한화장품산업연구원, 2023c).

이처럼 중국 내에서 한국 화장품에 대한 관심이 떨어지면서 당분간 수출 실적이 극적으로 개선하기는 쉽지 않을 것이라는 전망이 많다. 다만 일각에서는 여전히 반등할 수 있다는 희망적인 전망도 나온다. 더는 실적이 악화하지 않을 것이라는 점과 중국에서도 저가 화장품에 대한 선호가 증가하고 전자 상거래가 더욱 성장할 수 있다는 점에서다.

박은경 삼성증권 연구원은 12월 보고서에서 "중국 현지 소비자들의 중저가 화장품 선호가 지속될 것으로 예상되고, 여기에 이커머스 플랫폼에 대해 중국 정부가 기존 '규제'에서 '부양'으로 태도 변화를 했다는 점을 주목할 필요가 있다"고 설명했다. 박 연구원은 특히 지난해 홍콩으로의 수출이 늘었다는 점을 주목했다. 실제 지난해 홍콩으로의 수출액은 전년보다 28.8% 늘었다. 홍콩의 경우 중국의 우회 수출로로 여겨진다는 점에서 한국 화장품에 대한 수요가 다시 증가하고 있다는 단서로 볼 수 있다는 의미다(박은경, 2023).

정부도 중국 수출 반등을 위해 적극적으로 지원하겠다는 의지를 보였다. 식약처는 지난 7월 보고서를 통해 "국내 최대 화장품 수출 시장인 중국 수출이 감소함에 따라 중국 규제 당국과 업무 협력 회의를 정례화하고, 시험·평가 관련 기술 교류하는 등 한·중 화장품 분야 규제 기관 간 협력을 강화할 계획"이라고 강조했다(식품의약품안전처, 2023).

3) 내수 살리기 과제, 주요 업체 반등도 주목

한국의 뷰티산업이 지속적인 성장을 이어가기 위한 요소 중 하나는 바로 내수 시장 활성화다. 수출 실적도 중요하지만, 국내 소비자들이 선택을 해줘야 안정적인 매출을 바탕으로 한 장기적 생존이 가능하다는 평가가 많다.

하지만 올해 국내 화장품 시장 전망은 그리 좋지만은 않다. 한국은행에 따르면 지난해 8월 기준으로 한 달 동안 전국에서 소비자들이 개인 신용카드로 화장품을 구매한 총액은 1,829억원으로 조사됐다. 이는 팬데믹 충격이 가장 컸던 2020년 3월 1,843억원보다 낮은 수준으로 지난 2009년 12월 통계 작성 이래 최저치다. 국내 화장품 구매액은 코로나19가 퍼지기 전인 2019년 12월 2,382억원에서 이듬해 1월 2,261억원, 2월 2,075억원 등으로 급감한 바 있다. 엔데믹 전환 이후 마스크 의무화 해제와 보복 소비 등을 통한 회복세를 기대했지만, 예상보다 더딘 흐름을 보이고 있다.

하누리 메리츠증권 연구원은 지난해 12월 보고서에서 내년 화장품 시장 전망에 대해 "국내 생활소비재 지출은 축소될 것"이라면서 "고금리 영향으로 소비 지출 여력이 감소하고 소비 밀접 도소매형 지출 비중 또한 축소될 전망"이라고 내다봤다(문혜현, 2023. 12. 26.). 국내 화장품 업체들이 이런 흐름을 타개할 경영 전략을 마련할 필요가 있다. 한국 소비자들의 화장품 수요가 탄탄하게 받쳐줘야 해외 시장에서의 경쟁력도 확보할 수 있다.

지난해 중국 수출 실적 저하로 여전히 고전을 면치 못한 아모레퍼시픽과 LG생활건강 등 국내 대표 화장품 업체들의 반등 여부도 업계의 관심사다. 지난해 LG생활건강은 연 매출 6조 8,048억원과 영업 이익 4,870억원을 기록했다. 매출은 전년 대비 5.3% 줄었고 영업 이익은 31.5% 감소했다. 아모레퍼시픽은 지난해 매출과 영업 이익이 각각 11.1%, 49.5% 감소한 3조 6,740억원, 1,082억원을 기록했다.

이에 따라 두 업체 모두 위기 속 새로운 생존 전략을 모색하고 있다. 특히 아모레퍼시픽의 경우 지난해 코스알엑스를 자회사로 편입시키면서 세계 시장 공략에 박차를 가한다는 복안이다. LG생활건강 역시 지난해 색조 브랜드 힌스(hince)를 보유한 비바웨이브 회사 지분 75%를 인수하면서 해외 사업 강화를 위한 움직임을 지속하고 있다.

(9
패션 한류)

(한국 패션의 성장 잠재력은 여전하다)

(이윤경
한국문화관광연구원 콘텐츠연구본부 연구위원)

1. 패션 한류 현황

문화체육관광부가 2024년에 발표한 「2022년 기준 콘텐츠산업조사」 결과에 따르면 2022년도 콘텐츠산업 수출액은 132억 4,000만 달러(약 17조 3500억원)로 전년도 124억 5,000만 달러(약 16조 3200억원) 대비 6.3% 증가했다. 콘텐츠산업 성장률의 증가 추세에 따라 한류와 연계된 제조업, 서비스업 등 연관 산업에 미치는 긍정적 파급효과에 대한 기대도 높아지고 있다(문화체육관광부, 2024).

한국의 패션산업은 콘텐츠산업이 붐을 일으키고 있는 한류와 관계가 매우 밀접하다. 한류 콘텐츠를 통해 한국 스타들이 국제적인 패션 아이콘으로 부상할 뿐만 아니라, 이들이 착용하는 옷·헤어스타일·액세서리 등은 SNS를 통해 전 세계 팬들에게 관심을 일으키면서 한류 스타의 스타일을 모방하게 하는 동력이 되기 때문이다. 하지만 패션산업 수출 성과는 그리 긍정적이지는 않다. 의류 수출 실적은 과거 높은 성장세에도 불구하고 2023년 감소세로 전환됐고 이러한 감소세는 중소기업 온라인 수출 실적에서 좀 더 두드러진다.

한국 중소기업 수출액은 2021년 1,100억 달러(약 144조 1,990억원)를 최초로 돌파한 후 3년 연속 1,100억 달러 수출 실적을 유지하고 있다. 2022년 하반기부터 이어진 수출 감소 추세가 2023년 상반기까지 이어졌으나, 2023년 8월부터 전년 대비 증가 추세로 전환돼 하반기 수출이 반등했고 전체 중소기업 수출 감소 폭이 완화되는 등 비교적 양호한 실적을 보이고 있다(중소벤처기업부, 2004).

특히 온라인 분야에서 중소기업 수출의 성과가 가시적으로 나타나고 있는데, 2023년 국내 온라인 총수출액의 76.5%가 중소기업 제품일 만큼 중소기업이 온라인 수출 분야를 선도하는 것으로 조사됐다. 온라인 주요 수출 품목으로는 1위 화장품, 2위가 의류, 3위가 한류 스타 굿즈가 포함된 문구 및 완구로 나타나, 한국의 소프트 파워에 영향을 받은 한류 연관 소비재에 중소기업 수출이 집중되고 있는 것을 파악할 수 있다. 중소기업 수출액은 자체적인 상품 경쟁력과 브랜드 파워에도 영향을 받지만 메가 브랜드를 보유한 대기업보다 '메이드 인 코리아'라는 소프트 파워에 민감한 특성이 있어, 한류의 확산과 중소기업 판로는 밀접한 관계가 있다.

중소기업 온라인 수출 품목 2위라는 위상은 패션산업이 중요한 한류 연관 소비재로서 갖는 면모이자 패션 한류라는 이름에 걸맞은 성과다. 하지만 높은 순위의 위상과는 달리 의류 온라인 수출은 2022년 대비 18.1%나 감소세를 보여 한국 패션에 대한 관심이 가시적인 수출 성과로 이어지지 못하는 현상을 보였다.

표 1 2023년 온라인 수출 상위 5대 품목 (단위: 백만 달러, %)

순위	품목	2022년	2023년	증감률
1	화장품	242.7	319.3	31.6
2	의류	91.7	75.1	-18.1
3	문구 및 완구	23.0	54.0	135.3
4	컴퓨터	46.7	53.5	14.7
5	음향 기기	68.3	42.5	-37.7
주요 품목 소계		472.3	544.4	15.3
온라인 수출액		682.0	759.1	11.3

* 출처: 중소벤처기업부 (2024). "2023년 중소기업 수출 동향(잠정치)", 4쪽.

중소기업을 포함한 전체 패션 기업의 2023년 한국 의류제품 수출액도 20억 8,000만 달러(약 2조 7,260억원)로 중소기업 수출액의 감소세보다는 완만하지만 전년 대비 4.3% 감소했다. 2023년에는 수출도 감소하고 수입도 감소하는 등 의류 관련 국제 교역 자체가 감소세에 들어선 것으로 보여, 15.5%의 높은 증가율을 보였던 2021년과는 사뭇 다른 양상을 보이고 있다.

표 2 2023년 의류 제품 수출입 통계 (단위: 천 달러, %)

연도	수출		수입	
	금액	전년 대비 증감률	금액	전년 대비 증감률
2023	2,087,173	-4.3	12,610,498	-2.4
2022	2,179,817	-0.2	12,923,523	15.0
2021	2,183,472	15.5	11,233,637	17.3
2020	1,890,418	-1.4	9,573,423	-1.9
2019	1,918,212	-8.3	10,870,522	2.0

* MTI 수출입통계분류품목의 분류 번호 411을 기준으로 했으며, 이는 편직제의류, 직물제의류, 혁의류 및 기타, 의류 액세서리를 포함한다.

* 출처: K-stat 수출입 통계[1]

한류의 약진에도 불구하고 한류 연관 소비재인 의류 수출 통계가 감소세에 들어선 이유는 무엇인가?

한국무역협회의 수출입 통계에 의하면 의류 수출 감소는 주로 모자, 장갑, 양말 등의 '의류 및 액세서리(MTI 분류 번호 4414)'와 '혁의류 및 기타 품목(MTI 분류 번호 4413)' 등 완제품 품목에서 확연하게 나타났다. 국가별 수출입 통계를 보면 의류 부속품을 현지 공장으로 수출하는 베트남이나 중국과 비교해서 의류 완제품을 수출하는 일본,

---

[1] https://stat.kita.net/

미국 등에서 수출 감소가 두드러졌다. 즉 OEM을 위한 원자재 수출보다는 부가가치를 창출할 수 있는 영역에서의 수출이 더욱 감소한 것이다. 한국 문화의 위상과 한국 패션에 대한 관심에 비춰 보았을 때 다소 부정적인 신호로 읽힌다.

표 3) 2023년 의류 제품 품목별 수출입 통계 (단위 : 천 달러, %)

품목명	MTI 분류 번호	2023년			
		수출 금액	수출 증감률	수입 금액	수입 증감률
직물제의류	4412	1,021,796	-1.1	6,707,046	-0.7
편직제의류	4411	764,181	3.4	4,769,586	-4.6
의류 액세서리	4414	268,322	-26.6	826,749	1.3
혁의류 및 기타	4413	32,874	-20.9	307,117	-13.3
주요 품목 소계		2,087,173	-4.3	12,610,498	-2.4

* 출처 : K-stat 수출입 통계

표 4) 2023년 의류 제품 국가별 수출입 통계 (단위 : 천 달러, %)

국가명	순위	수출 금액	수출 증감률	수입 금액	수입 증감률
중국	1	588,036	17.9	4,327,971	0.4
베트남	2	358,609	-9.1	3,544,829	-7.7
일본	3	244,336	-14.3	124,504	14.8
미국	4	277,418	-20.4	76,911	-12.1
홍콩	5	131,052	12.2	4,932	-46.3
대만	6	81,040	4.8	7,140	-39.9
주요 국가 소계		2,087,173	-4.3	12,610,498	-2.4

* 출처 : K-stat 수출입 통계

그간 한류라는 소프트 파워에 힘입은 한국 패션산업은 전 세계 시장에서 고군분투하며 그 영역을 넓혀가고 있었다. 기존 한류 문화가 강세를 보여 온 일본과 중국 외에도 다양한 국가로 중소기업들의 온라인 수출 대상국이 확장됐고, 디지털 환경 변화에 따른 패션산업의 새로운 시장 확대의 측면에서도 고무적이었다.

하지만 2023년 한국 패션 산업은 문화콘텐츠의 성장과 보조를 맞추지 못하고 다소 주춤하고 있다. 한류의 확산, 중소기업 수출 호조에 비해 2022년 대비 패션산업의 성장세가 감소하고 있는 것이 사실이지만, 한류의 영향력이 확대되면서 명실공히 온라인 분야 중소기업 대표 수출 품목임은 여전하다. 한류 패션은 지속 가능한 성장을 위한 혁신의 길로 갈 것인가, 쇠퇴의 길로 갈 것인가? 2023년 패션 한류 동향과 이슈를 통해 진단해 보고자 한다.

2. 패션 한류 이슈

1) 글로벌 럭셔리 패션업계의 'K-셀럽' 영향력 확장

글로벌 럭셔리 브랜드들은 브랜드 이미지와 인지도 제고를 통한 매출 증대를 위해 세계 시장에서 팬덤을 광범위하게 확보하고 있는 유명 스타, 이른바 셀럽(celebrity)을 브랜드 앰버서더(brand ambassador)로 위촉하는 마케팅 전략을 추진하고 있다. 이러한 상황에서 많은 글로벌 브랜드가 한류 스타의 영향력을 활용하려는 노력을 기울이고 있다. 공식 석상뿐만 아니라 일상을 통해서도 노출되는 한류 스타의 패션은 브랜드의 컨셉과 이미지를 전 세계에 알리는 데 중요한 역할을 하기 때문이다.

2023년에도 한류 스타에 대한 글로벌 브랜드의 관심은 지속·확장됐다. 영국 패션 전문 매체 《비즈니스 오브 패션(*The Business of*

Fashion)》은 매년 전 세계 패션계에 영향력을 행사하는 디자이너, 경영인, 모델, 뮤즈, 크리에이터 등을 선정해 인덱스를 발표하는데, 2023년 'BoF 500'에 선정된 한국인 가수는 뉴진스와 방탄소년단이다(하나영, 2023. 10. 7.). 2023년에 뉴진스는 모든 멤버가 샤넬, 구찌, 버버리, 디올, 루이비통 등 유명 럭셔리 브랜드와 계약을 맺었다. 방탄소년단도 까르띠에, 티파니, 디올 등의 앰버서더로 활동해 오고 있다. 이외에도 트와이스, 블랙핑크, 아이브 등 많은 한류 스타가 앰버서더로 다양한 분야에서 활약했다.

글로벌 패션 기업들이 한류 스타를 기업의 이미지를 대표하는 앰버서더로 기용하는 것은 새로운 이야기는 아니다. 글로벌 패션 기업이 특히 한류 스타에게 주목하는 이유 중 하나는 특히 이들이 가진 인스타그램, 틱톡을 중심으로 한 SNS의 영향력 때문이다. 수천만 명에 이르는 팔로워를 가진 한류 스타들은 SNS를 통해 패션 트렌드를 선도하며 젊은 세대를 중심으로 커다란 영향을 미치고 있다. 미국 보그 비즈니스에 따르면 할리우드 백인 배우에 한정되던 기존 앰버서더 산업이 케이팝 스타로 확장되고 있으며, 그 이유로 케이팝 스타는 서구권 연예인과 달리 음악 방송과 예능 등 더 다양한 TV 쇼에 출연할 뿐만 아니라 여러 미디어 채널을 통해 본인의 일상을 끊임없이 노출한다는 점을 주요하게 꼽았다(이수영, 2023. 5. 5.).

그러나 'K-셀럽'의 글로벌 영향력 확장에는 우려되는 점도 존재한다. 한국이 1인당 명품 소비가 빠른 속도로 성장하고 있고, 미국이나 중국에 비해 소비자들의 명품 소비도 대중적으로 빠르게 자리 잡고 있다. 한국 연예인 앰버서더의 증가는 한류 영향으로 분석될 수도 있지만 국내 명품 소비 시장의 확장을 방증하는 것일 수도 있다.

한편 패션업계 한류 스타의 영향력 확장과 더불어 이들의 이름을 딴 '잇백'이나 한류 스타가 만든 고유한 스타일 등 스테디셀러는 아직 없다는 점이 아쉽다(유재부, 2023. 3. 10.). 한국의 트렌드와 스타일을 알리는 스테디셀러가 있다면 글로벌 브랜드의 이미지 홍보에서 더 나아가 한국 스타일에 대한 지속 가능한 긍정적 이미지 형성에 기여할 수 있기 때문이다.

그림 1 글로벌 패션업계 앰버서더로 활약하는 한류 스타들

* 출처: 《조선일보》/DIOR, 《지큐코리아》/까르띠에, 《코스모폴리탄》

2) 한류와 패션 내수 시장의 동반 성장

글로벌 브랜드들은 한류 스타의 팬덤 파워를 활용한 앰버서더 기용과는 또 다른 방식으로 한류 팬덤과 한국 시장에 관심을 가진다. 글로벌 기업들이 한국 시장에 직접 진출하는 일이 가시적으로 증가하고 있는 것이다. 이들은 국내 패션 업체들과 독점 판권 계약을 맺는 방식을 선호했는데 최근에는 한국에 법인을 세우고 직접 관리하는

방향으로 사업 방식을 전환하고 있다.

　최근 3년간 국내에 직진출했거나 진출 계획을 밝힌 해외 브랜드만 30여 개에 달한다. 이는 한국의 명품 시장이 급성장하면서 직진출을 통해 이익을 늘리려는 전략이기도 하지만, 확산되는 한류 열풍을 활용해 한국 시장에서 먼저 성공을 거둔 뒤 이 성과를 내세워 해외 판로를 확대하려는 것으로 분석되기도 한다. 한류가 전 세계에 미치는 영향력이 확대되면서 한국에서의 성공이 중요한 실적이 돼 동남아 등 신흥 시장은 물론, 북미·유럽 등 기존 시장에서의 매출 증대에도 영향을 미칠 수 있다는 얘기다. 한류의 확산과 함께 한국은 일본, 중국 등을 제치고 아시아 패션 시장의 테스트베드로 급부상했다.

　한국이 글로벌 브랜드의 테스트베드가 되면서 내수 시장에서는 고용 창출, 법인세 납부 등을 통한 국내 경제 기여도 역시 증가하고 있다. 금융감독원에 따르면 글로벌 브랜드 샤넬은 2022년 말 기준으로 국내에서 1,574명을 고용하고 있고, 2022년 1조 6,900억원가량의 매출을 낸 루이비통코리아도 1,092명의 임직원을 두고 있다(하헌형, 2023. 9. 1.). 이처럼 한국 패션 시장이 글로벌 브랜드가 인정하고 선호하는 시장으로 변화함에 따라, 한류의 확산이 수출 증대뿐만 아니라 패션 내수 시장 성장에도 긍정적인 영향을 미칠 것으로 보인다.

3) 새로운 판로를 위한 K-수출 플랫폼의 변신

지금까지 온라인 수출 플랫폼이 주로 패션기업과 소비자를 직접 연결하는 B2C 중심이었다면, 최근 해외 시장을 겨냥한 B2B 판매 플랫폼까지 범위를 확장하는 유통사들이 새롭게 등장하고 있다. 온라인

B2C 중심으로 판매되던 한국 패션이 새로운 판로를 모색하고 있는 것이다. 한류 패션의 위상이 높아져 의류 수출에 긍정 효과를 미치고 있으나, 신생 브랜드나 중소 브랜드들이 해외 판로를 개척하기에는 계약, 통관, 유통 등 국내 인력으로 힘에 부치는 상황이 많았다. 이러한 애로사항을 해결할 수 있는 대형 유통사가 B2B 플랫폼을 주도하면서 새로운 판로를 개척하고 있다.

신세계백화점이라는 대형 유통사는 2023년 국내 중소 및 신진 디자이너 패션 브랜드의 해외 진출을 돕기 위한 B2B 수출 플랫폼 '케이패션82'를 론칭했다. 해외 바이어가 쉽게 접근할 수 있도록 4개 국어 서비스를 제공할 뿐만 아니라 복잡하고 어려운 글로벌 계약, 통관 등의 절차를 대행하고 브랜드들을 효율적으로 알리기 위한 해외 박람회 참가도 주도했다. 플랫폼 론칭 이후 독일 프랑크푸르트를 시작으로 인도네시아, 프랑스, 일본, 태국 등에서 매달 각종 박람회와 팝업 스토어를 진행했고, 그 결과 2023년 하반기에 국내 81개 브랜드가 약 53억원 규모의 수주 협상이라는 성과를 끌어냈다.

명품 플랫폼 '구하다'는 B2B 기반 명품 유통 네트워크를 바탕으로 자사 매장과 연동 계약을 맺은 국내외 전자상거래 매장 20여 개에서 상품을 판매한다. 명품 플랫폼 '발란'도 2023 국내 디자이너와 브랜드 전문관인 'K-럭셔리'관을 개설했다. 명품 플랫폼으로 한국 패션 브랜드의 판로 개척·마케팅·컨설팅 등을 지원하겠다는 계획이다 (박혜영, 2023. 11. 30.). 에이블리도 2023년 쇼핑몰 창업 지원 솔루션인 '에이블리 파트너스'를 개별 브랜드의 글로벌 진출까지 돕는 서비스로 확장했다. 판매자들이 에이블리의 일본 쇼핑 앱인 '아무드'를 통해 손쉽게 해외에 진출할 수 있도록 한 것이다. 아무드는 2022년 일본 누적 다운로드 수 300만 회를 돌파했다(구정하, 2023. 12. 12.).

그림 2 '케이패션82' 팝업 스토어 및 홍보 부스

태국
팝업 스토어

독일
한류박람회

인도네시아
프리미엄 소비재전

* 출처 : 신세계그룹 뉴스룸

4) 온라인 수출의 오프라인 판로 확장

그동안 온라인 수출에서 두각을 나타냈던 한류 패션은 오프라인 판로 확장을 위한 움직임에서도 분주하다. 패션 브랜드들은 온라인 판매에서 성과를 입증한 뒤 오프라인 시장으로 진출하는 안전한 방법을 택하고 있다. 중국 시장에 의존해 시장을 확장했던 모습과는 달리, 오프라인 판로 대상 국가도 미국, 베트남, 프랑스, 일본 등으로 다양해지고 있다. 국내 패션 대기업 LF는 최근 베트남 하노이에 '마에스트로' 2호점 매장을 열었고, 더네이쳐홀딩스는 중국 베이징과 상하이에 '내셔널지오스래픽 어패럴' 오프라인 매장 6개를 열어 운영하고 있다. '젝시믹스'도 말레이시아 1호 매장을 개점했으며, 중국, 타이완, 말레이시아 등 해외 시장에 오프라인 매장을 냈다. 패션그룹 형지도 미국 로스앤젤레스에 골프웨어 '까스텔바작' 플래그십 스토어를 열었다.

　패션 플랫폼들도 지속적으로 해외 시장 확대를 위해 노력하고 있다. 무신사는 2023년 일본 오사카에 일본에서의 두 번째 팝업 스토어를 열었고, 참여 브랜드의 무신사 글로벌 스토어 거래액은 전월 같은 기간과 비교해 10배 이상 증가하는 성과를 보였다.

　디자이너 브랜드의 오프라인 판로 확장도 눈에 띈다. 한국 1세대 디자이너인 우영미는 2023년 프랑스 파리에 단독 매장을 열었다. 송지오 디자이너도 프랑스 파리 쁘렝땅백화점에 단독 팝업 스토어를 열고 2024년에는 파리 마레 지구에 파리 플래그십 스토어, 2025년에는 뉴욕 플래그십 스토어 오픈을 앞두고 있다.

5) 한류 패션의 소통을 촉진하는 SNS

최근 틱톡에서는 한류 콘텐츠가 뜨겁다. 한 기사에 따르면 틱톡에서 '#Kpop'은 기존 음악 장르의 해시태그보다 높은 조회 수인 4,000억 회, '#Kdrama'는 2,000억 회를 넘겨 '#drama'라는 대표 명사보다 더 높은 수치를 보여주고 있다. 세계 이용자들은 틱톡으로 접하는 만화를 한국어 '만화' 발음 그대로 '#manhwa'로 부르고 있으며, 한국에서 비롯된 '#webtoon' 또한 '#comics'보다 더 높은 조회 수를 기록하고 있다(김은성, 2023. 7. 27.).

　이처럼 한류 콘텐츠가 SNS와 융합하면서 세계인의 마음을 얻게 되는 흐름에 한류 패션 역시 빼놓을 수 없다. 틱톡이 실시간 트렌드의 발원지로 거듭나며 틱톡 쿠튀르(TikTok Couture)라는 신조어까지 등장했고 고프코어(Gorpcore), 블록코어(Blokecore), 발레코어(Balletcore) 등 다채로운 스타일이 틱톡을 중심으로 화제가 되고 있다. 이 중 스포츠 유니폼을 일상에 활용하는 블록코어는 뉴진스, 블랙핑크 등 인기 걸 그룹이 선보인 후 대중적으로 확산됐다. 스포티한 감성을 드러나는 스타일을 의미하는 블록코어는 영국에서 '사내아이'를 뜻하는 속어로, 영국의 펍(pub)이나 길거리에서 흔히 볼 수 있는 축구 팬의 모습을 하나의 패션 스타일로 재해석한 것이다.

시장 조사 기관 유로모니터와 싱가포르 라이프 스타일 뉴스 플랫폼 '컨펌 굿즈(Confirm Goods)'는 2023년 SNS를 통해 접하게 된 한국 연예인들이 자주 애용하는 '크로스바디 백'이 싱가포르 젊은 MZ 세대에게도 관심을 끌었다고 언급했다. 한류 스타를 통해 소개된 이 가방은 젊은 여성들 사이에서 세련되고 편리한 스타일로 알려지면서 인기를 얻었다. 이 기사에서는 2023년 한국에서 인기를 끌고 있는 구름 모양 가방도 소개하고 있다. 싱가포르의 패션 브랜드들은 한국 구름 가방 업체들과 협업해 해당 제품을 현지에 판매해 높은 성과를 기록했고, 싱가포르 인플루언서들이 한국 디자인 가방을 SNS를 통해 홍보하면서 지속적인 관심을 받게 됐다고 소개하고 있다(김희연, 2024).

해외 시장에 진출할 때도 많은 패션 기업들이 현지 인플루언서와의 협업을 통해 SNS 마케팅을 진행하기도 한다. 현지 인플루언서가 한국 제품의 후기를 유튜브나 인스타그램 등의 SNS에 올리고 소비자들이 콘텐츠에 접근해 구매 효과를 높이고 있는 것이다. 이처럼 SNS는 한류 스타 혹은 한국 인플루언서가 착용한 패션의 시각적 매력을 강조하고 소비자들과 소통을 촉진하며 제품 홍보 및 사용자 커뮤니티 활성화 등의 효과를 낳고 있다.

6) 팬덤이 이끄는 커뮤니티의 힘

한국 문화에 매력을 느낀 한류 팬들은 한류 문화의 확산에 막대한 영향을 미치고 있다. 스타와의 소통을 중요시하고 좋아하는 스타를 중심으로 그들만의 밈을 만들어내며 결속력을 다지는 팬덤은, 한류의 지속 가능성을 만들어 내는 주요 구성원이다. 대형 방송국이나 유통사를 끼지 않고 SNS를 기반으로 다국적 팬덤이 구축되면서 좋아하는 스타를 위해 SNS에서 '해시태그 총공'을 한다거나 각종 프로그램과 인기 차트의 순위를 올리기 위해 전략적으로 움직이는 등 팬덤의 결속력 및 행동력이 세계화되고 있다.

패션산업에서도 팬덤의 영향력이 성장하고 있다. 과거 온라인 쇼핑은 가격이나 품질을 비교해서 제품을 구매하는 행위였다면, 최근 온라인 쇼핑은 사람들이 교류하고 관계를 형성하는 감성의 영역으로 확장됐다. 온라인 소비자들은 쇼핑 플랫폼을 통해 원하는 제품을 탐색하고 정보를 교환할 뿐만 아니라 제품을 구매하고 구매 후기를 서로 나눈다. 이 과정에서 일반 소비자는 충성도를 가진 커뮤니티 멤버로 진화한다. 한류에 호감을 가진 글로벌 소비자들은 한류 연관 소비재를 구매하면서 쇼핑 플랫폼에서 정보를 얻고 재미를 추구하면서 소속감을 가지게 된다.

국내 패션 플랫폼의 사례를 들어보자. 스니커즈 덕후들을 위한 인터넷 커뮤니티에서 출발한 무신사는 창업 20년 만에 상거래 기능이 추가된 국내 1위 패션 플랫폼 기업으로 발전했다. 초기에 무신사는 국내에서 보기 어려운 한정판 스트리트 패션 자료를 공유하면서 '패피(패션피플)'를 모았고, 이 패피들이 무신사의 든든한 팬덤으로 성장했다. 무신사는 매거진과 스트리트 스냅, 패션톡 등의 인앱(In-App) 서비스를 통해 팬덤이 좋아할 만한 콘텐츠를 제공하고 참여를 독려하는데, 이 과정에서 일정 수준의 보상을 부여해 공감과 참여의 선순환 구조를 만들었다. 그 덕에 무신사는 상거래 기능을 추가한 후에도 꾸준히 커뮤니티 특성을 살려 충성 고객을 확보하고 유지하고 있다(장재웅·이승훈, 2002).

패션 플랫폼 W컨셉에도 충성도가 높은 팬덤들이 존재한다. 최근엔 취향이 확고하고 구매력이 높은 젊은 여성 소비자로 이루어진 충성 고객과 디자이너 브랜드가 만나는 라이브 커머스를 내세워 팬덤 마케팅을 강화하고 있다. 라이브 방송은 사전에 고객의 평소 선호하는 스타일링 등 다양한 정보와 고민을 미리 받고, 라이브 방송을 진행하는 패션 인플루언서와 고민을 해결하는 방식으로 진행한다(정슬기, 2022. 11. 2.). 이처럼 자연스럽게 콘텐츠가 생산되고 이용자들이 참여해 커뮤니티가 활성화되는 선순환 구조는 종종 매출로 연결된다. 이용자들의 댓글 등 자발적인 참여를 통해 하나의 여론이 모이면서 생각과 가치관을 공유하게 된 끈끈한 팬덤은 브랜드의 충성 고객으로 자리 잡는다.

한편 팬덤은 플랫폼을 통해 기업 성장에 필요한 데이터를 남긴다. 패션 플랫폼은 직접 입어보고 살 수 없는 한계를 제품에 대한 자세한 룩북, 코디 방법, 옷에 대한 리뷰와 Q&A를 통한 정보 제공으로 극복하고자 하는데, 그 과정에서 고객들이 제공한 데이터와 인구 통계적 특성에 따른 구매 데이터 등이 축적된다. 이러한 고객 데이터는 상품 기획 및 홍보 마케팅 전략 수립의 기반이 되는 기업 성장에 필수적인 정보로 기능한다.

팬덤 플랫폼은 패션산업보다는 음악산업, 게임 산업 등에서 산업의 중추를 담당하고 있다. 팬덤 플랫폼은 콘텐츠산업 기획사들이 팬데믹 시대를 겪으면서 콘서트, 팬 미팅 등 오프라인 행사보다는 온라인 마케팅에 눈길을 돌리면서 급성장했다. 기획사는 아티스트와 글로벌 팬들의 직접적인 소통 서비스를 제공하거나 티켓이나 굿즈 등을 구매할 수 있는 '놀이터'를 제공하고 자발적으로 플랫폼에 모인 팬덤은 아티스트에 대한 2차 창작물을 생산하고 공유하면서 소속감을 가지며 커뮤니티로 성장한다. 이 같은 팬덤 플랫폼 기업은 커뮤니티를 기반으로 다양한 제조업, 서비스업과 비즈니스 모델을 연계해 콘텐츠 IP를 활용한 사업 확장을 다양하게 시도 중이다.

카카오엔터테인먼트는 웹툰 〈마법소녀 이세계아이돌〉의 단행본 출시를 위한 크라우드 펀딩 첫날에만 20억원의 실적을 거뒀는데, 후원자에게 제공하는 굿즈가 결정적이었다는 평가가 있다. 네이버 웹툰도 굿즈로 독자들과의 접점을 늘리고 있는데, 여러 백화점과 쇼핑몰에 굿즈를 판매하는 팝업 스토어를 열어 호황을 이루기도 했다

그림 3 네이버웹툰의 굿즈 판매 사이트

* 출처 : 네이버웹툰 온라인 스토어 웹사이트

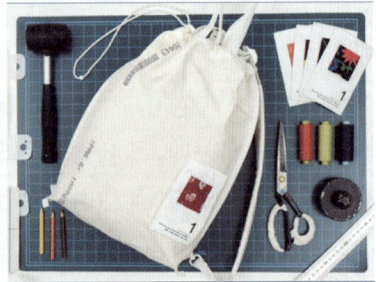

그림 4 하이브와 코오롱FnC가 협업한 BTS 업사이클링 가방

* 출처 : 코오롱 웹사이트

(이주현, 2024. 1. 3.). 또한 영문으로 된 웹툰 굿즈 판매 사이트를 개설해 동남아, 일본 아시아에서는 팝업 스토어를 통해 굿즈 시장 저변을 넓히고 있다.

하이브와 코오롱FnC의 업사이클링 브랜드 '래코드'는 방탄소년단의 무대 의상을 업사이클링한 가방 3종을 출시하기도 했다. 이 협업은 방탄소년단의 무대 의상을 업사이클링 굿즈로 제작해 지속가능성의 가치를 전파하고자 진행됐다. 방탄소년단이 무대에서 직접 입었던 의상을 해체해 가방의 패치 디테일로 적용해 한정판 굿즈로서의 가치와 업사이클링이라는 지속 가능성의 가치를 동시에 담고자 했다.

7) 한류와 수출의 외연 확대를 위한 협업 지원

2020년부터 시작된 '한류연계 협업콘텐츠 기획개발 지원 사업'(이하 CAST 사업)은 기술력과 경쟁력을 갖춘 국내 중소기업과 한류 아티스트의 결합을 기반으로 새로운 가치를 만들어냄으로써 수출 확대와 한류 외연 확대를 동시에 추진하기 위해 마련된 사업이다. 문화체육관광부가 주최하고 한국국제문화교류진흥원이 주관하는 이 사업은 인기 한류 지식재산권(IP)과 중소기업이 협업해 제품을 개발하고 홍보와 유통까지 진행할 수 있도록 지원하는 데 목적이 있다. 2023년에는 모델 정혁, 제니, 태이안 아이돌 그룹 AB6IX, 배우 정일우 등 한류 연예인들과 국내 중소기업 간 협업한 패션 프로젝트를 진행했다.

2023 CAST 사업에서 눈에 띄는 점은 대상 권역을 유럽으로 넓혀, '파리 메종&오브제 박람회 2023'에 CAST 부스를 설치한 것이다.

또한 한류에 관심도가 높은 태국과 대만 등에서 CAST 부스뿐만 아니라 'CAST 팝업 스토어'를 별도로 열기도 했다. 올해 초 세계적 경제지 《포브스(Forbes)》는 CAST 사업을 '케이팝 스타들과 한국 기업 간의 시너지를 활용한 유망한 비즈니스 모델'이라고 평가하기도 했다 (정진성, 2024. 1. 8.).

패션코드 사업(Fashion KODE)은 2013년부터 매년 2회 개최되는 정부 지원 사업으로 문화체육관광부가 주최하고, 한국콘텐츠진흥원과 한국패션디자이너협회의 공동 주관하고 있다. 국내 패션 디자이너 브랜드의 경쟁력을 높이고 해외 시장 진출을 지원하기 위한 목적에서 수주 상담회와 더불어 디자이너 브랜드 패션쇼, 패션 콘텐츠 문화전시 등을 진행하는 행사로 2022년에 개최된 2023 S/S 행사에서 '게임, 패션이 되다'를 주제로 패션과 게임의 협업이라는 패션 콘텐츠를 시도했다. 글로벌 게임사 블리자드엔터테인먼트와 협업해 패션문화에 관심 있는 MZ세대와 시민이 함께 즐길 수 있는 축제로 기

그림 5 2023 CAST 개발 상품(왼쪽)

* 출처 : 《더퍼스트》/CAST

그림 6 2023 S/S 패션코드 전시 작품

* 출처 : 패션코드 인스타그램(@fashinkode)

획됐는데, 블리자드사에서 출시한 다중 사용자 1인칭 슈팅 게임 캐릭터를 7명의 패션 디자이너가 재해석한 새로운 의상을 선보이는 등 다양한 협업을 시도했다.

2. 패션 한류 주요 진출국 및 진출 경로

문화체육관광부는 국제문화교류진흥원과 함께 '해외한류실태조사'를 발표한다. 「2023년 해외한류실태조사(2022년 기준)」 결과를 보면, 한국에 대해 가장 먼저 떠올리는 연상 이미지가 과거 한국의 대표 이미지로 연상되던 '정보기술(IT) 제품/브랜드'에서 최근 몇 년간 '케이팝' 등의 콘텐츠산업으로 대체된 것을 확인할 수 있다. K-콘텐츠에 영향을 받은 분야의 브랜드 파워 지수는 패션이 음식, 뷰티, 영화에 이어 네 번째로 높았고, 연관 산업 기준으로 보면 음식, 뷰티에 이어 세 번째로 높은 인기를 얻고 있는 것으로 나타났다(국제문화교류진흥원, 2023).

비록 2023년 패션산업의 수출이 다소 주춤하기는 했으나 한국 콘텐츠를 경험한 글로벌 소비자의 인식에서는 한류 패션이 높은 호감도를 보이고 있어 성장 가능성은 여전한 것으로 보인다. 주요 소비 경로를 보면 응답자의 85%가 K-콘텐츠를 '온라인·모바일 플랫폼'을 통해 이용한다고 응답했고, 응답자의 57.1%는 K-콘텐츠가 한국산 제품과 서비스의 구매 및 이용에 영향을 미치고 있다고 응답해서, 한류가 연관 산업 소비에 미치는 효과가 상당한 것으로 나타났다(문화체육관광부, 2023).

이 조사에서 드러나는 것처럼 한류 확산은 모바일·온라인을 통한 의류 수출 증가에 긍정적인 영향을 미치고 있다. 그리고 2023년 의류 제품 국가별 수출입 통계에서 의류 품목의 대표적인 수출국은 중국, 베트남, 미국, 일본 등으로 나타나, 미국을 제외하고는 여전히 아시아를 중심으로 수출 실적이 집중되고 있는 것을 알 수 있다.

특히 중국과 베트남, 일본, 대만, 인도네시아 등 동남아시아를 중심으로 한 한류 패션에 대한 호감도가 여전한 것은 한류의 영향력도 있지만 지리적인 접근성이 좋고 체형이 한국과 비슷해 서구권 브랜드와 비교해 경쟁력을 갖추고 있기 때문이다. 이들 아시아 지역은 경제가 빠르게 성장하면서 구매력이 증가하고 있고 인구의 평균 연령대가 소비 구매력이 높은 30대에 집중해 있어 성장 잠재력이 유력한 시장으로 꼽히고 있다(김금희·권승주·정소예, 2023. 12. 28.).

아시아 시장으로 진출해 타겟을 확장하고 있는 대표 브랜드들의 복종은 다양하게 분포돼 있는데 이 중에서도 캐주얼과 아웃도어, 스포츠 및 골프웨어 브랜드들의 수출 실적의 비중이 비교적 크며, 여성복 브랜드와 아동복, 패션 잡화 브랜드들도 영역을 확대해 가고 있다.

특히 온라인 시장 성장률을 볼 때 동남아시아가 시장으로서 지닌 가치의 상승이 눈에 띈다. 대만, 싱가포르, 홍콩, 말레이시아, 태국, 인도네시아, 베트남, 필리핀은 매년 4천만 명 이상의 신규 전자상거래 사용자가 유입되고, 연 60% 내외의 성장률을 보이고 있다(송진화, 2023. 6. 29.). 이들 국가는 한국 문화에 대한 호감도가 높은 지역으로 드라마, 음악, 영화 등의 한국 콘텐츠뿐만 아니라 한식, 패션, 뷰티 등 연관 산업에도 관심이 높아 전자상거래 시장에서 한류 패션의 약진을 기대할 수 있는 시장이다.

아시아 시장 중에서 중국 시장은 경제 성장과 소비 회복이 더디게 나타나고 있고 한중 외교 관계가 긍정적인 기류가 아님에도 불구하고, 고가 유럽 브랜드를 대체하는 중고가의 한국 브랜드 실적이 꾸준히 유지되는 상황이다.

F&F 브랜드 MLB는 2023년까지 중국에서 900개가 넘는 오프라인 매장을 열었는데, 투자은행 골드만삭스는 MLB의 약진을 두고 지난 10년간 중국에서 가장 성공한 의류 브랜드라는 평가를 한 바 있다(전설리, 2024. 1. 9.). LF 브랜드 '헤지스'는 중국에서 캐주얼 브랜드를 대표하는 K-패션 브랜드로 자리매김했고, 이랜드의 '스파오', '후아유', '뉴발란스' 등도 중국 전역에 빠르게 매장을 확대하고 있다. 액티브웨어 브랜드 '젝시믹스(XEXYMIX)'도 글로벌 스포츠 전문 기업 파우첸(Pouchen)그룹과 중국 내 유통 및 판매를 위한 독점 공급 계약을 체결하고 중국 진출을 가속화하고 있다(김금희·권승주·정소예, 2023. 12. 28.).

중국에서 한류 패션의 꾸준한 약진은 온라인 플랫폼과 SNS에서 한국 패션에 대한 호감도를 유지되는 데 기여하고 있기 때문이기도 하다. 웨이보(Weibo), 더우인(Douyin, 틱톡의 중국 버전), 위챗(WeChat) 등 중국의 SNS는 한류 패션 트렌드의 확산에 중요한 역할을 하고 있고, 알리바바(Alibaba)의 티몰(Tmall), 징동닷컴(JD.com)과 같은 전자상거래 플랫폼도 한국 패션 브랜드가 중국 소비자에게 직접 접근할 수 있는 기회를 제공하고 있다.

일본도 국내 패션 온라인 플랫폼이 수출의 주역으로 성장하고 있는 시장이다. 온라인 플랫폼을 통해 일본 시장에 소개되고 있는 한국 브랜드가 서서히 틈새시장을 차지하고 있다. 코로나19 팬데믹 시절 일본 최대 쇼핑몰인 '라쿠마'가 '일본에서 가장 영향력 있는 패션은 어느 나라 패션인가?'라는 설문조사를 실시한 바 있는데, 그 결과 젊은 층의 77.3%가 한국을 1위로 지목한 것도 이러한 맥락이다(박수호, 2023. 10. 20.).

일본 소비자들의 SNS 활용과 모바일 쇼핑이 본격화되기 시작하면서 한국 패션 브랜드의 소비가 증가했고, 과거 일본으로의 동대문 패션 위주의 대량 수출이 이루어졌던 과거와 비교했을 때 한국 스타일만의 아이덴티티를 추구하는 브랜드 위주 소비가 증가하고 있다. '무신사'의 경우 2022년부터 무신사 일본 플랫폼과 매장에서 판매를 시작한 이래 2023년에는 도쿄 이세탄백화점에서 높은 오프라인 실적을 냈으며, '젝시믹스' 역시 한국에서 취해 온 매장 전략을 현지 사정에 맞게 변형시켜 매출 성장과 함께 브랜드를 안착시키고 있다. '안다르'도 자사 몰을 통해 일본 시장의 가능성을 확인한 후 일본 직진출을 결정한 상태다.

이처럼 한국 브랜드들은 한류 스타를 광고 모델로 기용하거나 모바일 앱과 웹스토어를 제공하는 것 외에도 현지 쇼룸, 오프라인 팝업 스토어 등의 다양한 방식으로 전 세계 시장을 공략하고 있다.

3. 패션 한류 전망

오늘날 국제사회에서 한국이 문화 선도국의 위치에 올랐다고 평가받고 있는 만큼 국내 연관 산업도 이제는 이에 걸맞은 위상이 필요한 시점이다. 한류의 소프트 파워와 디지털 환경의 변화, 개별 산업의 역량으로 성장해 온 한류 패션의 확산이 일시적인 현상을 넘어 장기적인 보편성을 획득하기 위해서는 경쟁우위라는 기존의 관점에서 더 나아가 글로벌 보편성을 갖출 수 있는 지속적인 창의적 생태계 구축이 필요하다.

수출입 통계를 통해 들여다본 한류 패션의 성과는 잠시 주춤한 상태지만 한류의 확산과 함께 한국 패션에 대한 관심과 호감도는 여전한 상황이다. 한류 패션은 이대로 쇠락의 길을 걸을 것인가, 아니면 지속 가능한 생태계를 이끄는 문화적, 산업적 위상을 획득할 것인가의 기로에 있다고 해도 과언이 아닐 것이다.

그중에서 가까운 미래에 일상생활 속에 자리 잡을 수 있는 지속가능성의 핵심은 ESG 패션으로 보인다. 패션산업의 경우 ESG 구현이 가까운 미래상이어야 하는 이유는 다양하다. 지구촌 패션산업이 그것의 거대한 규모만큼이나 온실가스 배출, 열악한 근무 환경 문제, 수질 오염 문제, 지구 자원 소비 등에 많은 영향을 미친다는 공감대가 사회 전반에 형성돼 있다. 유엔환경계획(UNEP: UN Environment Programme)에 따르면 패션산업이 배출하는 이산화탄소는 전 세계 이산화탄소의 배출량의 10%를 차지한다. 그리고 섬유업계의 중추로 자리 잡은 석유에서 추출된 폴리에스테르라는 섬유로 매년 3억 톤의 플라스틱 의류를 생산하고 있고, 이렇게 버려지는 의류 폐기물은 해양 생태계에 심각한 위해를 가하고 있다.

이에 따라 패션산업의 자성을 요구하는 소비자들의 압박이 증가하면서 지난 2019년 프랑스에서 열린 주요 7개국(G7) 정상회담에서는 32개 사 150여 개 브랜드가 참여한 '패션협약'이 체결되기도 했다. 패션협약은 유엔이 2030년까지 달성하기로 결의한 의제인 '지속가능발전목표(SDGs: Sustainable Development Goals)'와 궤를 같이하는 온실가스 저감, 생태계 복구, 해양 보호, 플라스틱 사용 금지 등 구체적인 노력을 명시하고 있다(이재은, 2022. 6. 7.).

　ESG에 대한 사회적 공감대가 전 세계적으로 확산하면서 모든 산업에서 ESG 도입 움직임이 감지되고 있으며, 기업 규모에 따라 2025년부터 ESG 공시가 단계적으로 의무화될 전망이다. 투자 측면에서도 UN 책임 투자 원칙에 따라 연기금, 자산 운영사 등 투자자의 ESG 요구도 높아지고 있으며 기업 평가에도 ESG 관련 지표가 반영될 전망이다. 수출 면에서도 기업의 인권과 환경에 관한 ESG는 일종의 새로운 무역 장벽 역할을 할 것으로 예측되고 있어, 윤리적 측면뿐만 아니라 산업의 발전과 수출 증대라는 경제적 효과를 위해서도 필수적인 요소로 자리 잡았다. 따라서 ESG 역량 강화를 통해 이후의 한류 패션은 글로벌 사회의 바람직한 방향을 선도할 수 있는 가치 지향적 브랜드 자산을 구축하는 것이 어느 산업보다 요구된다. 지속 가능한 수출 증대라는 실용적인 목표를 달성하기 위해서도 다각도의 노력을 기울여야 할 것으로 전망된다.

(제 3 부)

(한류 정책의
　　　성과와 전망)

(2023 한류 정책: 수출을 강조하다)

김규찬
국립창원대 미디어커뮤니케이션학과 조교수

1. 한류 정책 현황

2023년 한류 정책은 '수출'이라는 한 단어로 요약된다. 이는 2023년 1월 문화체육관광부(이하 문체부) 업무보고 당시 "K-콘텐츠를 수출산업으로 키워야 한다"는 대통령 발언과 무관하지 않다. 하지만 지난 수년간 한류 정책은 쌍방향 문화교류와 해외 진출 지원을 넘어 국제 협력과 수출 기반 조성 등으로 꾸준히 확대돼 왔다. 즉 한류 정책의 외연 확장을 위한 제도 및 정책 추진 체계 개편, 예산 확대 등이 꾸준히 이루어져 왔던 셈이다. 따라서 수출 지원 중심의 2023년 한류 정책은 급격한 방향 전환이 아닌 자연스러운 정책 흐름 또는 강조점으로 보는 것이 타당하다.

1) 한류 정책 추진 체계

2023년 한류 정책도 문체부(한류지원협력과)가 관련 계획을 수립 조정하고 각종 사업을 이끌어가거나 지원하는 형태로 추진됐다. 하지만 수출을 강조하는 한류 정책 방향 설정에 따라 관련 법령 및 지원 체계의 변화가 있었다. 우선 한류 정책의 수립과 효율적 추진을 위해 2020년 제정된「한류협력위원회 구성 및 운영에 관한 규정」이 2023년 일몰 시한을 다하자[1]「K-콘텐츠 수출협의회 구성 및 운영에 관한 규정」으로 재정비됐다(문화체육관광부훈령 제490호, 2023. 6. 19. 일부

---

[1] 제9조(존속기한)「훈령·예규 등의 발령 및 관리에 관한 규정」에 따라 위원회 구성일부터 3년간 존속한다.

개정).[2] 새 정부 기조 및 한류 정책 흐름에 따라 K-콘텐츠 수출 총괄 지원 및 연관산업 파급효과 제고를 위해 명칭 및 기능을 일부 변경한 것이다. 기존 한류협력위원회가 정부와 공공기관이 주도하는 체제였다면 K-콘텐츠 수출협의회는 민간 중심으로 재구성됐고, 「콘텐츠산업진흥법」에 따른 콘텐츠산업진흥위원회에 K-콘텐츠 수출 관련 심의 안건을 상정할 수 있는 근거도 마련됐다. 또한 협의회에 상정할 안건을 사전 검토하고 위임받은 사항을 처리하기 위한 실무협의회를 해외진출 분야, 연관산업 분야, 기반강화 분야로 나누는 등 구체화하고, 회의 주기 또한 분기별 1회 개최를 원칙으로 정례화했다.

표 1 「K-콘텐츠 수출협의회 구성 및 운영에 관한 규정」주요 조항

제1조(목적) 이 규정은 K-콘텐츠 및 한류 연관산업 수출 정책의 수립과 이의 효율적 추진을 위하여 K-콘텐츠 수출협의회를 설치하고 그 구성 및 운영에 관한 사항을 규정함을 목적으로 한다.

제2조(기능) K-콘텐츠 수출협의회(이하 "협의회"라 한다)는 다음 각 호의 기능을 수행한다.
1. K-콘텐츠 및 한류 연관산업 수출 정책의 기본 방향 및 전략 수립
2. K-콘텐츠 및 한류 연관산업 수출 정책 시행 점검 및 평가
3. 기관간 협력 사업 발굴·추진 및 정보 공유
4. 민간 중심의 K-콘텐츠 및 한류 연관산업 해외진출 체계 마련
5. 기관별 재외 공관 및 네트워크를 활용한 K-콘텐츠 및 한류 연관산업 확산 협업 체계 구축
6. K-콘텐츠 및 한류 연관산업 수출 정책에 관한 의견수렴 및 반영
7. 「콘텐츠산업진흥법」상 콘텐츠산업진흥위원회 내 K-콘텐츠 수출 관련 심의안건 상정
8. 그 밖에 K-콘텐츠 및 한류 연관산업 수출의 지속·확산을 위하여 기관간 협력이 필요한 사항 등

2   사실 「한류협력위원회 구성 및 운영에 관한 규정」은 2023년 3월 3일 일몰을 앞둔 2월 21일 해당 훈령의 존속 기한을 3년 연장하면서 회의 개최 주기를 현실화하는 등의 개정 작업을 거쳤으나 수출 지원이 강조되면서 6월에 훈령 제명과 조항이 다시 한번 바뀌었다.

제3조(구성)
① 협의회는 위원장 1명을 포함한 30명 이내의 위원으로 구성한다.
② 협의회 위원장은 문화체육관광부 장관으로 한다.
③ 협의회 위원은 다음 각 호의 어느 하나에 해당하는 사람으로 한다.
1. 기획재정부 차관, 교육부 차관, 과학기술정보통신부 차관, 외교부 차관, 농림축산식품부 차관, 산업통상자원부 차관, 보건복지부 차관, 해양수산부 차관, 중소벤처기업부 차관, 방송통신위원회 부위원장, 식품의약품안전처장, 문화재청장
2. 한국콘텐츠진흥원장, 한국국제문화교류진흥원장, 한국관광공사장, 한국문화관광연구원장, 세종학당재단 이사장, 한국문화재재단 이사장, 대한무역투자진흥공사장, 중소벤처기업진흥공단 이사장, 대·중소기업·농어업협력재단 사무총장, 한국보건산업진흥원장, 한국농수산식품유통공사장, 한식진흥원 이사장
3. K-콘텐츠 및 한류 연관산업 수출 정책 및 기관 협력 관련 학식과 경륜이 풍부한 민간위원
④ 민간위원은 협의회 위원이 추천한 자 중에서 위원장이 위촉한다.
⑤ 협의회의 효율적 운영 및 지원을 위하여 간사 1명을 두며, 간사는 문화체육관광부 콘텐츠정책국장으로 한다.

제6조(실무협의회)
① 협의회에 상정할 안건을 사전 검토하고, 협의회에서 위임받은 사항을 처리하기 위하여 실무협의회를 운영한다.
② 실무협의회 위원장은 문화체육관광부 제1차관으로 한다.
③ 실무협의회는 그 성격에 따라 해외진출 분야, 연관산업 분야, 기반강화 분야로 나누어 구성한다.
④ 실무위원은 협의회를 구성하는 각 기관의 장이 지명하는 사람으로서 해당 기관의 고위공무원단에 속하는 공무원 또는 이에 준하는 공공기관의 직원으로 한다. 민간위원은 전문 분야에 따라 나누어 구성한다.
⑤ 실무협의회는 분기별 1회 개최를 원칙으로 한다.
⑥ 실무협의회의 의장이 회의를 개최하려는 경우에는 회의 소집일 7일 전까지 회의의 일시, 장소 및 안건을 각 위원에게 통보하여야 한다. 다만, 긴급히 개최하여야 하거나 부득이한 사유가 있는 경우에는 회의 개최 전날까지 통보할 수 있다.

* 출처 : 「K-콘텐츠 수출협의회 구성 및 운영에 관한 규정」[3]

3 https://www.mcst.go.kr/kor/s_data/ordinance/instruction/instructionView.jsp?pSeq=3189

한류 정책이 우리 문화와 콘텐츠의 국제 교류 및 수출 지원의 성격을 지닌다는 점에서 문체부 내 여러 부서 또는 기관과의 협업도 꾸준히 이루어졌다. 국제문화교류 담당 부서인 국제문화과와 재외문화원 운영 주체인 해외문화홍보원은 중요한 협업 대상이다.[4] 한류 장르별 해외 진출과 수출을 지원하는 콘텐츠정책국과 미디어정책국 소속 부서, 해외 저작권과 IP를 관리하는 저작권국, 한류 관광객 유치와 지원을 담당하는 관광정책국 등 문체부 내 다양한 실무 영역과도 한류를 지원하고 진흥하기 위한 공동 사업을 수행한다.

한류 정책 현장의 실무와 연구를 담당하는 유관 기관으로는 한국국제문화교류진흥원과 한국콘텐츠진흥원, 재외한국문화원, 한국문화관광연구원 등이 있다. 한국국제문화교류진흥원은 「국제문화교류진흥법」 제12조에 따른 국제문화교류 진흥 업무 전담 기관으로, 각국 문화에 대한 올바른 인식과 이해를 도모하고 상호협력을 위한 민간교류 창구의 역할을 수행함으로써 국가 간 문화교류와 협력 기반을 조성하는 사업을 수행한다. 한국콘텐츠진흥원은 「문화산업진흥 기본법」 제13조에 따라 설립된 기관으로 다양한 장르의 해외 진출 지원 사업을 수행한다. 특히 2023년 직제 개편을 통해 기존 대중문화본부를 한류지원본부로 재편해 한류 정책을 보다 적극적으로 지원하고자 했다. 국가 이미지 개선 및 대외 문화 홍보를 목적으로 설립된 재외한국문화원은 2023년 12월 30개국 35개소로 전년 대비 2개국 2개소가 확장됐다. 한국문화관광연구원은 「문화기본법」 제

---

4   2024년 1월 17일 「문화체육관광부와 그 소속기관 직제 시행규칙」 일부개정령(안) 입법 예고를 통해 국제문화과와 한류지원협력과가 신설되는 국제문화홍보정책실 국제문화정책관 소속으로 이관됐다.

11조의2에 따라 설립된 국책연구기관으로 문화예술의 창달, 문화산업 및 관광 진흥을 위한 연구, 조사, 평가를 추진한다. 2023년에는 직제 개편을 통해 기존 콘텐츠산업연구센터를 콘텐츠연구본부로 확대하고 산하에 한류경제연구팀을 신설했다. 이처럼 유관 기관 또한 정부의 한류 정책 확장에 발맞추어 추진 체계를 확대 개편했다.

그림 1 해외 한국문화원 설치 현황

● 문화원   ■ 문화원/문화홍보관   ▲ 문화홍보관

* 출처 : 한국문화홍보서비스

2) 제4차 수출전략회의 '콘텐츠 수출전략' 발표

2023년 2월 문체부는 대통령 주재 제4차 수출전략회의에서 'K-콘텐츠 수출전략'을 발표했다. 이는 새 정부 국정과제('국정 58. K-콘텐츠의 매력을 세계로 확산') 추진과 관련 있는데, 해당 자료에서는 "반도체를 비롯한 우리 주력산업 수출이 어려운 상황에서 전 세계의 갈채를 받고 있는 K-콘텐츠를 국가전략산업으로 육성해서 2027년까지 수출 250억 달러를 달성하고 세계콘텐츠 시장 4강에 진입하겠다"는 취지를 밝혔다(문화체육관광부, 2023a). 한국 콘텐츠 수출액은 2021년 기준 124억 5,000만 달러로, 코로나19와 세계 경기 침체에도 불구하고 지난 5년간 연평균 9.0% 성장했고 서비스산업 중 유일하게 10년 연속 흑자 규모가 증가했다. K-콘텐츠가 국가 브랜드 제고 효과 등을 통해 제조업과 서비스업 등 연관산업의 성장과 수출 확대에 기여하고 있음은 알려진 사실이다(한국문화관광연구원, 2022). 이에 지금까지의 성과를 바탕으로 콘텐츠산업이 국가 전략산업이자 새로운 성장 동력으로서 우리 경제를 이끌어 갈 수 있도록 할 전략을 발표했는데, 주요 목표와 추진과제는 아래 표와 같다.

표 2 제4차 수출전략회의 발표 '콘텐츠 수출전략' 주요 내용

□ 목표
- K-콘텐츠 수출 : 2021년 124억 달러 ⇒ 2027년 250억 달러(연평균 12.3%)
- K-콘텐츠 소비재·관광 수출 유발 : 2021년 46.6억 달러 ⇒ 2027년 80.0억 달러(연평균 9.4%)
- K-콘텐츠 매출 : 2021년 137조 원 ⇒ 2027년 200조 원(연평균 6.5%)

□ 주요 추진과제 : 3E 전략(Expansion, Extension, Effect)
- Expansion : 콘텐츠 해외영토 개척·확장
  - 콘솔게임 육성, 해외 마켓 판매 통한 북미, 유럽 등 선진국 신시장 창출
  - 현지 특성을 고려한 맞춤형 콘텐츠 재제작 지원, K-팝 공연 등 접점 확대로 수요 창출해 UAE, 사우디 등 "제2의 중동 붐" 선도
- Extension : 콘텐츠 산업 영역 확대
  - 웹툰 플랫폼과 콘텐츠의 공동 해외 진출 지원, 웹툰 IP 활용 강화
  - K-드라마·영화·예능 확산을 위한 디딤돌로서 글로벌 OTT와 전략적 제휴, 국내 제작사의 IP 확보 지원

- Effect : 연관산업 프리미엄 효과 확산
  - K-콘텐츠 연계 마케팅으로 제조업·서비스업 등 브랜드가치 향상
  - K-브랜드 해외홍보관 활성화, K-박람회 개최

□ 기반 조성 : K-콘텐츠 수출 기반 강화
- 챗GPT, AI, 메타버스 등 신기술 개발·활용 강화 : 'K콘텐츠 메타버스 월드'
- '24년 정책금융 역대 최고 수준인 1조 원 조성
- 해외원스톱 지원 거점 '27년 50개소로 확대

* 출처 : 문화체육관광부(2023a)

3) 2023년 문체부 업무 계획 및 예산

2023년 문체부 주요 업무 추진 계획의 비전은 '한국문화(케이컬쳐)가 이끄는 국가도약, 국민행복'이다. 한류를 의미하는 '케이컬쳐'를 '한국문화'와 병기했다는 점에서 2023년 문체부 정책이 지향하는 핵심 가치가 한류 정책임을 유추할 수 있다. 실제로 3대 목표 가운데 첫 번째가 "케이-콘텐츠, 수출 강자 위상 강화"이고, 핵심 추진과제 6개 가운데 첫 번째가 "케이-콘텐츠, 수출 지형을 바꾸는 승부수(게임체인저)"라는 점에서 중요성이 재확인된다. 해당 과제는 4개의 세부 과제[5]로 구성되는데, 그중 2개가 한류 관점에서 관련 정책을 육성하거나 지원하는 과제이다.

이 가운데 주요 업무 계획에 나타난 '케이-콘텐츠 및 연관산

---

5   4개의 세부 과제는 다음과 같다. '청년의 도전정신 자극하는 창업초기기업(스타트업)·벤처 지원 확대', '역대 최대 규모의 정책금융 지원(2022년 5,268억원→2023년 7,900억원)', '케이-콘텐츠 분야별 맞춤 지원으로 경쟁력 강화', '케이-콘텐츠 및 연관산업 수출 확대'.

업 수출 확대'를 구체적으로 살펴본다. 첫째, 콘텐츠 수출과 관련해 10만 영세 콘텐츠 기업의 해외 진출 지원 거점(해외비즈니스센터) 확대를 추진했다. 당초 계획으로는 2022년 10개소에서 2023년 미국(뉴욕), 싱가포르, 인도, 영국, 멕시코 등을 추가해 15개소로 확대하고,[6] 2027년 30개소를 목표로 콘텐츠 수출을 전방위로 지원(80.5억원)하고자 했다. '한류 데이터센터' 구축(15억원)을 통한 데이터 기반 맞춤형 수출 지원과 '언어별 저작권 침해정보 수집시스템' 구축(12억원)을 통한 저작권 침해에 신속 대응하는 사업도 담겼다. 둘째, 연관산업의 수출 견인과 관련해 케이-콘텐츠를 중심으로 한 케이 유행(신드롬) 활용, 콘텐츠 및 제조업·서비스업 동반 해외 진출 확대를 추진했다.

그림 2 한국콘텐츠진흥원 해외 비즈니스센터 현황

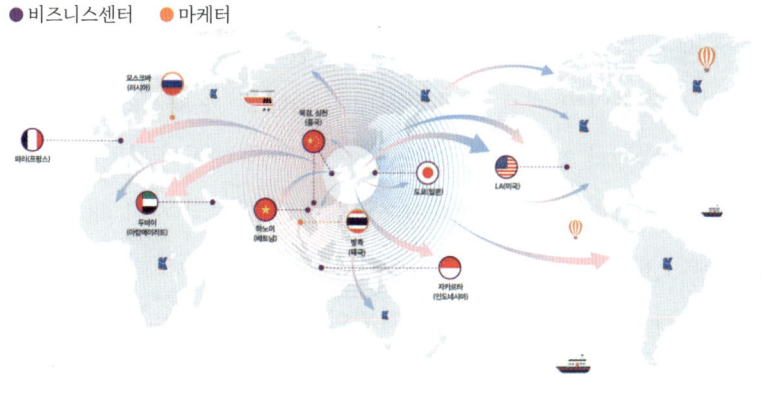

* 출처 : 한국콘텐츠진흥원

6   실제 추진 과정에서 관련 연구 용역 추진 등 보다 내실 있는 계획 수립을 위해 일정이 순연됐다.

2022년 12월 개소한 인도네시아 케이-브랜드 홍보관을 통해 콘텐츠, 화장품, 식품 등 공동 홍보(40억원)를 추진하고, 콘텐츠-소비재 동반 진출 해외 케이-박람회(20억원), 한류 연계 마케팅(45억원) 등의 사업을 배정했다. 영화〈바람과 함께 사라지다〉(1939) 상영을 계기로 미국 문화가 세계적으로 확산되면서 공산품 수출 규모가 성장(1935년 23억 달러→1955년 156억 달러)한 사실이 주요 근거로 활용됐다. 셋째, 추진 체계 혁신을 위해 한국콘텐츠진흥원 내 수출 전담 조직인 한류지원본부 신설로 콘텐츠 연관산업 해외 진출 지원의 추동력을 확보하고자 했다.

2023년 문체부 예산 편성 방향은 ① 민간의 자유로운 창의·혁신 뒷받침, ② 공정하고 차별 없이 누리는 문화·체육·관광, ③ 세계인과 함께하는 한국 문화 등 3가지로 제시됐다(문화체육관광부, 2023b). 이 가운데 세 번째 방향은 곧 한류 진흥과 지원을 의미한다. 콘텐츠 분야 예산 중점 편성 내용을 보면 'K-콘텐츠 해외진출 지원체계 구축 및 연관산업 연계로 경제적 시너지 극대화'가 제시돼 있다. 이를 위해 ① 해외 거점 확대(57→101, +45) ② 한류 데이터 기반 기업 맞춤형 해외 심층 정보 제공(신규, 15) ③ 콘텐츠 해외 시장 개척지원(40→80, +40), ④ 해외 현지 출원 및 등록(3→18, +15), ⑤ 해외 진출 종합 컨설팅 지원(22→52, +30) 등의 사업이 신규 편성되거나 증액됐다.

문체부의 한류 정책 지원 예산 규모를 명시적으로 파악하기는 힘들다. 각 실국에서 다양한 형태의 한류 사업을 표방하고 있기 때문이다. 전년도 백서 기준에 맞추어 대중문화 한류로 초점을 맞추면 콘텐츠정책국 예산 항목 가운데 '문화콘텐츠 국제협력 및 수출기반 조성'을 한류 진흥과 직접적으로 관련된 사업 예산으로 볼 수 있다. 해당 항목의 연도별 예산 편성 내역을 보면 상위 항목인 '문화콘텐츠 진흥 환경 조성'은 2020년 크게 증가해 2022년까지 이어지다가 2023년에 다시 큰 폭으로 상승(19.6%)하는 흐름을 보인다. '문화콘텐츠 국제협력 및 수출기반 조성' 예산은 2021년 321억여원에서 2022년 489억여원으로 전년 대비 약 50% 증액된 데 이어 2023년 다시 544억여원으로 전년 대비 11.3% 증가했다. 세부 내역으로는 '콘텐츠 수출지원' 예산이 증가하고 '한류 교류 및 확산 지원'은 감소한 것으로 나타나는데, 이는 사업 변경이나 세항 이관에 따른 영향이 있겠지만, 수출을 강조하는 정책 방향 설정과 무관하지 않은 것으로 보인다.

표 3 연도별 한류 관련 예산 편성 내역 (단위: 백만원)

구분	2019년	2020년	2021년	2022년	2023년
문화콘텐츠산업 진흥 환경조성	208,267	280,282	275,899	270,065	323,065
문화콘텐츠 국제협력 및 수출기반조성	13,184	34,072	32,148	48,921	54,439
콘텐츠 수출지원				17,832	32,332
한류 교류 및 확산 지원				14,397	5,413
한류 연관산업 지원				16,500	16,500
해외진출 정책지원				192	194

* 출처: 연도별 문체부 "예산·기금운용계획 개요"(문화체육관광부, 2019, 2020, 2021, 2022, 2023c)를 바탕으로 재정리.

2. 한류 정책 과제 및 사업 분석

2023년 문체부 주요 한류 정책 및 사업 내용을 살펴본다. 앞서 보았듯 한류는 문체부 사업 전반에서 다양하게 표방하는 가치이자 목표

이므로 콘텐츠정책국 한류지원협력과뿐만 아니라 여러 부서의 사업이 포함될 수 있다. 따라서 한류 정책 및 사업 분석은 특정 기준에 따라 명확히 구분하기보다 다양한 층위나 관점에서 유동적으로 접근해야 한다.

한류 정책 및 사업을 파악하는 대표적이고 합리적인 방법은 문체부 홈페이지에 게시된 보도자료를 분석하는 것이다. 보도자료 내용은 해당 기관 또는 부서의 핵심 업무 성과로 볼 수 있고, 여기에 한류가 포함됐다면 스스로 해당 사업을 한류 관련으로 인식하고 있다는 증거이기 때문이다. 2023년 문체부가 홈페이지를 통해 공식 배포한 보도자료 건수는 총 773건이었다. 이 중 한류지원협력과가 배포했거나 제목에 '한류'를 포함한 보도자료는 36건으로 검색된다. 담당 부서는 한류지원협력과가 30건으로 가장 많았고, 해외문화홍보원(외신분석팀), 국제문화과 등 유관 부서도 일부 한류를 제목으로 보도자료를 배포한 경우가 있었다. 대통령 주재 수출전략회의에서 발표한 콘텐츠 수출전략과 2023 대한민국 콘텐츠 시상식은 문체부 합동으로, 2023 태국 케이(K)-박람회 등 범부처 한류마케팅 지원사업은 관계부처 합동으로 배포됐다.

표 4 2023년 문체부 주요 한류 정책 및 사업 보도자료

연번	일시	제목	정책 및 사업 내용	담당부서	비고
1	1.5	외신 데이터 분석으로 한류 수출 사업·정책 뒷받침	문화빅데이터 플랫폼 한류외식동향 데이터 분석	해문홍 (외신분석팀)	
2	2.13	"K-컬처의 본고장, 한국으로" 한류 20주년 맞이한 일본에서 K-관광 세일즈 신호탄 올려	후쿠오카, 오사카, 도쿄 K-관광 로드쇼	국제관광과	
3	2.17	'콘텐츠 수출대책회의' 정례화로 K-콘텐츠 수출지원 역량 결집한다	제1차 콘텐츠 수출대책회의	한류지원협력과	

연번	일시	제목	정책 및 사업 내용	담당부서	비고
4	2.23	K-콘텐츠가 수출 전선의 구원투수로 등판한다	대통령 주재 제4차 수출전략회의에서 콘텐츠 수출전략 발표	문화산업정책과 한류협력지원과	문체부 합동
5	3.7	K-팝 해외진출 촉진방안, 장르별 수출전략 논의 첫 테이블에	제2차 콘텐츠(음악) 수출대책회의	한류지원협력과 대중문화산업과	
6	3.1	'한국 하면 K-콘텐츠' 인식 더 강해져	2023 해외한류실태조사 결과 발표	한류지원협력과	
7	3.23	K-콘텐츠 수출 선도하는 게임 수출지원 강화방안 논의	제3차 콘텐츠(게임) 수출대책회의	한류지원협력과 게임콘텐츠산업과	
8	3.24	K-관광을 홍콩 한류 팬들의 버킷리스트로 만든다	홍콩 K-관광 로드쇼	국제관광과	
9	4.5	"콘텐츠 수출 위해 맞춤형 투자 지원, 현지 정보와 네트워킹 지원 확대 필요"	제4차 콘텐츠(창업 및 금융투자) 수출대책회의	한류지원협력과 문화산업정책과	
10	4.5	12개국 주한 상무관 협의체로 세계 속 K-콘텐츠 저변 확대한다	콘텐츠산업 주한 상무관 협의체	한류지원협력과	
11	4.14	한국 영화의 글로벌 재도약 위한 지원방안 집중 논의	제5차 콘텐츠(영화) 수출대책회의	한류지원협력과 영상콘텐츠산업과	
12	5.4	K-애니메이션과 캐릭터 분야 해외 진출 지원방안 심층 논의	제6차 콘텐츠(애니/캐릭터) 수출대책회의	한류지원협력과 영상콘텐츠산업과	
13	5.19	방송영상·OTT 콘텐츠, 세계 시장 공략 방안 논의	제7차 콘텐츠(방송/OTT) 수출대책회의	한류지원협력과 방송영상광고과	
14	6.2	웹툰 종주국 위상 강화 지원방안 논의	제8차 콘텐츠(웹툰) 수출대책회의	한류지원협력과 대중문화산업과	
15	6.4	한류스타, 전 세계에 한복 매력 알린다	한복분야 한류 연계 협업 콘텐츠 기획·개발 사업	전통문화과	
16	6.22	'한-베 문화교류의 밤' 행사로 상호 소통과 화합의 새로운 지평 확장	한국-베트남 문화교류의 밤	한류지원협력과	
17	7.21	K-콘텐츠의 미국, 유럽, 중동 등 해외시장 진출 확대 위한 전략 논의	제9차 콘텐츠(해외거점) 수출대책회의	한류지원협력과	
18	7.24	K-콘텐츠의 유럽 진출, 공세적으로 지원	K-콘텐츠 엑스포 인(in) 영국	한류지원협력과	
19	7.28	K-콘텐츠와 연관산업 간 동반 진출 촉진한다	제10차 콘텐츠(연관신업) 수출대책회의	한류지원협력과	
20	8.8	"K-팝 콘서트가 잼버리 피날레를 감동적으로 장식할 것"	2023 새만금 세계스카우트잼버리 K-팝 공연	한류지원협력과	
21	8.9	18팀의 K-팝 공연, 잼버리 마지막을 강렬하게 장식한다	2023 새만금 세계스카우트잼버리 K-팝 슈퍼라이브 출연진	한류지원협력과	

연번	일시	제목	정책 및 사업 내용	담당부서	비고
22	8.1	2023 새만금 세계스카우트잼버리대회 'K-팝 슈퍼라이브' 공연 준비 상황	2023 새만금 세계스카우트잼버리 K-팝 슈퍼라이브 준비상황	한류지원협력과	
23	8.1	아이브, 잼버리 대원들과의 약속 지킨다	2023 새만금 세계스카우트잼버리 K-팝 슈퍼라이브 아이브 출연	한류지원협력과	
24	8.1	전 세계 한류팬에게 한국의 흥 매력 전파	한류동호회와 함께하는 한국문화 함께 잇기(케이 커뮤니티 챌린지) 공모전	해외문화홍보사업과	
25	9.7	아시아 7개국 음악과 문화로 잇다	2023 아시아송 페스티벌 X 문화잇지오	한류지원협력과	
26	9.8	K-콘텐츠의 북미·중남미 진출 가속화한다	멕시코, 미국 '2023 K-콘텐츠 엑스포'	한류지원협력과	
27	10.23	한국과 베트남, 문화·관광·체육 교류 협력 강화한다	문체부 장관, 베트남 경제위원장	한류지원협력과	
28	10.26	멕시코에서 한국 생활문화와 케이팝 함께 즐긴다	멕시코시티 '2023 한류생활문화한마당 모꼬지 대한민국'	한류지원협력과	
29	11.7	케이(K)-콘텐츠 박람회로 유럽 내 한류 시장 키운다	케이-콘텐츠 엑스포 인 벨기에	한류지원협력과	
30	11.9	태국에서 케이-콘텐츠와 연관 산업 해외 판로 개척한다	2023 태국 케이(K)-박람회	한류지원협력과	관계부처 합동
31	11.17	정부 간 게임 협업으로 케이(K)-콘텐츠 산업 발전 도모	2023 글로벌 다자간 콘텐츠 포럼	한류지원협력과	
32	11.21	새로운 한류의 원동력, '한국미술' 현장 목소리 듣는다	문체부 장관 미술계 현장간담회	시각예술디자인과	
33	11.29	한류 콘텐츠 타고 중소·영세기업 제품 세계 진출 지원	2023년 관계부처 합동 한류마케팅 지원사업	한류지원협력과	관계부처 합동
34	11.29	케이-콘텐츠와 연관산업 간 교류 활성화로 해외 동반 진출 도모	콘텐츠 지식재산권(IP) 마켓 2023	한류지원협력과	
35	12.8	한·일·중 콘텐츠산업 공동 발전과 교류 확대 공동선언문 채택	일본 도쿄에서 '제16회 한·일·중 문화콘텐츠산업포럼' 개최	한류지원협력과	
36	12.8	2023년 세계 무대에서 케이-콘텐츠를 빛낸 관계자와 우수 콘텐츠 38명(건), 정부포상과 상장 수상	2023 대한민국 콘텐츠 대상 시상식	한류지원협력과	문체부 합동

* 출처 : 문체부 보도자료7 재정리.

7 https://www.mcst.go.kr/kor/s_notice/press/pressList.jsp

1) 콘텐츠 수출 관련 협의체 정례화

2023년 한류 정책 추진의 가장 특징적인 모습은 다양한 형태의 협의체 회의를 정기적으로 개최했다는 점이다. 그중 'K-콘텐츠 수출대책회의'를 가장 주목할 만하다. 이는 2023년 2월 발표한 'K-콘텐츠 수출전략'의 후속 조치의 일환으로 콘텐츠 수출 지원 정책 현안을 점검하고 관련 수요를 파악하는 데 목적이 있었다. K-콘텐츠 수출대책회의는 2월부터 7월까지 5개월 동안 약 2주 간격으로 꾸준히 열려 총 10회 개최되는 성과를 보였다. 특히 권역별 수출 현황 등을 점검한 전반부와 후반부 회의를 제외하고는 음악, 게임, 창업 및 금융투자, 영화, 애니메이션/캐릭터, 방송 등 장르별 현장의 생생한 목소리를 듣고 정책 방향 및 사업 추진의 근거로 삼았다는 점에서 정책 추진의 모범 사례로 볼 수 있다.

그림 3 K-콘텐츠 수출대책회의 현장

* 출처 : 《연합뉴스》/문화체육관광부

표 5 K-콘텐츠 수출대책회의 추진 실적

차수	일시	장소	주제	주요 참석자
1	2.17 (금)	콘진원 광화문 분원	권역별·장르별 수출현황 점검 및 현지 맞춤형 지원방안	- 주재 : 문체부 1차관 - 참여 : 해외비즈니스센터 관계자 화상 연결
2	3.7 (화)	콘진원 광화문 분원	음악(케이팝) 분야 수출 애로사항과 지원방안	- 주재 : 문체부 1차관 - 참여 : 연예기획사 티오피미디어, 스페이스 보헤미안, 이고그룹과 K-팝 엔터테인먼트 교육기관 월드케이팝센터 등 업계 관계자와 한국음악콘텐츠협회, 한국음악레이블산업협회 관계자
3	3.22 (수)	콘진원 광화문 분원	게임 분야 수출 애로사항과 지원방안	- 주재 : 문체부 1차관 - 참여 : 넷마블, 넥슨, 카카오게임즈, 로드컴플릿, 시프트업, 넥스트스테이지, 외계인 납치작전 등 업계 관계자와 한국게임산업협회, 한국모바일게임협회 관계자
4	4.4 (화)	콘진원 광화문 분원	창업 및 금융투자 분야 애로사항과 지원방안	- 주재 : 문체부 1차관 - 참여 : 패션 메타버스 테크기업 에프엔에스홀딩스, 음악저작권 거래 플랫폼 뮤직카우, 인공지능 기반 테라피 음악 애플리케이션 사운드플랫폼 등 업계 대표와 코나벤처파트너스, 한국투자파트너스, 킹슬리벤처스 등 투자 분야 관계자
5	4.13 (목)	콘진원 광화문 분원	영화 분야 수출 애로사항과 지원방안	- 주재 : 문체부 1차관 - 참여 : 투자배급사 CJ ENM과 영화상영관 CJ CGV, 투자배급사 콘텐츠판다, 기술서비스사 덱스터스튜디오, 프로덕션 서비스사 나인테일드폭스, 한국영화감독조합 관계자 등
6	5.3 (수)	콘진원 광화문 분원	애니메이션/캐릭터 분야 수출 애로사항과 지원방안	- 주재 : 문체부 1차관 - 참여 : 〈뽀롱뽀롱 뽀로로〉 제작사 아이코닉스, 〈로보카폴리〉 제작사 로이비쥬얼, 〈미니특공대〉 제작사 에스에이엠지 엔터테인먼트, 〈우주쭈 마이펫〉 제작사 우쏘 등 업계와 한국애니메이션산업협회, 한국애니메이션제작자협회 등 협·단체 관계자
7	5.18 (목)	콘진원 광화문 분원	방송/OTT 분야 수출 애로사항과 지원방안	- 주재 : 문체부 1차관 - 참여 : 미국영화협회(MPA) '글로벌 영상콘텐츠 리더십 포럼' 참석했던 5개 기업과 주요 협·단체, 방송영상·OTT 콘텐츠 주요 제작사 관계자
8	6.1 (목)	콘진원 광화문 분원	웹툰 분야 수출 애로사항과 지원방안	- 주재 : 문체부 1차관 - 참여 : 카카오엔터테인먼트, 네이버웹툰, 락킨코리아, 재담미디어 등 업계 관계자와 한국만화가협회, 웹툰협회, 한국웹툰산업협회 관계자
9	7.2 (목)	콘진원 광화문 분원	권역별·장르별 수출현황 점검 및 현지 맞춤형 지원방안	- 주재 : 문체부 1차관 - 참여 : 해외비즈니스센터 관계자
10	7.28 (금)	콘진원 광화문 분원	K-콘텐츠와 연관산업 동반 진출 활성화	- 주재 : 문체부 1차관 - 참여 : 스튜디오S(드라마), 로이비쥬얼(애니메이션), 우쏘, 애니롤스(이상 캐릭터) 등 콘텐츠 업계와 우양(가정식), 명성(위생장갑), 제이엠그린(생활용품), 누보(농업제품) 등 연관산업 관계자

또한 콘텐츠산업의 세계적인 교류 협력을 확대하기 위한 '콘텐츠산업 주한 상무관 협의체' 첫 번째 정례회의가 2023년 4월에 열렸다. 이 회의에는 문체부와 한국콘텐츠진흥원 관계자를 비롯해 미국, 영국, 일본, 아랍에미리트 등 다양한 권역의 12개국[8] 주한 상무관 16명이 참석했다. 지난해 문체부는 주한 상무관 초청 간담회를 두 차례 개최한 바 있었는데, 2023년부터는 이를 정례화한 것이다.

2023년 12월 문체부는 일본(경제산업성), 중국(문화여유부)과 함께 '제16회 한·일·중 문화콘텐츠산업 포럼'을 개최했다. 해당 포럼은 동북아 3국의 문화콘텐츠산업 현황과 정책을 공유하고 기업 간 교류를 지원하는 협의체이다. 2002년부터 3국이 번갈아 행사를 열고 있는데, 지난해 제주도에 이어 올해는 일본 도쿄에서 개최했다. 이번 포럼을 통해 문화콘텐츠산업의 공동 발전과 번영 방안을 모색하고, 콘텐츠 창·제작자와 기업 간 교류 확대를 위해 노력하는 등의 내용을 담은 '제16회 한·일·중 문화콘텐츠산업 포럼 공동선언문'을 채택했다. 회의 참석자들은 '콘텐츠 도쿄 2023' 현장을 참관하고, 민간 기업이 참여하는 기업 교류회를 열어 발표회와 연계망 구축 등을 진행했다. '콘텐트 도쿄 2023'에 참여한 민간기업은 수퍼톤, 앰버린, 네이버제트(이상 한국), 스튜디오 엔트레, 에이에이치에스(AHS), 메타 도쿄, 야마하(YMAHA)(이상 일본), 따마이(Damai), 퍼펙트 월드(Perfect World), 텐센트 뮤직 엔터테인먼트 그룹(이상 중국) 등이었다.

---

8 (북미) 미국, 캐나다 (유럽) 영국, 프랑스, 스페인, 노르웨이, 스웨덴 (중동) 아랍에미리트, 이스라엘 (아시아) 일본, 태국, 호주 등.

2) K-콘텐츠 수출 및 연관산업 지원

'K-콘텐츠 엑스포'는 국내 콘텐츠 기업의 수출 판로 개척을 지원하는 기업 간 교류 중심의 콘텐츠 박람회이다. 2022년에는 싱가포르와 스페인에서 2회 개최됐는데, 2023년에는 권역과 횟수를 확대해 영국과 멕시코, 미국, 벨기에, UAE에서 5회 개최됐다. '2023 K-콘텐츠 엑스포 인(in) 영국'은 7월 24일(월)부터 27일(목)까지 런던의 퀸엘리자베스 2세 센터에서 열렸다. '2023 K-콘텐츠 엑스포 인(in) 멕시코'는 9월 11일(월)부터 14일(목)까지 멕시코시티 힐튼 레포르마 호텔에

그림 4 2023 K-콘텐츠 엑스포 포스터

* 출처 : 문화체육관광부 보도자료

서, '2023 K-콘텐츠 엑스포 인(in) 미국'은 9월 18일(월)부터 20일(수)까지 로스앤젤레스 빌트모어 호텔에서 개최됐다. '2023 K-콘텐츠 엑스포 인(in) 벨기에'는 11월 7일(화)부터 10일(금)까지 브뤼셀 스퀘어 미팅센터에서, '2023 K-콘텐츠 엑스포 인(in) UAE'는 11월 4일(토)부터 11일(토)까지 두바이 시티워크 및 코카콜라 아레나에서 열렸다. 엑스포는 국내 콘텐츠 기업 다수가 참여한 가운데 해외 바이어를 대상으로 K-콘텐츠 작품을 소개하는 콘텐츠 투자 유치 설명회(피칭), 1:1 수출상담회, 양국 기업 간 교류회, 현지 콘텐츠 기업 방문 워크숍 등을 진행했다.

'관계부처 합동 K-EXPO'는 K-콘텐츠의 경제적 파급효과를 활용, 콘텐츠뿐만 아니라 소비재 등 연관산업의 해외 판로를 개척하는 사업이다. 2022년 베트남에서 처음 개최됐으며 2023년 11월 9일부터 12일까지 태국 방콕에서 열렸다. 한류마케팅 사업은 해외에서 인기 있는 드라마와 예능 등 케이-콘텐츠에서 농식품, 수산 식품, 브랜드K 제품 등 연관산업 제품까지 홍보·마케팅을 지원한다. 한류 콘텐츠가 소비재 산업의 수출에 미치는 경제적 파급효과는 크지만, 중소·영세기업은 해외 진출에 대한 정보와 비용이 부족해 한류 콘텐츠와 연계가 어려운 경우가 많다. 합동 박람회는 한류마케팅 사업을 통한 간접광고와 해외 판촉, 온오프라인 홍보 등을 지원해 해외 진출을 돕는 사업으로 2023년에도 범부처 협업으로 추진했다. 참여 기관은 문체부, 농식품부, 해수부, 중기부 등 4개 부치외 한국콘텐츠진흥원, 한국농수산식품유통공사, 중소기업유통센터, 한국공예·디자인문화진흥원 등 4개 공공기관이다. 지원 제품은 보드게임·캐릭터 상품·공예제품 등 문화·콘텐츠 10종, 김치·쌈장·떡볶이 등 농식품 10종, 김·

소금·명란젓 등 수산 식품 10종, 화장품·음파 운동기·체온계 등 브랜드K 10종 등 총 40종을 선정했다.

2023년 11월 28~30일 서울 코엑스에서 개최된 '콘텐츠 지식재산권(IP) 마켓 2023' 또한 K-콘텐츠와 연관산업의 동반 성장을 지원하는 행사이다. '장르를 넘어, 산업을 넘어 IP 유니버스를 열다'라는 슬로건 아래 1:1 비즈매칭, 콘퍼런스, 포럼, 세미나, 쇼케이스, 네트워킹 등 다양한 프로그램이 마련됐다. 특히 여기서는 태국 방콕에서 열린 K-EXPO 융합관을 통해 성사된 K-콘텐츠와 소비재 기업 간 협업 사례[9]가 발표돼 사업 간 연계성을 보여주었다. 또한 2023 라이선싱 콘과 2023 웹툰 잡 페스타도 함께 개최됐다.

그림 5 2023 K-EXPO(태국) 및 콘텐츠 IP 마켓 포스터

* 출처: 한국콘텐츠진흥원

[9] 나인투랩스(게임 'Drawshop Kingdom Reverse')×인테이크 주식회사(곤약젤리), 아트라이선싱(캐릭터 '아크덕 패밀리')×주식회사 농업회사법인 휴먼웰(김부각).

2023년에도 '한류연계 협업콘텐츠 기획개발 지원사업(CAST)'은 지속됐다. 동 사업은 한류 IP 활용을 지원해 글로벌 기술력과 경쟁력을 갖춘 국내 중소기업 제품의 기획, 개발, 홍보, 유통을 지원하는 사업이다. 개발된 제품들은 기능성과 독창성, 디자인 및 품질, 시장경쟁력과 사회적 가치 등 다양한 방면에서 새로운 가치 창출을 목표로 한다. 패션, 뷰티, 리빙·라이프, 전통(한복, 한지 등) 등 다양한 분야의 기업이 참여해 한류 IP와 함께 제품을 기획·개발했다. 본 사업은 분야에 따라 한국국제문화교류진흥원과 한국공예디자인문화진흥원이 나누어 진행한다. 2023년에 배우 정일우, 수지 등이 IP로 참여해 사업 성과를 높이는 데 기여했다.

2023년도 CAST 사업은 '파리 메종 & 오브제 박람회 2023'에 부스를 여는 등 권역을 확장했다. 실제 2023년 초 《포브스(Forbes)》는 이

그림 6 **2023 한류연계 협업콘텐츠 기획개발 지원사업 개발 상품**

* 출처 : 한국국제문화교류진흥원

사업을 "케이팝 스타들과 한국 기업 간의 시너지를 활용한 유망한 비즈니스 모델"이라 극찬한 바 있고, 해외 전시회 현장 곳곳에서 유명 인사들이 찾아와 관심을 보이는 등 글로벌 인지도와 경쟁력을 점차 높여가고 있다.

3) 국제교류 및 한류 행사

국제교류 사업 또한 한류 정책의 주요 분야이다. 교류 사업의 대표적 사례는 수교 행사 등 계기성 문화교류 행사가 있다. 2023년에는 수교 50주년을 맞은 한-EU/한-인도 문화교류의 해 사업 등이 이루어졌다. 문화적 파급력이 큰 국가를 선정해 1년간 우리 문화를 집중적으로 소개하고 해당 국가와 지속 가능한 문화교류 기반을 조성하는 '코리아시즌' 대상 국가는 2023년 수교 140주년을 맞이한 영국이었다. 첫 프로그램은 2월 유럽 최대 규모의 복합예술공간 '바비칸 센터(Barbican Centre)'에서 시작했으며, 8월에 열린 제76회 '에든버러 인터내셔널 페스티벌(Edinburgh International Festival)'에서 48개국 2,000여 명의 예술가가 참가한 가운데 한국의 작품을 집중적으로 소개하는 '포커스 온 코리아(Focus on Korea)'라는 한국 특집 주간이 마련됐다. 5개 작품, 8회 공연에 총 6,500여 명의 관람객이 모여 우리나라 문화예술의 상당히 높은 관심을 확인했다.

　해외 한류 커뮤니티 활성화 사업도 꾸준히 추진됐다. 2012년부터 총 32개국 232개 한류 동호회가 참여했는데, 특히 2023년에는 미수교국 쿠바에서 한국문화축제를 개최해 아바나 시민들에게 많은 호응을 얻었다. 더불어 전 세계 한류 동호회들이 한국 문화를 손쉽게 배울 수 있도록 '2023 K-커뮤니티 챌린지' 공모전도 진행했다. 2023년 초청 공모 분야는 조선 팝, 한국 현대 타악(K-타악), 태권무였고, 한복은 비초청 분야로 구성됐다. 총 46개국 한류 동호회가 참여했고 멕시코, 나이지리아, 중국 3팀이 최우수 동호회로 국내에 초청됐다. 11월 국립극장에서 열린 'K-커뮤니티 페스티벌'에서 케이팝 가수와 해외 한류 동호회가 함께 공연했는데, 유튜브 생중계 최고 동시 접속자 수가 2만 7천여 명을 기록할 정도로 인기를 얻었다.

주한 외국인 유학생을 대상으로 한국 문화 심화 학습과 체험 기회를 제공해 향후 민간 문화 대사로의 성장을 지원하는 '글로벌 문화기획단 아우르기(Outloolkie)' 사업도 지속됐다. 2023년 5월, 26개국에서 온 80명의 유학생이 함께 발대식을 가졌고 대한민국 방방곡곡 1,500km를 누빈 후 10월 해단식을 끝으로 6개월간 활동을 마무리했다. 9월에는 '2023 글로벌 문화기획단 아우르기 페스티벌'도 펼쳐졌다.

대중음악산업 성장 수요가 있는 국가의 아티스트 및 관계자를 대상으로 한국의 체계적인 대중음악산업 노하우를 공유해 양국의 문화교류와 음악산업의 동반 성장을 목표로 하는 '동반성장 디딤돌' 사업도 진행됐다. 2023년 선발된 인도네시아 걸그룹 스타비(StarBe)가 한국에서 4개월간 연수를 받고 돌아가 발표한 〈루프탑(Rooftop)〉의 뮤직비디오는 누적 조회 수 1억 회 돌파에 이어 수상 후보에도 오르는 등 인기를 얻었다.

'아시아송 페스티벌'은 2022년에 이어 2023년에도 '신한류 문화다리 사업'과 연계해 '아시아송 페스티벌 X 문화잇지오'라는 명칭으로 개최됐다. 2023년 9월 여의도 한강공원에서 열린 '아시아송 페스티벌'에는 아시아 7개국 9팀 아티스트가 출연해 아시아 대중음악과 문화교류의 장을 펼쳤다. 함께 열린 '문화잇지오' 대상국은 아랍에미리트와 인도로, 음식, 전통 의상 체험은 물론 캘리그래피와 아로마 조향 체험, 인도 전통 요가와 헤나 등 다채로운 프로그램이 제공됐다.

전 세계 한류 애호가들이 한식, 미용, 패션, 놀이 등 한국의 생활문화를 함께 배우고 즐길 수 있는 축제 '모꼬지 대한민국' 사업은 2023년 4회를 맞이했다. 2023 '모꼬지 대한민국'은 10월 27일부터 28일까지 멕시코시티 멕시코올림픽위원회에서 열렸다. 행사장에는 한류 열풍을 주도한 K팝 콘서트를 비롯해 한국의 생활문화를 체험하고자 찾아온 한류 팬들로 가득했다.

메타버스 공간에서 한류를 경험하고 즐길 수 있도록 지원하는 'K-원더랜드'[10]는 2023년 누적 방문자 수 100만 명을 넘어섰다. 특히 2023년에는 드라마 〈연모〉, 케이팝 스타 '더보이즈' 등 세계적으로 사랑받는 한국 콘텐츠, 한국 아티스트와 협업해 인도네시아, 일본, 미국 등에서 좋은 반응을 얻었다. 한국의 사계절을 반영한 테마 업데이트, 상호작용 콘텐츠와 다국어 서비스는 이용자의 흥미와 편의성을 높인 것으로 평가됐다.

올해 새로 선보인 K-원더랜드 아바타 포토부스는 약 1백만 회 이상 활용됐다. 포토부스를 활용한 'K-포즈 챌린지'는 K-원더랜드에서 운영한 6개의 이벤트 중 가장 높은 참여율을 보여 사업의 핵심 대상이자 숏폼에 익숙한 Z세대들의 큰 호응을 이끌었다. 2023년 2회

10   kwonderland.kr

를 맞은 'K-원더랜드 UGC 어워즈'는 전년 대비 완성도 높은 작품들로 채워졌다.

4) 한류 정책 추진 기반 마련 : 조사/연구, 포럼 등

한류 현상에 대한 조사와 연구, 현장 의견 수렴은 한류 정책 추진 기반을 위한 중요 사업이자 과제이다. 문체부는 한국콘텐츠진흥원과 한국국제문화교류진흥원 등을 통해 매년 '콘텐츠산업 조사'와 '해외 한류실태조사'를 추진하고 있다. 콘텐츠산업 조사 결과에서는 한류의 경제적 성과로 볼 수 있는 콘텐츠 수출액 변화를 확인하고, 해외 한류실태조사에서는 해외 한국 문화콘텐츠 소비량 변화, 국가별/장르별 소비 특성, 한류 콘텐츠의 브랜드 경쟁력 지수 등을 확인할 수 있다.

같은 맥락에서 한류를 주제로 한 다양한 연구 사업도 수행됐다. 한국국제문화교류진흥원의 연도별 '한류백서' 발간과 '한류 파급효과 연구'는 2023년에도 지속 추진돼 정책 분야는 물론 학계에서도 요긴하게 활용됐다. 2023년 한류 이슈는 문화다양성이었다. 이에 「2023 한류와 문화다양성에 대한 국민 인식 조사」가 시행됐고, 『한류와 문화다양성』이라는 단행본을 기획 출간했다. 격월 콘텐츠 해외 동향 분석 보고서 「한류NOW」도 6회 발행돼 국내외 최신 한류 이슈를 선제적으로 제공했다. 매년 12월 개최되는 '한류NOW 정기세미나'의 2023년 주제는 "한류, 경계를 넘어서 : 딜레마와 과제"였다. "'K' 없는 한류?: 한류의 본질과 미래"; "OTT의 습격: 방송과 영화 경계의 와해"; "한류〈교류 : 글로벌 파트너와 함께 일하는 방법" 등

3개 섹션에서 6명의 발표와 13명의 토론이 이루어졌다.

　　2023년은 한국국제문화교류진흥원 개원 20주년이 되는 해로 관련 포럼 및 간행물 발간을 진행했다. 2023년 5월 한국국제문화교류진흥원은 한국언론학회와 함께 한국국제문화교류진흥원 20주년 기념 특별 후원 세션 '한류를 지원하다, 넥스트 한류를 위한 노력'을 열었다. 이 자리에서 '한류정책, 돌아보고 내다보기'(김규찬)와 'KOFICE 20년, 의미와 과제'(이성민) 두 편의 논문 발표와 4명의 종합 토론이 이루어졌다. 9월에는 'KOFICE 20: 한국국제문화교류진흥원 20년의 여정'이라는 기념 책자가 발간됐다. 11월에는 미국커뮤니케이션학회(NCA)와 한미커뮤니케이션학회(KACA)의 한류 협력 세션을 한국국제문화교류진흥원이 공동 주최했다. 이 자리에서는 '케이팝 및 한국 미디어 콘텐츠의 미래'를 주제로 한 기조연설과 3명의 연구 발표가 이루어졌다.

3. 한류 정책 성과와 이슈

1) 한류 정책 성과

한류 정책의 성과는 매년 추진되는 사업의 성과와 한류 전반의 성과로 나눌 수 있다. 개별 정책 사업의 성과는 연초에 계획한 사업이 순조롭게 진행돼 소기의 성과를 얻었는지로 판단할 수 있다. 2023년은 코로나19의 영향이 대부분 사라지면서 계획한 사업을 모두 무난히 수행했다. 한류의 여전한 인기로 타 부처와의 협업 사업도 문제없이 이루어졌다. 한류 연관산업 제품을 전시·홍보하는 각종 행사에 문체부뿐만 아니라 산업부 등 다양한 정부 부처가 참여해 한류의 국가 브랜드화가 한층 심화됐다.

매년 수행되는 한류 관련 조사와 통계 수치를 통해 보다 구체적으로 경제적, 문화적 차원의 한류 정책 성과를 가늠해 볼 수 있다. 2023년 실시한 콘텐츠산업 조사(2022년 기준) 결과에 따르면 우리나라 콘텐츠산업 수출액은 132억 4,000만 달러로 전년(2021년) 대비 6.3% 증가한 사상 최대치를 기록했다. 우리나라 주력 수출 상품인 가전(80억 6,000만 달러), 이차전지(99억 9,000만 달러), 전기차(98억 3,000만 달러) 등과 비교해도 상당히 높은 수준이다. 콘텐츠산업 매출액 또한 전년 대비 9.4% 증가한 150조 4,000억원으로 집계됐다(문화체육관광부, 2024).

해외 26개국 25,000명을 대상으로 발간된 「2024 해외한류실태조사」의 결과를 통해서도 한류 현황과 정책 과제를 조망할 수 있다. 코로나19를 거치며 활성화된 'K-콘텐츠'의 인기는 엔데믹 전환 국면에서도 여전히 유효한 것으로 나타났다. 전체 문화콘텐츠 소비 중 한류 콘텐츠가 차지하는 소비 비중은 25.6% 전년도와 비교해 소폭 상승했다. 조사 대상자의 66.1%는 한국 문화콘텐츠 경험 후 한국에 대한 전반적 인식이 긍정적으로 변화했다고 응답했다. 한국 문화콘텐츠 소비가 한국 제품 구매나 서비스 이용에 영향을 준다는 응답이 57.9%에 달해 한류가 연관산업에 미치는 긍정적 파급효과도 다시 한 번 확인할 수 있다. 다만 한류에 대한 부정적 인식에 공감하는 비율도 32.6%로 나타났다. 이는 전년(27.1%) 대비 다소 상승한 수치로 쌍방향 문화교류와 동반 성장 지원 등 지속 가능 한류를 위한 정책적 노력의 필요성도 동시에 보여주었다(한국국제문화교류진흥원, 2024).

2) 한류 정책 이슈

2023년 문체부가 배포한 보도자료 가운데 특별히 눈에 띄는 구간이 있다. 8월 8일에서 10일까지 3일간 새만금 세계스카우트잼버리(이하 잼버리) 케이팝 공연 보도자료 4건이 그것이다.[11] 동일한 사안으로, 그것도 문체부나 한류 사업과 직접 관련이 없는 사안에 상당량의 한류 정책 자원과 수단을 급히 투입했음을 짐작할 수 있다. 당시 '잼버리 사태'는 대통령까지 직접 나서야 할 정도로 국가적 위기 상황이었다. 이를 해결하기 위해 정부 모든 부처는 물론 지자체, 민간이 함께 힘을 모아야 했다. 결국 태풍 등의 날씨 요인으로 새만금 대회장은 조기 철수가 결정됐고, 전 세계 159개국에서 온 4만 3천여 명의 대원들은 조기 귀국하거나 전국 각지로 흩어져 개별 일정을 진행해야 했다. "K-팝 콘서트가 잼버리 피날레를 감동적으로 장식할 것", "18팀의 K-팝 공연, 잼버리 마지막을 강렬하게 장식한다"라는 8월 8일과 9일 양일간 보도자료 제목은 잼버리 실패라는 국가적 오명을 '한류'라는 '피날레'로 '강렬히' 극복하려는 처절한 의지를 보여준다. 불과 며칠만에 공연 장소와 시설 장비를 완료하고 'K-팝 슈퍼라이브 공연'을 성공시킨 것은 우리 한류의 저력인 동시에 한류 정책의 저력이라 할 수 있다. 많은 비난과 고생을 무릅쓴 결과 잼버리 대원들은 질

---

[11] 8월 10일 배포된 보도자료 "서울월드컵경기장 시설보호에 최선을 다해 준비"까지 합하면 5건이다.

척거리던 새만금의 기억을 뒤로 하고, 상암벌의 추억을 가슴 가득 담아 돌아갔다.

새만금과 케이팝 공연은 우리 한류 정책과 관련해 다시금 생각할 기회를 던져주었다. 과거 검열의 대상이자 정책적 멸시의 대상이기도 했던 대중음악과 콘텐츠가 1990년대 말부터 스스로 돈을 벌기 시작하더니(콘텐츠 수출), 급기야 다른 분야의 돈을 벌어들이는 것을 도와주는 수준(콘텐츠 수출 파급효과)에 이르렀다. 우리나라의 브랜드 가치가 상승하면서 외교적으로도 상당한 효과를 보게 됐다. 이에 한류 정책은 문체부의 영역을 넘어 여러 부처가 협업하는 형태로 발전해 오늘에 이르렀다. 한류가 잼버리 사태의 소방수로 훌륭히 활약하면서 한류 정책은 문화 정책에서 경제나 산업, 외교 정책을 넘어, 재난이나 안보 정책까지 확장되고 적용될 수 있는 가능성을 보여주었다. "콘텐츠산업의 경제 전반에 대한 막대한 전후방 파급효과와 무한한 발전 가능성에도 불구하고, 자동차와 IT산업 등 국가 전략산업과 비교해 전략적으로 육성되지 못했고, 흥행 리스크에 따른 콘텐츠 투자의 고위험성과 콘텐츠 기업의 영세성으로 인해 콘텐츠 기업들은 과감한 인적, 물적 투자를 받지 못한 채 만성적인 자금 부족을 겪고 있다"는 2023년 콘텐츠 수출전략 배경에 담긴 현실은, 한류 정책의 중요성과 저력이 여전히 과소평가되고 있음을 깨닫게 한다. 한류는 그 결과만 이용하거나 필요할 때만 찾는 정책 영역이 돼서는 곤란하다. 한류를 통한 국가 차원의 편익을 분명하게 인식하고, 이에 합당한 정책 자원이 충분히 공급될 필요가 있다.

4. 한류 정책 전망

법·제도적 차원에서 2022년 발의됐던 '한류산업발전 진흥법안'은 2023년 한 해 동안 제자리걸음이었다. 조만간 21대 국회 종료와 함께 폐기될 가능성이 크다. 2024년에 시작되는 22대 국회에서는 보다 다양한 의견 수렴과 보완 작업을 통해 한류 정책 주무 부처의 위상을 높일 수 있는 법안으로 다시 일어서길 기대한다. 범부처 협력기구였던 한류협력위원회는 새 정부 출범에 따른 국정과제 추진과 콘텐츠 정책 방향에 따라 K-콘텐츠 수출협의회로 재정비됐다. 새롭게 구성될 협의회는 유관 부처 및 기관의 적극적인 참여와 더불어 민간위원의 역할과 의견이 구체적으로 반영되고 실현돼 K-콘텐츠 및 한류 연관산업 수출 정책 수립과 추진을 위한 실효적 기구로 운영돼야 할 것이다.

2023년은 코로나19의 그림자가 완전히 걷히고 다시금 '지구촌'의 시대로 접어들었다. 교통과 통신 기술은 더욱 발달했고, 상황에 따라 사람들 사이의 거리는 더 가까워지거나 더 멀어졌다. 우리 한류의 모습 또한 보다 개방적이고 포용적으로 될지, 오히려 폐쇄적이고 배타적으로 될지 선택의 기로에 다시금 서게 됐다. 예전부터 꾸준히 물었던 "K란 무엇인가?", 그리고 2023년 한국국제문화교류진흥원이 특별히 주목했던 '한류와 문화다양성'에 관한 물음은 세계와 우리를 가까이하고, 한류의 방향과 성격을 개방적이고 포용적으로 인도하기 위한 노력의 과정으로 평가할 수 있겠다.

다시, 1년 후, 5년 후, 10년 후 한류의 모습과 영향력이 어떠할지는 누구도 알 수 없다. 한류 정책은 그 모습과 영향력이 긍정적으로 오랜 기간 유지되도록 한발 앞서 장애물을 치워주고 한발 뒤에서 도와주는 역할을 묵묵히 할 뿐이다. 다시, '한류를 지원한다'는 단순 명료한 목적의식으로 정책 한류를 이끌기 위한 복잡다단한 노력이 국가 차원에서 필요하다.

(참고문헌)

제2부 - 1. 방송 한류

방송통신위원회 (2020). 「2019 방송산업 실태조사」.

방송통신위원회 (2021). 「2020 방송산업 실태조사」.

방송통신위원회 (2022). 「2021 방송산업 실태조사」.

방송통신위원회 (2023a). 「2022 방송산업 실태조사」.

방송통신위원회 (2023b). 「2023 방송산업 실태조사」.

한국콘텐츠진흥원 (2022). 「2022년 상반기 콘텐츠산업 동향분석 보고서」.

한국콘텐츠진흥원 (2023). 「2022년 하반기 및 연간 콘텐츠산업 동향분석 보고서」.

한국콘텐츠진흥원 (2024). 「2023년 상반기 콘텐츠산업 동향분석 보고서」.

한국국제문화교류진흥원 (2024). 「2024 해외한류실태조사」.

사진 출처

플릭스패트롤, URL: https://flixpatrol.com/title/king-the-land/top10/#tab-map

제2부 - 2. 영화 한류

영화진흥위원회(2024). 「2023 한국영화산업결산」.

사진 출처

IMDB, URL: https://www.imdb.com/title/tt21067242/, https://www.imdb.com/title/tt20836144/, https://www.imdb.com/title/tt25150038/

Wikipedia/Elena Ternovaja, URL: https://ko.wikipedia.org/wiki/%EC%85%80%EB%A6%B0_%EC%86%A1

제2부 - 3. 음악 한류

김건우 (2024. 1. 12). JYP 트와이스-스트레이 키즈, 2023 美 음반 판매량 톱 10.《머니투데이》. URL: https://news.mt.co.kr/mtview.php?no=2024011213254483336

김진우 (2023). "앨범 판매량 리뷰 세븐틴 올해 1천 6백만 장! - 2023", 써클차트, 2024.2.2, https://circlechart.kr/page_article/view.circle?sgenre=opinion&idx=23345

김진우 (2024). "2023 연간차트 리뷰 (Annual Chart Review)", 써클차트, 2024.2.2, https://circlechart.kr/page_article/view.circle?sgenre=opinion&idx=23424

김학선 (2023. 11. 7). 김학선의 음악이 있는 순간: '천장'을 뚫고 나간 인디밴드. 《동아일보》. URL: https://www.donga.com/news/Opinion/article/all/20231107/122071151/1

문화체육관광부 (2024). 「2022 기준 콘텐츠산업조사」.

서병기 (2023. 11. 3). 방시혁이 K팝 위기를 거론한 근거는 팬덤구조. 《헤럴드경제》. URL: https://biz.heraldcorp.com/view.php?ud=20231103000160

송은경 (2023. 11. 20). 교보증권 "K팝 앨범 판매 감소, 중국 규제가 원인으로 추정". 《연합뉴스》. URL: https://www.yna.co.kr/view/AKR20231120044600002

양승준 (2023. 11. 1). '이렇게 매웠어?' '영어 가요' K팝 세계화의 아이러니. 《한국일보》. URL: https://m.hankookilbo.com/News/Read/A2023103115110005405

어환희 (2023. 11. 14). 美관객 떼창 울려퍼졌다…아이돌보다 인기, K밴드 대박 비결. 《중앙일보》. URL: https://www.joongang.co.kr/article/25207165#home

윤수정 (2023. 3. 15). 방시혁 "K팝 성장 둔화, 위기 시작…BTS 돌아와도 해결 안돼". 《조선일보》. URL: https://www.chosun.com/culture-life/culture_general/2023/03/15/TOZOO3TDFRDXTGM256GM6Y7K6I/

이규탁 (2020). 『갈등하는 케이, 팝』. 서울: 스리체어스.

이규탁 (2023). 『Z를 위한 시: Post-BTS와 K-Pop의 미래』. 서울: 21세기북스.

이선명 (2023. 11. 2). 방시혁 "헤비팬덤 소비, K팝위기"…팬들은 왜 분노할까. 《스포츠경향》. URL: https://sports.khan.co.kr/entertainment/sk_index.html?art_id=202311021717003&sec_id=540101

이선희·정주원 (2023. 11. 7). 방시혁 "K팝에서 K를 떼야 산다…이대로면 성장 한계 명확". 《매일경제》. URL: https://www.mk.co.kr/news/culture/10868702

이은영 (2024. 1. 9). K-콘텐츠 2.0: 하이브 끌고, JYP 밀고… 수출 역군 된 K팝. 《조선비즈》. URL: https://biz.chosun.com/industry/company/2024/01/09/G3KPVEXHX5CJNMTS5SH3ODTZFQ/

이지행 (2024. 1. 12). 하이브 방시혁의 K-팝에서 'K 떼기', BTS팬과는 전혀 다르다. 《프레시안》. URL: https://www.pressian.com/pages/articles/2024011119070310619

한국국제문화교류진흥원 (2023). 「2023 해외한류실태조사」.

한국콘텐츠진흥원 (2024). 「2023년 상반기 콘텐츠 산업 동향분석」.

사진 출처

빅히트, URL: https://ibighit.com/bts/kor/discography/jung-kook/

써클차트/김진우, URL: https://circlechart.kr/page_article/view.circle?sgenre=opinion&idx=23345

써클차트/김진우, URL: https://circlechart.kr/page_article/view.circle?sgenre=opinion&idx=23424

《아시아경제》/문지원, URL: https://www.asiae.co.kr/article/2023112407251721241

《조선일보》/OSEN, URL: https://www.chosun.com/site/data/html_dir/2013/01/09/2013010901007.html

《중앙일보》/어도어, URL: https://www.joongang.co.kr/article/25182197#home

《중앙일보》/Roger Tam, URL: https://www.joongang.co.kr/article/25207165#home

타이니 데스크 코리아 유튜브 채널(@TinyDeskKorea), URL: https://www.youtube.com/watch?v=0Mqi8XFxT7E&ab_channel=TinyDeskKorea

《한국일보》/신동준, URL: https://m.hankookilbo.com/News/Read/A2023103115110005405

iKkura Pro 유튜브 채널(@iKkura Pro), URL: https://www.youtube.com/watch?app=desktop&v=qMbehlRt_eY&ab_channel=iKkuraPro

MPMG Music, URL: https://mpmgmusic.com

제2부 - 4. 공연 한류

예술경영지원센터 (2024). 「2023 공연시장 티켓판매 현황 분석 보고서」.

어환희 (2023. 11. 15). K밴드도 잘 나가요, 웨이브투어스 북미투어 전석 매진. 《중앙일보》. URL: https://www.joongang.co.kr/article/25207287#home

조용신 (2023. 12. 22). [2023 연말 결산 ①] 국내 뮤지컬 이슈. 《더뮤지컬》. URL: https://www.themusical.co.kr/Magazine/Detail?num=5263

박병성 (2023). "2023 공연예술계, 완결!: 09 뮤지컬", 월간객석, 2024.3.4, https://naver.me/xkIbkxmL

한국문화예술위원회 (2024). "2023년 한국예술국제교류지원 지원심의 결과발표", 한국문화예술위원회, 2024.3.30, https://www.arko.or.kr/board/view/4014?bid=463&page=11&cid=1805536&sf_icon_category=cw00000020

황희경·김용래·강애란 (2023. 12. 15). 2023결산, 세계가 반한 K-컬처… 작품성 잡고 '해외로 해외로'. 《연합뉴스》. URL: https://www.yna.co.kr/view/AKR20231213166100005

Frankenberg, E. (2023. 12. 11). Top 10 highest grossing K-pop tours of 2023. *Billboard*. URL: https://www.billboard.com/lists/top-k-pop-tours-2023/nct-dream/

Mordor Intelligence (2023). "Performing Art companies market size & share analysis: Growth trends & forecasts (2024-2029)", 2024.3.4, https://www.mordorintelligence.com/industry-reports/performing-art-companies-market

Neo H. Y. R. (2023. 10. 12). "The rise of the live music industry in Southeast Asia". *FULCRUM*. URL: https://fulcrum.sg/aseanfocus/the-rise-of-the-live-music-industry-in-southeast-asia/

People's Daily Online (2023. 11. 23). "China's performance market sees robust growth". People's Daily Online. URL: http://en.people.cn/n3/2023/1123/c98649-20101473.html

PwC (2023). "둔화되는 성장의 극복", Global Entertainment & Media Outlook 2023-2027, 2024.3.4, https://www.pwc.com/kr/ko/insights/industry-focus/global-enm-outlook_2023.html

Raje, K. (2023). "Live music market report 2024 (Global Edition)", Cognitive Market Research, 2024.3.4, https://www.cognitivemarketresearch.com/live-music-market-report

사진 출처

KOHAI 인스타그램(@heykohai), URL: https://www.instagram.com/heykohai/

프로젝트 이인 인스타그램(@projectyyin), URL: https://www.instagram.com/projectyyin/

클라켄플랍 SNS(@clockengalp), URL: https://www.instagram.com/clockenflap/

첼로 가야금 인스타그램(@cellogayageum), URL: https://www.instagram.com/cellogayageum/

BBC Music 유튜브(@BBCMusic), URL: https://www.youtube.com/channel/UCZtDUmC3W7j25XHZWFT_XgQ

잠비나이 인스타그램(@jambinai), URL: https://www.instagram.com/jambinai/

제2부 - 5. 게임 한류

강승진 (2024. 2. 22). [칼럼] 콘솔은 망했다고? 돈과 규모가 바꾸는 '독점'.《인벤》. URL: https://www.inven.co.kr/webzine/news/?news=293379

김승준 (2023. 12. 13). 게임쇼 E3, 긴 시간 뒤로 하고 영원한 종료.《디스이즈게임》. URL: https://www.thisisgame.com/webzine/news/nboard/4/?n=182075

김은태 (2023. 12. 26). 2023 게임업계 10대 뉴스.《게임샷》. URL: http://www.gameshot.net/common/con_view.php?code=GA658a70a750561

김재석 (2023. 12. 22). 중국의 초특급 규제, 어떻게 볼 것인가?《디스이즈게임》. URL: https://www.thisisgame.com/webzine/special/nboard/11/?n=182717

안규현 (2023. 7. 5). 오프라인 게임쇼의 생존전략? 오히려 규모 키운 '도쿄 게임쇼'.《디스이즈게임》. URL: https://www.thisisgame.com/webzine/news/nboard/4/?n=172090

안규현 (2023. 12. 28). 디스이즈게임이 선정한 2023년 게임 업계 10대 이슈.《디스이즈게임》. URL: https://www.thisisgame.com/webzine/special/nboard/11/?n=182859

안규현 (2024. 2. 20). "새 우물 찾아라" 다각화, 세계화 나서는 게임 업계.《디스이즈게임》. URL: https://www.thisisgame.com/webzine/news/nboard/4/?n=184853

이학범 (2023. 12. 28). K게임 글로벌 약진 속 남은 과제도 한가득… 2023년 게임업계 10대 뉴스. 《데일리게임》. URL: https://www.dailygame.co.kr/view.php?ud=202312281827016338a7a3ff81e6_26

임유진 (2024. 2. 20). 콘솔 시장 '쇠퇴기'라는데… K-게임 '영토확장' 동할까. 《이투데이》. URL: https://www.etoday.co.kr/news/view/2332228

조학동 (2023. 12. 28). 게임동아가 선정한 2023년 e스포츠 10대 뉴스. 《게임동아》. URL: https://game.donga.com/110402/

진명갑 (2023. 12. 22). ['23 게임 결산] 위기 속 생존 위한 변화 바람 불어. 《EBN》. URL: https://www.ebn.co.kr/news/view/1605848/?sc=Naver

한국콘텐츠진흥원 (2024a). 2023년 글로벌 게임산업 분석과 2024년 주요 이슈 전망. 《글로벌 게임산업 트렌드》, 63호(2024년 1/2월호). https://www.kocca.kr/global/2024_1+2/sub01_01.html

한국콘텐츠진흥원 (2024b). 「2023 대한민국 게임백서」.

허탁 (2023. 12. 27). [2023 e스포츠 결산] 새 포맷 짠 발로란트, 전환점 된 2023년. 《데일리e스포츠》. URL: https://www.dailyesports.com/view.php?ud=20231218150738643478bc5f1a8_27

홍수민 (2024. 1. 5). 2024년에도 서브컬처 신작은 쟁쟁하다. 《게임톡》. URL: https://www.gametoc.co.kr/news/articleView.html?idxno=78307

제2부 - 6. 만화·웹툰 한류

고소영 (2024). "벨기에 내 한국 만화의 위상", 한국국제문화교류진흥원, 2024.2.21, https://kofice.or.kr/c30correspondent/c30_correspondent_02_view.asp?seq=23510&page=2&find=&search=&search2=

국회도서관 (2023). 『K-콘텐츠 한눈에 보기』. 서울: 국회도서관.

김승권 (2023). "기술과 웹툰 IP의 결합으로 '스토리테크' 개척하는 네이버웹툰", 한국국제문화교류진흥원, 2024.2.21, https://kofice.or.kr/hallyunow/vol55/sub/s21.html

김윤미 (2023. 10. 4). K웹툰이 새로운 시선을 만들다. 《중앙일보》. URL: https://news.koreadaily.com/2023/10/03/society/community/20231003145819086.html

네이버웹툰 (2023). "네이버웹툰, "라인망가·이북재팬 합산 거래액 11개월만에 1000억엔 돌파"…일본 거래액 '사상 최대치' 기록", 네이버웹툰, 2024.2.21, https://webtoonscorp.com/ko/mediaDetail?seq=2331

류웅재 (2020). 신한류 담론과 문화산업의 정치경제학. 한국국제문화교류진흥재단 (편), 『한류에서 교류로』(pp. 103-123). 서울: 한국문화산업교류재단.

박소정 (2022). 확장하고 경합하는 K: 국내 언론보도를 통해 본 K담론에 대한 분석.《한국언론학보》, 66권 4호, pp. 144-186.

문화체육관광부 (2023).「2021년 기준 콘텐츠 산업조사」.

백현주 (2023). "역대 최대 규모의 나폴리 코믹콘 축제, 한국과 만화 업무협약 체결", 한국제문화교류진흥원, 2024.2.21, https://kofice.or.kr/c30correspondent/c30_correspondent_02_view.asp?seq=22837&page=26&find=&search=&search2=

서정민 (2023. 12. 4). 'K' 없는 K팝시대…미국서 데뷔하고 본사도 미국에.《한겨레》. URL: https://www.hani.co.kr/arti/culture/culture_general/1118919.html

서희원 (2023. 5. 1). 와이낫미디어, 일본기업 코분샤와 MOU체결… 콘텐츠 공동기획 발굴.《전자신문》. URL: https://www.etnews.com/20230531000071

소프트웨어정책연구소 (2023).「2022 국외 디지털콘텐츠 시장조사」.

씨제이이엔엠 피디 (2024. 1. 27). K웹툰 '나혼자만 레벨업'의 진화…북미 열광에 일본이 애니 제작.《한겨레》. URL: https://www.hani.co.kr/arti/culture/culture_general/1126139.html

장민지 (2023). "2023 K-웹툰의 애니메이션화, 결산과 전망", 만화규장각, 2024.2.21, https://www.kmas.or.kr/webzine/cover/2023120010

장민진 (2023). 한국 콘텐츠에 기대하는 다양성과 현지화 업계의 역할. 한국국제문화교류진흥원(편).「한류와 문화다양성」(pp. 220-245). 서울: 한국국제문화교류진흥원.

최우영 (2023. 7. 16). 프랑스·미국 출판업계 네이버웹툰에 '단행본 러브콜'.《머니투데이》. URL: https://news.mt.co.kr/mtview.php?no=2023071315275472505

최은수 (2023. 9. 2). 마스크걸 뜨자 웹툰 매출 100배↑…작가 몸값도 된다.《뉴시스》. URL: https://mobile.newsis.com/view.html?ar_id=NISX20230901_0002434829

한국국제문화교류진흥원 (2023a).「2023 해외한류실태조사」.

한국국제문화교류진흥원 (2023b).「한류와 문화다양성에 대한 국민 인식 조사」.

한국국제문화교류진흥원 (2023c), "'한국' 하면 'K-콘텐츠', 한국 바라보는 시선 확장돼", 2024.2.21, https://kofice.or.kr/g200_online/g200_online_00d_view.asp?seq=22572&page=4&tblID=gongji&bunho=0&find=&search=

한국콘텐츠진흥원 (2023).「2022 해외 콘텐츠 시장분석」.

한국콘텐츠진흥원 (2024a).「2023년 상반기 콘텐츠산업 동향분석」.

한순천 (2023. 9. 3). "팬덤이 경쟁력"…글로벌 팬심 챙기는 네이버웹툰.《서울경제》. URL: https://www.sedaily.com/NewsView/29UJHWS5FK

카카오 (2024). "(주)카카오픽코마, 디지털 만화 플랫폼 '픽코마' 론칭 7년 만에 2023 '연간 거래액 1000억엔 경신'", 카카오, 2024.2.21, https://www.kakaocorp.com/page/detail/10874

Chan, G. (2023. 4. 4). How WEBTOON is empowering creators to tell original stories online. *Forbes*. URL: https://www.forbes.com/sites/goldiechan/2023/04/04/how-webtoon-is-empowering-creators-to-tell-original-stories-online/?sh=295acab36e8a

Cho, H., Adkins, D., & Pham, N. M. (2022). "I only wish that I had had that growing up": Understanding webtoon's appeals and characteristics as an emerging reading platform. *Proceedings of the Association for Information Science and Technology*, 59(1), 44-54.

Salkowitz, R. (2023. 6. 9). New manga, webtoon imprints flourish as publishers aim for red hot market. *Forbes*. URL: https://www.forbes.com/sites/robsalkowitz/2023/06/29/new-manga-webtoon-imprints-flourish-as-publishers-aim-for-red-hot-market/?sh=777bebf05094

사진 출처

《서울경제》/네이버웹툰, URL: https://www.sedaily.com/NewsView/29UJHWS5FK

제2부 - 7. 음식 한류

강보라 (2022). 음식 한류: 뉴노멀이라는 시험대 앞에 놓인 한식. 한국국제문화교류진흥원 (편), 『2021 한류백서』(pp. 197-233). 서울: 한국국제문화교류진흥원.

강보라 (2023). K-컬처의 관광잠재력과 과제: K-푸드를 중심으로. 《한국관광정책》, 94호, pp. 36-43.

관세청 (2023a). "즉석면류(라면 등) 수출 역대 최대: 간편 조리식을 넘어, 대표 케이(K)푸드·문화상품으로 도약", 관세청, 2024.2.2, https://www.customs.go.kr/kcs/na/ntt/selectNttInfo.do?mi=2891&bbsId=1362&nttSn=10076842

관세청 (2023b). "김·밥 수출실적 역대 최대: 김 따로, 밥 따로, 김밥으로 또 같이 인기 끌며 수출 고공행진", 관세청, 2024.2.2, https://www.korea.kr/briefing/pressReleaseView.do?newsId=156602772#pressRelease

김기환 (2023. 12. 12). 김치에 빠졌나? '반도체 나라' 네덜란드 K푸드 수출 폭증 비밀. 《중앙일보》. URL: https://www.joongang.co.kr/article/25214028

농림축산식품부 (2024a). "K-Food+ 수출은 121.4억불로 전년 대비 2.6% 상승, 농식품은 8년 연속 성장하며 전략 수출산업으로 발돋움", 농림축산식품부, 2024.2.2, https://www.korea.kr/briefing/pressReleaseView.do?newsId=156611211#pressRelease

농림축산식품부 (2024b). "2023년 K-Food+ 수출 실적 역대최고 기록", 농림축산식품부, 2024.2.2, https://www.mafra.go.kr/home/5249/subview.do?enc=Zm5jdDF8QEB8JTJGYmJzJTJGaG9tZSUyRjc5NiUyRjU2OTE2NCUyRmFydGNsVmlldy5kbyUzRg%3D%3D

농림축산식품부·한식진흥원 (2021). 「해외 한식 문화·산업 빅데이터 분석 보고서」.

농림축산식품부·한식진흥원 (2024). 「2023 해외 한식 소비자 조사」.

이해인 (2023. 12. 14). "K드라마 속 그 요리" 구글 레시피 검색 세계 1위는 비빔밥.《조선일보》. URL: https://www.chosun.com/economy/tech_it/2023/12/13/RVWDUESNAJDD3ELZGF2BC2ONKU/

정지혜 (2022). "미국 김스낵 시장동향", KOTRA 해외시장뉴스, 2024.2.2, https://dream.kotra.or.kr/kotranews/cms/news/actionKotraBoardDetail.do?SITE_NO=3&MENU_ID=190&CONTENTS_NO=2&bbsGbn=254&bbsSn=254&pNttSn=195395

최서인 (2023. 12. 12). "태양의 후예 나온 요리래"…구글 최다검색 오른 이 한국 음식.《중앙일보》. URL: https://www.joongang.co.kr/article/25214074#home

최은경 (2023. 11. 20). 전 세계 128개국서 신라면·불닭볶음면 불티…라면 수출 1조 시대.《중앙일보》. URL: https://www.joongang.co.kr/article/25151505#home

한국국제문화교류진흥원 (2023).「2023 해외한류실태조사」.

Addison, B. (2023. 9. 21). It's banchan heaven at Perilla L.A.. *The Los Angeles Times*. URL: https://www.latimes.com/food/story/2023-09-21/perilla-banchan-review-los-angeles-restaurant-jihee-kim

Fortney, L. (2023. 2. 7). Michelin-starred Atomix chef to open new restaurant in Koreatown. *Eater New York*. URL: https://ny.eater.com/2023/2/7/23589220/junghyun-park-opening-restaurant-koreatown-atomix-atoboy

Kim, E. (2023. 12. 15). There's no Christmas lunch like a Korean American church lunch. *The New York Times*. URL: https://www.nytimes.com/2023/12/15/dining/christmas-lunch-korean-american-church.html

Shah, Sono, and Regina Widjaya (2023). "71% of Asian restaurants in the U.S. serve Chinese, Japanese or Thai food". Pew Research Center. 2024. 2. 2., https://www.pewresearch.org/short-reads/2023/05/23/71-of-asian-restaurants-in-the-u-s-serve-chinese-japanese-or-thai-food/

The New York Times (2023. 12. 12). 23 of the best American dishes of 2023. *The New York Times*. URL: https://www.nytimes.com/2023/12/12/dining/best-restaurant-dishes.html

Wells, P. (2023. 8. 29). How Korean restaurants remade fine dining in New York. *The New York Times*. URL: https://www.nytimes.com/2023/08/29/dining/korean-fine-dining-restaurants-nyc.html

Wells, P. (2023. 12. 13). Top 8 New York City dishes of 2023. *The New York Times*. URL: https://www.nytimes.com/2023/12/13/dining/top-dishes-nyc-2023.html

WP Creative Group (2021. 1. 1). How Korean food philosophy can help us reconnect. *The Washington Post*. URL: https://www.washingtonpost.com/brand-studio/wp/2021/06/01/feature/how-korean-food-philosophy-can-help-us-reconnect/

Youn, S. (2023. 9. 7). Trader Joe's sold out of kimbap, its latest viral offering, thanks to TikTok. *NBC News*. URL: https://www.nbcnews.com/news/asian-america/trader-joes-kimbap-tiktok-rcna103403

Young, M., Paul, N., Birch, D., & Swanepoel, L. (2022). Factors Influencing the consumption of seaweed amongst young adults. *Foods*, 11(19), 30-52.

사진 출처

신세계그룹 뉴스룸, URL: https://www.shinsegaegroupnewsroom.com/118102/

한국문화원, URL: https://kccuk.org.uk/en/programmes/kcc-hansik-korean-cuisine/mayak-gimbap-mini-seaweed-rolls/

Amazon/CJ, URL: https://www.amazon.com/s?k=Instant+rice&crid=3K067KD3YKQGT&sprefix=instant+ri%2Caps%2C734&ref=nb_sb_noss_2

Amazon/Kraft, URL: https://www.amazon.com/Minute-Non-GMO-Preservatives-8-8-Ounce-BPA-Free/dp/B002NXBAIS/ref=sr_1_1?crid=30KI7POJF33UT&keywords=minute+white+rice&qid=1706959767&sprefix=minute+white+%2Caps%2C370&sr=8-1

Amazon/Maruchan, URL: https://www.amazon.com/Best-Sellers-Pantry-Staples/zgbs/grocery/18787303011

Amazon/Nongshim, URL: https://www.amazon.com/NongShim-Ramyun-Noodle-Gourmet-Spicy/dp/B00778B90S/ref=sr_1_1?crid=2FWVIYKWJ8J2U&keywords=shin+ramen&qid=1706962333&sprefix=shin+ram%2Caps%2C381&sr=8-1

Amazon/Samyang, URL: https://www.amazon.com/Samyang-Carbo-Spicy-chicken-noodles/dp/B078SQFRLS/ref=sr_1_1?crid=1R6TSL3EQORB4&keywords=samyang+ramen&qid=1706962284&sprefix=samyang+ram%2Caps%2C410&sr=8-1

Amazon/CJ FOOD USA INC., Bibigo, URL: https://www.amazon.com/gochujang/s?k=gochujang

Amazon/Easybab, URL: https://www.amazon.com/s?k=Bibimbap&crid=2JEPSJY6WL38H&sprefix=bibimbap%2Caps%2C810&ref=nb_sb_noss_1

ahneskitchen 틱톡(@ahneskitchen), URL: https://www.tiktok.com/@ahnestkitchen

H마트 공식 인스타그램(@hmartofficial), URL: https://www.instagram.com/hmartofficial

K-Ramen/CJ, URL: https://k-ramen.eu/products/cj-bibigo-seaweed-snack-hot-chilli?_pos=6&_sid=bb7e8a242&_ss=r

Los Angeles Times/Mariah Tauger, URL: https://www.latimes.com/food/story/2023-09-21/perilla-banchan-review-los-angeles-restaurant-jihee-ki

Michelin Guide, URL: https://guide.michelin.com/

Pew Research Center/Angela Weiss, URL: https://www.pewresearch.org/short-reads/2023/05/23/71-of-asian-restaurants-in-the-u-s-serve-chinese-japanese-or-thai-food/

The New York Times/Janice Chung, URL: https://www.nytimes.com/2023/12/15/dining/christmas-lunch-korean-american-church.html

Uber Eats/Imo Pocha, Gangnam Korean Restaurant, URL: https://www.ubereats.com/de-en/search?diningMode=DELIVERY&pl=JTdCJTIyYWRkcmVzcyUyMiUzQSUyMlNlYXR0bGUlMjIlMkMlMjJyZWZlcmVuY2UlMjIlM0ElMjJDaElKVlRQb2t5d1FrRlFSbXRWRWFVWmxKUkElMjIlMkMlMjJyZWZlcmVuY2UY2VUeXBlJTIyJTNBJTIyZ29vZ2xX3BsYWNlcyUyMiUyQyUyMmxhdGl0dWRlJTIyJTNBNDcuNjA2MTM4OSUyQyUyMmxvbmdpdHVkZSUyMiUzQS0xMjIuMzMyODQ4MSU3RA%3D%3D&q=Bibimbap&sc=SEARCH_BAR&vertical=ALL

stellanspice, matchagweentea 틱톡(@stellanspice, @matchagwenntea), URL: tiktok.com/stellanspice, tiktok.com/matchegweentea

Amazon/Kirkland Signiture, URL: https://www.amazon.com/Kirkland-Signature-Organic-Roasted-Seaweed/dp/B0CFWGC9CB/ref=sr_1_11?crid=8N1TMM334TS5&keywords=wickedly+prime+seaweed&qid=1707111719&sprefix=Wikedly+prime+seawee%2Caps%2C643&sr=8-11

제2부 - 8. 뷰티 한류

관세청 (2023). "올해 립스틱 수출 역대 최대 전망", 관세청, 2024.2.7, https://eiec.kdi.re.kr/policy/materialView.do?num=242278&pg=&pp=&topic=O

기획재정부 (2023). "수출 활성화를 위한 추가 지원방안", 기획재정부, 2024.2.7, https://www.moef.go.kr/nw/nes/detailNesDtaView.do?searchBbsId1=MOSFBBS_000000000028&searchNttId1=MOSF_000000000065612&menuNo=4010100

김동그라미 (2023). "급성장하는 美 화장품 시장 트렌드", KOTRA, 2024.2.7, https://dream.kotra.or.kr/kotranews/cms/news/actionKotraBoardDetail.do?SITE_NO=3&MENU_ID=180&CONTENTS_NO=1&bbsGbn=243&bbsSn=243&pNttSn=207595

김서현 (2023. 10. 25). 피부과·미용실 서비스를 집에서…뷰티테크, 폭발 성장. 《메트로신문》. URL: https://www.metroseoul.co.kr/article/20231025500430

김영준 (2024. 1. 18). K제품, 올해 동남아·대만·중남미 마켓서 지속 전망. 《마켓뉴스》. URL: http://www.marketnews.co.kr/news/articleView.html?idxno=66924

김효혜 (2024. 1. 21). 한국콜마·코스맥스 웃고 아모레·LG생건 울었다. 《매일경제》. URL: https://www.mk.co.kr/news/business/10925880

대한무역투자진흥공사 (2023a). "2024년 수출전망 및 지역별 시장여건", 대한무역투자진흥공사, 2024.2.7, https://dream.kotra.or.kr/kotranews/cms/indReport/actionIndReportDetail.do?pageNo=1&pagePerCnt=16&MENU_ID=280&CONTENTS_NO=1&pRptNo=13684&pHotClipTyName=DEEP&pStartDt=&pEndDt=&sSearchVal=&pRegnCd=&pNatCd=&pIdstrCate=&pNttCtgrySn=

대한무역투자진흥공사 (2023b). "2023년 상반기 우리나라의 전자상거래 수출 동향", 대한무역투자진흥공사, 2024.2.7, https://dream.kotra.or.kr/kotranews/cms/news/action KotraBoardDetail.do?SITE_NO=3&MENU_ID=290&CONTENTS_NO=1&bbsGbn =464&bbsSn=464&pNttSn=200530&viewType=&pStartDt=&pEndDt=&sSearch Val=&pRegnCd=&pNatCd=&pKbcCd=&pNttCtgrySn=&sSearchVal=

대한화장품산업연구원 (2023a).《글로벌 코스메틱스 포커스》. 2023 Special Issue Vol. 1 미국편. 대한화장품산업연구원.

대한화장품산업연구원 (2023b).《글로벌 코스메틱스 포커스》. 2023 Special Issue Vol. 2 일본편. 대한화장품산업연구원.

대한화장품산업연구원 (2023c).《글로벌 코스메틱스 포커스》. 2023 Special Issue Vol. 2 중국편. 대한화장품산업연구원.

대한화장품산업연구원 (2024). "화장품 통계", 대한화장품산업연구원, 2024.2.7, https://www.kcii.re.kr/trade/total

무역투자연구센터 (2023). "2023 상반기 우리나라의 전자상거래 수출 동향", 대한무역투자진흥공사, 2024.2.7, https://dream.kotra.or.kr/kotranews/cms/news/actionKotra BoardDetail.do?SITE_NO=3&MENU_ID=290&CONTENTS_NO=1&bbsGbn=464 &bbsSn=464&pNttSn=200530&viewType=&pStartDt=&pEndDt=&sSearchVal=& pRegnCd=&pNatCd=&pKbcCd=&pNttCtgrySn=&sSearchVal=#;

문혜현 (2023. 12. 26). 노마스크 기대 무색...화장품 카드결제액 역대최저.《헤럴드경제》. URL: https://news.heraldcorp.com/view.php?ud=20231226000286

박미영 (2024. 1. 4). 립큐어빔·타투프린터…더 섬세해진 '뷰티테크'.《세계일보》. URL: https://www.segye.com/newsView/20240108517264?OutUrl=naver

박은경 (2023). ""Anything new?"에 대한 대답", 2024.2.7, 삼성증권, https://www.samsungpop.com/

산업통상자원부 (2024). "2023년 12월 및 연간 수출입 동향", 산업통상자원부, 2024.2.7, https://okfta.kita.net/nttCntnt/view/9394?mnSn=38

식품의약품안전처 (2023). "화장품, 2년 연속 10조 수출 달성 동남아시아, 중앙아시아 등 수출 다변화", 식품의약품안전처, 2024.2.7, https://eiec.kdi.re.kr/policy/materialView. do?num=240601&pg=&pp=&topic=O

오세은 (2023. 12. 25). LG, 홈뷰티 'LG 프라엘 스킨 부스터' 상표권 출원.《뉴스토마토》. URL: https://www.newstomato.com/ReadNews.aspx?no=1212153&inflow=N

이수빈 (2023. 11. 10). 아모레퍼시픽, 코스알엑스 품은 까닭은.《딜사이트》. URL: https://dealsite.co.kr/articles/112811

이효진 (2023. 9. 19). K-뷰티, 미국서 잘 나간다 "중국 대체할 새로운 기회".《코스인》. URL: https://www.cosinkorea.com/news/article.html?no=49508

정슬기 (2024. 1. 23). 전세계에 부는 K뷰티 열풍 덕에…쑥쑥 크는 '올리브영 글로벌몰'.《매일경제》. URL: https://www.mk.co.kr/news/business/10927139

중소벤처기업부 (2023). "'23년 3분기 중소기업 수출 274.6억달러(△0.9%)", 중소벤처기업부, https://eiec.kdi.re.kr/policy/materialView.do?num=244660&pg=&pp=&topic=P

피부기반기술개발사업단 (2023). 「한국 화장품 수출 경쟁국 분석」.

하누리 (2023). "2024 전망 시리즈 [화장품/의류] 구조적 성장 (화장품) vs. 한계 (의류)", 메리츠증권, 2024.2.7, https://t.me/s/meritz_research?before=35941

한국보건산업진흥원 (2023). "보건산업 수출 동향 및 2024년 전망", 한국보건산업진흥원, 2024.2.7, https://www.khidi.or.kr/board/view?linkId=48903890&menuId=MENU00100

Park, Norah (2023). "MZ 세대를 사로잡는 숏폼 열풍, 대표적인 마케팅 플랫폼으로 떠올라", 대한무역투자진흥공사, 2024.2.7, https://dream.kotra.or.kr/kotranews/cms/news/actionKotraBoardDetail.do?SITE_NO=3&MENU_ID=180&CONTENTS_NO=1&bbsGbn=243&bbsSn=243&pNttSn=200779

사진 출처

《이데일리》/CJ 올리브영, URL: https://www.edaily.co.kr/news/read?newsId=02132006635801456&mediaCodeNo=257&OutLnkChk=Y

조선미녀, URL: https://beautyofjoseon.co.kr/product/%EB%A7%91%EC%9D%80%EC%8C%80%EC%84%A0%ED%81%AC%EB%A6%BC-%EB%8D%94%EB%B8%94%EA%B8%B0%ED%9A%8D%EC%84%B8%ED%8A%B8-spf-50-pa/15/category/1/display/2/

《헤럴드경제》/아모레퍼시픽, URL: https://news.heraldcorp.com/view.php?ud=20240109000081

《헤럴드경제》/LG생활건강, URL: https://news.heraldcorp.com/view.php?ud=20240109000081

COSRX, URL: https://brand.naver.com/cosrx/products/418738649

제2부 – 9. 패션 한류

구정하 (2023. 12. 12). 해외 시장 발 넓히는 'K패션'. 《국민일보》. URL: https://m.kmib.co.kr/view.asp?arcid=0924334406

김금희·권승주·정소예 (2023. 12. 28). [결산] 굿바이! 패션엔 선정 2023 패션시장 강타한 패션뉴스 Top 10. 《패션엔》. URL: https://m.fashionn.com/board/read.php?table=fashionnews&number=49276

김은성 (2023. 7. 27). 틱톡, 일상 기록 넘어 K콘텐츠 세계 확산 선도. 《경향신문》. URL: https://m.khan.co.kr/economy/economy-general/article/202307271637001

김희연 (2024). "싱가포르에서 떠오르는 한국 스타일의 가방", KOTRA, 2024.3.11, https://dream.kotra.or.kr/kotranews/cms/news/actionKotraBoardDetail.do?SITE_NO=3&MENU_ID=180&CONTENTS_NO=1&bbsGbn=243&bbsSn=243&pNttSn=212146

문화체육관광부 (2023). "'한국 하면 K-콘텐츠' 인식 더 강해져", 문화체육관광부, 2024.3.11, https://www.mcst.go.kr/kor/s_notice/press/pressView.jsp?pSeq=20082

문화체육관광부 (2024).「2022년 기준 콘텐츠산업조사」.

박수호 (2023. 10. 20). K 패션 일본 강타…'칸코쿠 스타일' 스고이-.《매일경제》. URL: https://www.mk.co.kr/economy/view.php?sc=50000001&year=2023&no=804960

박혜영 (2023. 11. 30). K패션 수출 플랫폼, 통할까.《어패럴뉴스》. URL: https://apparelnews.co.kr/news/news_view/?idx=208800

송진화 (2023. 6. 29). [쫌아는 기자들] 이스트엔드, 블루오션에 도달하고야 말 패션기업.《조선일보》. URL: https://www.chosun.com/economy/smb-venture/2023/06/29/3KVYPLA74FHQVOHJJUQTYVAP2Q/

유재부 (2023. 3. 10). [패션칼럼] 한류 '잇백' 탄생에 대한 단상.《패션인사이트》. URL: https://www.fi.co.kr/main/view.asp?idx=78465

이수영 (2023. 5. 5). 앰버서더 모시기 열풍 이용당한 케이팝?.《온큐레이션》. URL: https://oncuration.com/%EC%95%B0%EB%B2%84%EC%84%9C%EB%8D%94-%EC%97%B4%ED%92%8D-%EC%9D%B4%EC%9A%A9%EB%8B%B9%ED%95%9C-%EC%BC%80%EC%9D%B4%ED%8C%9D-%EC%95%84%EC%9D%B4%EB%8F%8C/

이재은 (2022. 6. 7). 매년 3억톤 생산되는 합성섬유 의류…재활용은 고작 1%.《뉴스트리》. URL: https://www.newstree.kr/newsView/ntr202206070001

이주현 (2024. 1. 3). 일주일만에 30억원 몰렸다…美도 탐나는 '새 먹거리' 정체.《한국경제》. URL: https://www.hankyung.com/article/202401039432i

장재웅·이승훈 (2002). "'무신사'라고 쓰고 '놀이터'라고 읽는다, MZ 콘텐츠로 키워온 팬덤커뮤니티",《동아비즈니스리뷰》. https://dbr.donga.com/article/view/1202/article_no/10189/

전설리 (2024. 1. 9). "K경영 성공사례 널리 알리겠다"…패션 선봉장의 '출사표'.《한국경제》. URL: https://www.hankyung.com/article/2024010925481

정슬기 (2022. 11. 2). "팬덤경제 만들자" 브랜드와 팬이 만나는 라이브 커머스 내세운 W컨셉.《매일경제》. URL: https://www.mk.co.kr/news/business/10864351

정진성 (2024. 1. 8). 정혁, AB6IX, 정일우 등 한류 연예인 참여 브랜드 주목.《메가경제》. URL: https://megaeconomy.co.kr/news/newsview.php?ncode=1065591707203466

중소벤처기업부 (2024). "2023년 중소기업 수출 동향(잠정치)", 중소벤처기업부, 2024.3.11, https://mss.go.kr/site/incheon/ex/bbs/View.do?cbIdx=160&bcIdx=1048038

하나영 (2023. 10. 7). '멤버 전원 앰버서더' 뉴진스, 글로벌 패션계 선두하는 500인 선정.《조선비즈》. URL: https://biz.chosun.com/entertainment/enter_general/2023/10/07/VAU6Y7IHCEX2DCQKG4Q3T2NDHQ/

하헌형 (2023. 9. 1). "한국서 이런 적은 처음"... 해외 명품 브랜드들 줄섰다.《한국경제》. URL: https://www.hankyung.com/article/202309017201i

사진 출처

네이버웹툰 온라인 스토어 웹사이트, URL: https://shop.webtoon.com/

《더퍼스트》/CAST, URL: https://www.thefirstmedia.net/news/articleView.html?idxno=135510

신세계 그룹 뉴스룸, URL: https://www.shinsegaegroupnewsroom.com/119203/

《조선일보》/DIOR, URL: https://biz.chosun.com/entertainment/enter_general/2023/10/11/LRDYH6IQX2N3J5PTO66AJ3LCBQ/

《지큐코리아》/까르띠에, URL: https://www.gqkorea.co.kr/2023/07/19/bts-%EB%B7%94-%EA%B9%8C%EB%A5%B4%EB%9D%A0%EC%97%90-%EC%95%B0%EB%B2%84%EC%84%9C%EB%8D%94-%ED%95%A9%EB%A5%98%98/

《코스모폴리탄》, URL: https://www.cosmopolitan.co.kr/article/79823

코오롱 웹사이트, URL: https://www.kolonmall.com/Special/227562

패션코드 인스타그램(@fashinkode), URL: https://www.instagram.com/fashionkode_official/

제3부 - 한류 정책

한국문화관광연구원 (2022). 「대중문화콘텐츠가 국가브랜드 증진에 미친 영향 연구」.

문화체육관광부 (2019). "2019년도 예산·기금운용계획 개요", 문화체육관광부, 2024.3.11, https://mcst.go.kr/kor/s_data/budget/budgetView.jsp?pSeq=835

문화체육관광부 (2020). "2020년도 예산·기금운용계획 개요", 문화체육관광부, 2024.3.11, https://mcst.go.kr/kor/s_data/budget/budgetView.jsp?pSeq=843

문화체육관광부 (2021). "2021년도 예산·기금운용계획 개요", 문화체육관광부, 2024.3.11, https://mcst.go.kr/kor/s_data/budget/budgetView.jsp?pSeq=870

문화체육관광부 (2022). "2022년도 예산·기금운용계획 개요", 문화체육관광부, 2024.3.11, https://mcst.go.kr/kor/s_data/budget/budgetView.jsp?pSeq=893

문화체육관광부 (2023a). "K-콘텐츠 수출전략 발표", 문화체육관광부, 2024.3.11, https://mcst.go.kr/kor/s_notice/press/pressView.jsp?pSeq=20050

문화체육관광부 (2023b). "2023년 문체부 예산 편성", 문화체육관광부, 2024.3.11, https://mcst.go.kr/kor/s_notice/press/pressView.jsp?pSeq=19664

문화체육관광부 (2023c). "2023년도 예산·기금운용계획 개요", 문화체육관광부, 2024.3.11, https://mcst.go.kr/kor/s_data/budget/budgetView.jsp?pSeq=914

문화체육관광부 (2024). 「2022년 기준 콘텐츠산업 조사(2023년 실시)」.

한국국제문화교류진흥원 (2024). 「2024 해외한류실태조사」.

사진 출처

문화체육관광부 보도자료, URL: https://mcst.go.kr/kor/s_notice/press/pressView.jsp?pSeq=20358, https://mcst.go.kr/kor/s_notice/press/pressView.jsp?pSeq=20478, https://mcst.go.kr/kor/s_notice/press/pressView.jsp?pSeq=20607

《연합뉴스》/문화체육관광부, URL: https://www.yna.co.kr/view/PYH20230414026200013

한국국제문화교류진흥원, URL: https://kofice.or.kr/g200_online/g200_online_00d_view.asp?seq=23443

한국문화홍보서비스, URL: https://www.kocis.go.kr/koccIntro.do#

한국콘텐츠진흥원, URL: https://www.kocca.kr/kocca/subPage.do?menuNo=204920, https://ipmarket.kr/IP/110017/index.do

(2023 한류백서)

1판 1쇄 인쇄 2024년 3월 31일
1판 1쇄 발행 2024년 3월 31일

발행인	정길화
발행처	한국국제문화교류진흥원(KOFICE)
주소	03920 서울시 마포구 성암로 330 DMC첨단산업센터 A동 203호, 216호
전화	02-3153-1791
팩스	02-3153-1787
전자우편	research@kofice.or.kr
홈페이지	www.kofice.or.kr

지은이		
한류 총론	김아영	한국국제문화교류진흥원 조사연구팀장
방송 한류	이성민	한국방송통신대학교 미디어영상학과 조교수
영화 한류	김형석	영화 저널리스트
음악 한류	이규탁	한국조지메이슨대학교 국제학과 부교수
공연 한류	이수정	DMZ피스트레인뮤직페스티벌 예술감독·알프스 기획이사
게임 한류	강신규	한국방송광고진흥공사 책임연구위원
만화·웹툰 한류	이수엽	미디어미래연구소 연구위원
음식 한류	강보라	연세대학교 커뮤니케이션연구소 전문연구원
뷰티 한류	나원식	비즈니스워치 기자
패션 한류	이윤경	한국문화관광연구원 문화산업연구센터 연구위원
한류 정책	김규찬	국립창원대학교 미디어커뮤니케이션학과 조교수

기획·편집	김아영, 임동현
디자인	펄럭펄럭
인쇄	태성

ISBN 979-11-91872-28-6(03300)
ISSN 2982-8872
이 책의 전부 또는 일부를 인용하려면
반드시 출처(한국국제문화교류진흥원)를 밝혀주시기 바랍니다.

(KOFICE)